权威·前沿·原创

皮书系列为
"十二五""十三五"国家重点图书出版规划项目

北京市哲学社会科学研究基地智库报告系列丛书

中央商务区蓝皮书
BLUE BOOK OF
CENTRAL BUSINESS DISTRICT

中央商务区产业发展报告（2019）

ANNUAL REPORT ON CBD INDUSTRIAL DEVELOPMENT
(2019)

以高水平开放推动区域发展

Promoting Regional Development by High-Level Opening

蒋三庚　张　杰 等／著

社会科学文献出版社
SOCIAL SCIENCES ACADEMIC PRESS (CHINA)

图书在版编目(CIP)数据

中央商务区产业发展报告.2019：以高水平开放推动区域发展/蒋三庚等著.--北京：社会科学文献出版社，2019.9
（中央商务区蓝皮书）
ISBN 978-7-5201-5348-5

Ⅰ.①中… Ⅱ.①蒋… Ⅲ.①中央商业区-经济发展-研究报告-中国-2019 Ⅳ.①F72

中国版本图书馆CIP数据核字（2019）第171857号

中央商务区蓝皮书
中央商务区产业发展报告（2019）
——以高水平开放推动区域发展

著　者／蒋三庚　张　杰　等

出 版 人／谢寿光

组稿编辑／恽　薇　陈凤玲

责任编辑／陈凤玲

出　　版／社会科学文献出版社·经济与管理分社（010）59367226
　　　　　地址：北京市北三环中路甲29号院华龙大厦　邮编：100029
　　　　　网址：www.ssap.com.cn

发　　行／市场营销中心（010）59367081　59367083

印　　装／天津千鹤文化传播有限公司

规　　格／开　本：787mm×1092mm　1/16
　　　　　印　张：20.75　字　数：308千字

版　　次／2019年9月第1版　2019年9月第1次印刷

书　　号／ISBN 978-7-5201-5348-5

定　　价／149.00元

本书如有印装质量问题，请与读者服务中心（010-59367028）联系

▲ 版权所有 翻印必究

为贯彻落实中共中央和北京市委关于繁荣发展哲学社会科学的指示精神，北京市社科规划办和北京市教委自2004年以来，依托首都高校、科研机构的优势学科和研究特色，建设了一批北京市哲学社会科学研究基地。研究基地在优化整合社科资源、资政育人、体制创新、服务首都改革发展等方面发挥了重要作用，为首都新型智库建设进行了积极探索，做出了突出贡献。

　　围绕新时期首都改革发展的重点热点难点问题，北京市社科联、北京市社科规划办、北京市教委与社会科学文献出版社联合推出"北京市哲学社会科学研究基地智库报告系列丛书"，旨在推动研究基地成果深度转化，打造首都新型智库拳头产品。

本书为北京市社会科学基金研究基地重点项目"中央商务区产业蓝皮书（2019）——以高水平开放推动区域发展"（项目编号：18JDYJA024）的研究成果。

中央商务区蓝皮书
编 委 会

主 任：
张卓元　中国社会科学院学部委员、教授、博士生导师

委 员：
文　魁　首都经济贸易大学原校长、教授、博士生导师
丁立宏　首都经济贸易大学副校长、教授
杨开忠　中国社会科学院城市发展与环境研究所副所长、副书记、博士生导师
张承惠　国务院发展研究中心金融所原所长、研究员
赵　弘　北京市社会科学院副院长、研究员
单菁菁　中国社会科学院城市发展与环境研究所研究员、博士生导师
连玉明　北京国际城市发展研究院院长、研究员
姚东旭　首都经济贸易大学科研处处长、教授
蒋三庚　首都经济贸易大学教授、博士生导师，北京市哲学社会科学CBD发展研究基地主任
王曼怡　首都经济贸易大学教授、博士生导师，首都经济贸易大学金融风险研究院院长
叶堂林　首都经济贸易大学特大城市经济社会发展研究院执行副院长、教授、博士生导师
张　杰　首都经济贸易大学城市经济与公共管理学院副院长、教授、博士生导师

主要编撰者简介

蒋三庚 经济学博士,首都经济贸易大学教授,博士生导师,特大城市经济社会发展研究院副院长,北京市哲学社会科学CBD发展研究基地主任。兼任中国城市经济学会常务理事、中国市场学会常务理事、中国商业经济学会理事、北京市金融学会常务理事等。曾为北京市学术创新团队"北京CBD研究"和"北京金融中心建设研究"负责人。主要研究领域为金融学、中央商务区(CBD)理论等。主持完成国家级、省部级基金课题10项和北京市委组织部、北京市教育委员会规划科研课题4项,政府委托横向课题16项。编著出版著作《中国主要中央商务区(CBD)发展及特色研究》、《中央商务区(CBD)构成要素研究》、《中央商务区研究》、《中国区域金融及发展研究》和《金融风险及其防范》等30余部,发表论文100余篇。成果曾获北京市第九届、第十一届哲学社会科学优秀成果二等奖。先后被评为北京市首批跨世纪理论人才"百人工程"成员、北京市千百理论人才成员以及首都经济贸易大学优秀教师、科研标兵及教学名师等。

张 杰 管理学博士,首都经济贸易大学城市经济与公共管理学院教授、副院长,博士生导师。兼任中国城市经济学会理事,国家商务部服务贸易统计专家组顾问,北京市东城、朝阳等区人大财经委顾问等社会职务。主要研究领域为CBD发展战略、城市经济、土地政策等。主持国家社科基金项目"特大城市土地市场效率与政府调控效果研究"、北京市社科基金项目"北京CBD现代服务业扩大开放研究",参与国家自然基金项目等纵向课题10余项,承担中央机构编制委员会办公室、国土资源部不动产登记中心、中国土地勘测规划院、北京市经济和信息化委员会、北京市商务委员会等政府部门委托研究项目以及北京、昆明、郑州等地"十三五"规划项目 60 余项。出版专著《特大城市中央商务区发展研究：产业布局·管理路径·国际战略》等 6 部，合著 15 部教材或著作。在《光明日报》、《经济日报》和《中国软科学》等核心期刊发表学术论文 40 余篇。成果曾获得 2016 年度北京市哲学社会科学优秀成果二等奖、2010 年度国土资源科学技术二等奖。

摘　要

中央商务区是现代服务业集聚区，是所在城市的经济增长极。中央商务区产业发展状况往往会成为一个城市，甚至所在地区的经济晴雨表。中央商务区高水平开放推动区域发展，对加快形成开放发展新格局、促进经济转型升级、拉动有效消费需求具有重要作用。

本报告以"以高水平开放推动区域发展"为主题，构建了中央商务区综合发展指数、区域辐射指数、楼宇经济指数和营商环境指数分析框架，由总报告、指数篇、专题篇和区域篇四个部分组成。总报告以我国13个一线城市和新一线城市的中央商务区为重点进行系统分析。研究表明，北上广深一线城市CBD带动作用明显，新一线城市CBD稳步发展。从总体水平看，我国主要CBD产业发展具有可持续性，GDP总量、社会消费品零售总额和地方一般财政预算收入均比上一年增加，税收亿元楼稳步增长，总部经济集聚效果显著，营商环境进一步优化。2019年CBD开放推动区域发展路径主要有：一是提高中央商务区国际化水平。通过对外合作、引进国际资源、积极融入国际价值链分工，不仅能够提高CBD的产业发展水平，而且能够观察、学习国外先进技术和管理经验。二是积极发展高精尖产业。通过引导和发展高精尖和新业态产业，寻找CBD新的动能和新的经济增长点。三是为发展总部经济注入活力。各主要CBD结合本区位优势，努力提升总部经济质量，为扩大开放提供动力。四是为推动CBD高水平开放发展，积极营造服务于产业发展的软环境。本报告对CBD产业发展面临的问题进行了分析，诸如新区CBD与老区CBD之间优质资源竞争、网购对CBD商圈商业实体店造成冲击、企业总部招商挑战增多等。报告在问题分析基础上提出了加强中央商务区辐射和沟通能力、对标国际标准提升中央商务区营商环境、城市更新和商圈改造升级提高区域竞争力等对策建议。

本报告的主要建树如下。

第一，进一步完善CBD综合发展指数。在2018年报告中首次构建CBD综合发展指数后，本报告新加入多种指标，使综合发展指数评价CBD产业及整体发展更科学，成为观察和预测CBD发展的重要方法。该指数采用熵值法确定权重，对13个CBD所在城区2013~2017年的综合发展情况进行分析。结合测算结果，认为CBD已成为我国主要城市经济高水平开放的引擎，承担推动区域经济跨越关口的责任，为周边地区提供发展红利。

第二，CBD楼宇经济指数更具权威性。本报告一是选取税收贡献额、总部企业数、世界500强企业数、税收亿元楼数、商务楼宇数、重大项目数、楼宇空置率、楼宇租金和续存企业数作为指标数据，这些指标数据能够比较准确地反映CBD楼宇经济情况；二是对CBD内金融业，批发和零售业，租赁和商务服务业，信息传输、软件和信息技术服务业等数据进行分析，观测各城市CBD楼宇经济中产业集聚及变动情况，从而探讨如何促使楼宇经济保持高质量、高水平态势的发展。

第三，对CBD发展中的重点问题进行了有深度的分析。报告对CBD高端产业国际化发展、CBD产业融合、高端服务业集聚区产业结构升级及我国新区CBD、老区CBD协调发展等问题进行解析。每个专题分析论述都是以北京市社会科学基金项目为依托凝练而成，因此，都具有较高的含金量。

第四，首次对CBD商圈转型升级进行深入分析。诸多CBD为增强城市辨识度，加快开放发展，积极推动CBD商圈的转型升级，从而增加对高端商务的吸引力，商圈改造升级已成为推动CBD高水平开放发展的重要举措。报告从CBD空间形态向商圈构建转型、提升商业街特色壮大街区经济、推动商贸零售向新零售模式转型等方面对CBD商圈转型升级进行评析，这对预判CBD发展趋势具有很好的作用。

本报告是北京市哲学社会科学CBD发展研究基地和蓝皮书写作团队多

年积累探索的结果,也是诸多CBD政府管理机构大力支持的成果。本报告吸收了部分CBD管委会提供的稿件,这些报告内容丰富而且接地气,对我们深入地了解地方政府如何发展CBD产业具有很好的启迪和借鉴作用。

关键词: 中央商务区　一线城市　新一线城市　高水平开放

目 录

Ⅰ 总报告

B.1 中央商务区以高水平开放推动区域发展报告 …………………… 001

Ⅱ 指数篇

B.2 中央商务区综合发展指数分析 …………………………………… 030
B.3 中央商务区区域辐射指数分析 …………………………………… 061
B.4 中央商务区楼宇经济指数分析 …………………………………… 091
B.5 中央商务区营商环境指数分析 …………………………………… 136

Ⅲ 专题篇

B.6 京津冀一体化背景下北京 CBD 产业融合发展分析 …………… 170
B.7 新区与老区中央商务区协调发展 ………………………………… 192
B.8 高端服务业集聚对区域产业结构升级的效应分析：
　　以京津冀为例 ……………………………………………………… 211
B.9 中国直辖市高技术产业创新发展报告 …………………………… 227

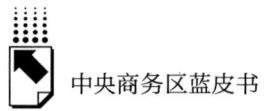

Ⅳ 区域篇

B.10 合肥市庐阳区积极推进中央商务区高质量发展 …………… 246
B.11 成都中央商业商务区高水平开放发展报告 ………………… 253
B.12 宁波鄞州区推动经济高质量发展 …………………………… 266
B.13 高水平推动南昌红谷滩金融商务区开放式发展 …………… 280

B.14 后记 ………………………………………………………………… 292

Abstract ………………………………………………………………… 293
Contents ………………………………………………………………… 297

总报告

General Report

B.1 中央商务区以高水平开放推动区域发展报告*

张 杰 蒋三庚**

摘 要： 中央商务区高水平开放推动区域发展，对推进我国经济高质量发展、推动一线和新一线城市经济持续增长具有重要作用。本报告立足高水平开放发展这一主题，从综合发展、区域辐射、楼宇经济和营商环境四个方面对中央商务区开放发展做指数支撑分析，该分析显示我国主要中央商务区产业发展稳定，经济总量、税收数量、地方一般预算收入均比上一年增

---

* 本文为北京市社会科学基金重点项目"中央商务区产业蓝皮书（2019）——以高水平开放推动区域发展"（项目编号：18JDYJA024）的研究成果。本文获得北京市哲学社会科学 CBD 发展研究基地资助。

** 张杰，首都经济贸易大学教授，博士，博士生导师，城市经济与公共管理学院副院长，主要研究领域为区域经济；蒋三庚，首都经济贸易大学教授，博士生导师，北京市哲学社会科学 CBD 发展研究基地主任，主要研究领域为 CBD 理论、金融理论与政策。

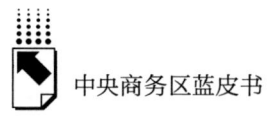

加,社会消费品零售总额呈明显增长态势,对北上广深一线城市CBD带动作用明显,北京CBD综合指数排名第一。深圳福田CBD楼宇经济质量最好,税收总额名列第一,成为全国含金量最高的CBD。在新一线城市中天津滨海新区综合指数得分最高。本报告对京沪穗等13个城市中央商务区产业发展情况、面临问题、中央商务区开放推动区域发展路径等问题进行分析,并提出构筑多层级开放式中央商务区网络、提升中央商务区辐射能力、新区与老区中央商务区协调发展等对策建议。

关键词: 中央商务区　高水平开放　产业发展　区域发展　一线城市

一　引言

中国改革开放40多年的经验表明,开放推动改革,开放促进发展,高水平开放带来高质量发展。以高水平开放推动区域发展,加快形成开放发展新格局,是我国经济转型升级、高质量发展的必由之路。其中,中央商务区通过高水平开放推动区域发展这一实践已得到验证。由于是以城市之中最具有财富含量、最具有附加价值和人力资本、现代服务业最为发达的区域来探索高质量发展的路径,因而具有重要的现实意义和示范作用。

从高水平开放的角度看,通过中央商务区推动区域发展的关键意义如下。

第一,加快高水平开放发展。

当前我国高水平开放的关键举措,如扩大市场准入、尽快对接国际外资管理标准、实行外商投资负面清单管理模式、主动降低进口关税、积极扩大进口、加快服务业开放、扩大利用外资、加快探索自贸试验区建设等一系列改革开放的重大举措,都便于在中央商务区试点或实施。

事实上,各地的这些政策已经产生了积极效果,提升了我国的开放水平,在国际上赢得了积极反响,进一步提升了我国经济的发展活力。

第二，努力改善营商环境。

高水平开放有利于我国更主动地参与国际竞争。当前虽然全球经济已进入复苏阶段，但受经济增长的深层次矛盾影响，经济复苏的稳定性仍较脆弱，国际竞争日趋激烈。

我国中央商务区如北京CBD、上海陆家嘴CBD等区域，入驻企业主要是跨国公司地区总部、世界500强企业等，本身业务范畴就是全球化资源配置分工，参与国际性商务商贸活动。因此，中央商务区高水平开放，走开放型经济发展道路，全力打造公平、法治化、国际化的营商环境，此举不仅有利于增加我国经济自身的发展活力，保持经济健康稳定发展，而且也将有利于我国在国际竞争中获得主动，更有利于我国在国际事务中发挥更大的作用，有利于中国企业公平地参与国际竞争，并不断增强我国企业国际竞争的新优势，进一步扩大我国在国际上的影响力。

第三，推动形成开放新格局。

由于中央商务区的企业来自国内外，因此营造国际一流营商环境是CBD发展的内在要求，也是推动形成全面开放新格局的重要标志。

中央商务区通过加强同国际经贸规则对接、对企业合法权益保护等措施，形成区域性国际化、法治化、便利化的营商环境和公平开放、统一高效的市场环境，一视同仁、平等对待包括外资企业在内的所有市场主体。通过稳步扩大CBD金融业开放，持续推进服务业开放，深化电信、教育、医疗、文化等领域开放进程，在外国投资者关注、国内市场缺口较大的教育、医疗等领域放宽外资股比例限制。通过进一步推进市场化改革，在CBD内引入公平竞争机制，规范市场竞争行为，促进垄断性行业的改革，从而可以更快地在竞争中实现企业的高质量发展。这些改革不仅是适应国际竞争的客观需要，更是推进我国经济高质量发展的内在需要。

第四，中央商务区的发展目标是国际商务核心区，主打开放型经济体制。

中央商务区是城市的核心商务商贸集聚区、现代服务业发达区、高人力资本汇聚区。在当前经济全球化和单边贸易保护主义冲突交互发展的情况下，在中央商务区更便于优化市场配置资源机制，促进国际国内要素有序自

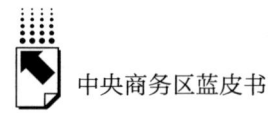

由流动、资源全球高效配置、国际国内市场深度融合；更有利于形成经济运行管理新模式，按照国际化、法治化的要求营造良好法治环境，依法管理开放，建立与国际高标准投资和贸易规则相适应的管理方式，形成与国际宏观经济政策相协调的机制；更有机会打造对外开放新高地。

第五，中央商务区的发展格局是全面开放，主要面向全球资源配置流量。

中央商务区的发展是由区域性资源流量的功能分布和空间布局支撑起来的。国家级商务区，配置的是国家级资源；全球性商务区，配置的是国际性资源。综观我国中央商务区的发展格局，与各地区域发展格局的变化密切相关。

改革开放以来，东部沿海地区率先对外开放，因此上海、深圳等地CBD发展迅速。近年来，中西部内陆地区和东北地区开放步伐不断加快，因此，河南郑州、湖北武汉、江西南昌、安徽合肥等地的中央商务区发展不断提速。

当前，以"一带一路"建设为重点进一步提升开放的主动性、以扩大服务业市场准入和推动贸易强国建设为重点进一步提升开放的有效性、以打造国际一流营商环境为重点进一步提升开放的规范性等高水平发展的层次和方向，都可以在全国各地尤其是北京、上海、广州、深圳等地的中央商务区进行观察、实验和逐步推广。

综上所述，通过中央商务区这一特殊的经济增长极和服务业发达区，以高水平开放进而推动区域发展，应该是我国区域经济发展的关键路径。

二 中央商务区高水平推动发展数据支撑分析

本报告在《中央商务区产业发展报告（2018）》的基础上，以高水平开放推动发展研究为出发点，继续跟踪研究中央商务区发展的数据支撑体系，包括中央商务区的综合发展指数、区域辐射指数、楼宇经济指数和营商环境指数，从中探析中央商务区高水平发展的概况与趋势、特点和规律。

本报告共选取样本中央商务区（CBD）13个，分别为北京CBD、上海陆家嘴CBD、广州天河CBD、深圳福田CBD、天津滨海新区CBD、重庆解放碑CBD、西安长安路CBD、武汉王家墩CBD、杭州下城CBD、南京河西

CBD、成都锦江 CBD、长沙芙蓉 CBD、沈阳金融商贸 CBD（见表1）。

下文中提到的一线城市，是指北京、上海、广州、深圳四个城市；其余样本为新一线城市。

表1 样本 CBD 名录

类别	序号	名称	所在城区	序号	名称	所在城区
一线城市	1	北京 CBD	北京朝阳区	2	上海陆家嘴 CBD	上海浦东新区
	3	广州天河 CBD	广州天河区	4	深圳福田 CBD	深圳福田区
新一线城市	5	天津滨海新区 CBD	天津滨海新区	6	西安长安路 CBD	西安碑林区
	7	重庆解放碑 CBD	重庆渝中区	8	杭州下城 CBD	杭州下城区
	9	武汉王家墩 CBD	武汉江汉区	10	成都锦江 CBD	成都锦江区
	11	南京河西 CBD	南京建邺区	12	沈阳金融商贸 CBD	沈阳沈河区
	13	长沙芙蓉 CBD	长沙芙蓉区			

注：深圳福田 CBD、杭州下城 CBD 为全域 CBD。

（一）中央商务区综合发展指数评价

中央商务区综合发展指数由五个方面分指数组成，分别反映 CBD 发展的某个特定方面。它们是：经济发展分指数、经济驱动分指数、科技创新分指数、社会发展分指数、区域辐射分指数。

通过计算得出 13 个 CBD 所在城区在 2013～2017 年的发展情况，如表2所示。

表2 13 个 CBD 所在城区综合发展指数情况

单位：得分

CBD 所在城区		综合发展指数					综合发展指数排名				
		2013年	2014年	2015年	2016年	2017年	2013年	2014年	2015年	2016年	2017年
一线城市	北京朝阳区	44.097	44.167	44.527	44.728	44.864	1	1	1	1	1
	上海浦东新区	43.334	42.768	42.868	43.374	43.751	2	2	2	2	2
	广州天河区	40.062	40.060	40.657	41.620	43.414	4	4	4	3	3
	深圳福田区	41.872	41.446	40.781	40.292	42.235	3	3	3	4	4

续表

CBD 所在城区		综合发展指数					综合发展指数排名				
		2013年	2014年	2015年	2016年	2017年	2013年	2014年	2015年	2016年	2017年
新一线城市	天津滨海新区	41.771	41.780	41.037	40.038	38.734	1	1	1	1	1
	重庆渝中区	35.663	35.942	36.138	35.446	37.163	6	6	6	7	2
	西安碑林区	35.659	35.912	35.834	35.674	35.869	7	7	7	6	6
	武汉江汉区	37.315	37.711	38.544	38.847	37.020	3	2	2	2	3
	杭州下城区	37.571	37.547	37.179	37.328	35.724	2	3	3	3	7
	南京建邺区	36.912	36.688	36.208	37.250	36.509	4	4	5	4	4
	成都锦江区	36.581	36.613	36.611	36.713	36.282	5	5	4	5	5
	长沙芙蓉区	34.603	35.146	35.160	34.580	34.505	8	8	8	8	8
	沈阳沈河区	34.559	34.220	34.455	34.109	33.930	9	9	9	9	9

从 2017 年发展情况来看，各 CBD 所在城区的综合指数得分排名如下。

一线城市：北京朝阳区、上海浦东新区、广州天河区、深圳福田区。

新一线城市：天津滨海新区、重庆渝中区、武汉江汉区、南京建邺区、成都锦江区、西安碑林区、杭州下城区、长沙芙蓉区、沈阳沈河区。

从经济发展分指数得分来看，一线城市中，上海浦东新区实力相对最强，其余 3 个一线城市 CBD 所在城区经济发展排名较为稳定。新一线城市中，天津滨海新区经济发展实力相对最强。

从经济驱动分指数得分来看，2013～2017 年一线城市 CBD 的排名较为稳定，依次为上海浦东新区、北京朝阳区、深圳福田区、广州天河区；2017 年新一线城市排名居前 3 位的是天津滨海新区、重庆渝中区、杭州下城区。

从科技创新分指数得分来看，北京朝阳区是唯一得分超过 10 分且保持 5 年的城区，说明北京朝阳区具有较好的科技创新能力。新一线城市中，2017 年南京建邺区和西安碑林区得分排名靠前。

从社会发展分指数得分来看，一线城市和新一线城市 CBD 得分差距较小。2017 年，深圳福田区和广州天河区社会发展分指数得分排名靠前。新一线城市中，2017 年重庆渝中区社会发展分指数得分最高。

（二）中央商务区区域辐射指数评价

区域辐射指数是衡量中央商务区高水平开放外向性发展的指标。本报告把 CBD 区域辐射指数分为辐射能力分指数、辐射行动分指数和辐射绩效分指数三个分指数，从可操作性的角度具体细分为 10 个二级指标。

经数据测算，得出以下结论。

从辐射综合指数角度来看，2015~2017 年 13 个 CBD 所在城区辐射综合指数（见图1）表现不平衡，一线城市 CBD 所在城区辐射综合指数得分明显高于除天津滨海新区以外的新一线城市，其他新一线城市 CBD 的辐射综合指数得分与一线城市 CBD 存在一定的差距。这表明各个 CBD 发展水平不均衡，区域辐射效应在地区之间差距较大。

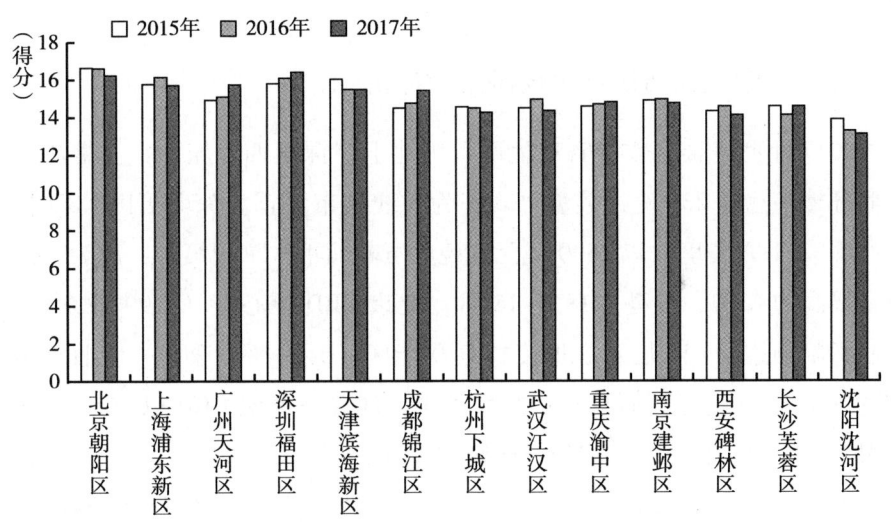

图 1　13 个 CBD 所在城区辐射综合指数（2015~2017 年）

2017 年各 CBD 所在城区辐射综合指数评价如下。

一线城市得分排名顺序为深圳福田区、北京朝阳区、广州天河区、上海浦东新区。

新一线城市得分排名顺序为天津滨海新区、成都锦江区、重庆渝中区、

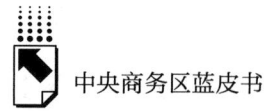

南京建邺区、长沙芙蓉区、武汉江汉区、杭州下城区、西安碑林区、沈阳沈河区。

从辐射能力分指数得分来看，13个CBD所在城区对周边地区的辐射能力水平发展不均衡，北京朝阳区、上海浦东新区和广州天河区三个城区的CBD辐射能力分指数连续三年增长，天津滨海新区、杭州下城区和沈阳沈河区三个城区的CBD辐射能力分指数连续三年下降。

从辐射行动分指数得分来看，深圳福田区、成都锦江区和重庆渝中区连续三年增加，北京朝阳区连续三年下降，其他城区变化不稳定。

从辐射绩效分指数得分来看，2017年13个CBD所在城区的辐射绩效分指数得分总体差距不大，但重庆渝中区、长沙芙蓉区、北京朝阳区和深圳福田区得分相对较高。新一线城市中重庆渝中区连续三年辐射绩效分指数得分较高。

（三）中央商务区楼宇经济指数评价

2017年商务楼宇数量密集地区仍为北上广深这四个城市，上海浦东新区商务楼宇达到239座，数量可观，为一线城市之首。深圳福田CBD核心区（6.07平方公里）以1800亿元的税收贡献额再次拿到第一，成为全国含金量最高的CBD。截至2018年11月，北京CBD核心区（3.99平方公里）税收贡献额达到450亿元，北京CBD功能区（6.99平方公里）税收贡献额则达到了1280亿元；而在新一线城市中，武汉王家墩CBD以165.19亿元（2017年）的税收贡献额居新一线城市之首。

近年来，各地CBD税收亿元楼数稳步上升，2018年北京CBD核心区税收亿元楼有51座，税收超10亿元的楼宇达到12座，贡献最高的楼宇纳税额超过50亿元；CBD功能区税收亿元楼为140座，其中税收超10亿元的楼宇达到22座。上海浦东新区税收亿元楼数达到115座。深圳福田区税收亿元楼为86座。虽然深圳福田区税收亿元楼少于上海浦东新区，但税收贡献额最高，说明深圳福田区楼宇经济质量要好于其他CBD所在城区。

2017年CBD所在城区企业数量最多的是北京朝阳区、上海浦东新区和深圳福田区，分别为37.6万家、31.6万家和29.0万家。新一线城市CBD所在城区企业数量最多的是天津滨海新区，企业数量为6.26万家。

2017年，CBD所在城区中总部企业情况是，深圳福田区为353家；北京朝阳区为428家，汇聚世界500强总部企业160家。而上海浦东新区入驻世界500强总部企业90家，广州天河区入驻跨国公司总部企业149家，说明上海浦东新区、广州天河区在吸引跨国公司总部入驻方面具有较强的竞争力。

（四）中央商务区营商环境指数评价

营商环境指数分为经济与产业结构环境指数、人口与生活环境指数以及商业运作环境指数，涵盖了3个一级指标和12个二级指标。经测算，得分情况如表3所示。

表3　2017年13个CBD所在城区营商环境指数情况

年份	城市类别	CBD所在城区	经济与产业结构环境指数	人口与生活环境指数	商业运作环境指数	得分
2017	一线城市	北京朝阳区	5.5793	5.6911	5.5378	16.8082
		上海浦东新区	5.6126	5.4900	5.8659	16.9685
		广州天河区	5.6940	5.3384	5.3953	16.4277
		深圳福田区	5.7923	5.4830	5.2211	16.4964
	新一线城市	天津滨海新区	5.5311	5.2122	5.5503	16.2936
		西安碑林区	5.2492	5.2724	5.0611	15.5827
		成都锦江区	5.2986	5.3565	5.1780	15.8331
		杭州下城区	5.4634	5.3278	5.2108	16.0020
		南京建邺区	5.1976	5.3544	5.2659	15.8179
		沈阳沈河区	5.1773	5.2192	5.0918	15.4883
		武汉江汉区	5.3584	5.2299	5.2811	15.8694
		长沙芙蓉区	5.4420	5.4339	5.1022	15.9781
		重庆渝中区	5.3565	5.3211	5.3824	16.0600

综合来看，一线城市中，各CBD营商环境总体表现良好，得分较高。2017年，上海浦东新区超过北京朝阳区跃居第一位，深圳福田区、广州天

河区紧随其后。

就各分指数来看，在经济与产业结构环境指数中，深圳福田区一直处于领先地位，得益于其较高的人均GDP、第三产业占GDP的比重及每万人专利量，产业结构相关指标表现良好。在人口与生活环境指数中，北京朝阳区处于领先地位，其林木绿化率在13个CBD所在城区中最高。在商业运作环境指数中，上海浦东新区处于领先地位，实际利用外资金额增长较快，金融机构贷款余额指标也表现良好。

在新一线城市中，9个CBD所在城区营商环境存在一定的差距。天津滨海新区综合指数得分较高。2015~2017年均处于领先地位，经济与产业结构环境指数与商业运作环境指数均表现良好，较为突出的是GDP总量指标、人均GDP指标、实际利用外资金额指标和财政收入支持能力指标。重庆渝中区、杭州下城区、长沙芙蓉区紧随其后。重庆渝中区三项一级指标表现较平均，无明显短板；杭州下城区的经济与产业结构环境指数表现突出，尤其是每万人专利授权量指标表现较好；长沙芙蓉区在9个CBD中，人口与生活环境指数得分最高，林木绿化率、每千人医院床位数指标表现良好。

三 2019年中央商务区开放推动区域发展情况

2019年中央商务区在产业发展方面取得较好成果，本部分主要对中央商务区产业发展状况进行评述，分析商务商业融合发展推动中央商务区商圈转型升级情况，对中央商务区高水平开放推动区域发展的路径进行解析。

（一）中央商务区产业发展情况

近年来，我国主要中央商务区持续发展，金融业、总部经济、楼宇经济集聚效果显著，新业态发展势头良好。

1. 中央商务区发展情况分析

本部分主要从国内生产总值、人均国内生产总值、地方一般预算收入及社会消费品零售总额方面分析中央商务区总体发展情况。

（1）国内生产总值稳步增长

国内生产总值是衡量经济状况的重要指标之一，一定程度上可以衡量CBD经济发展状况。图2列出了各CBD所在城区GDP总量。

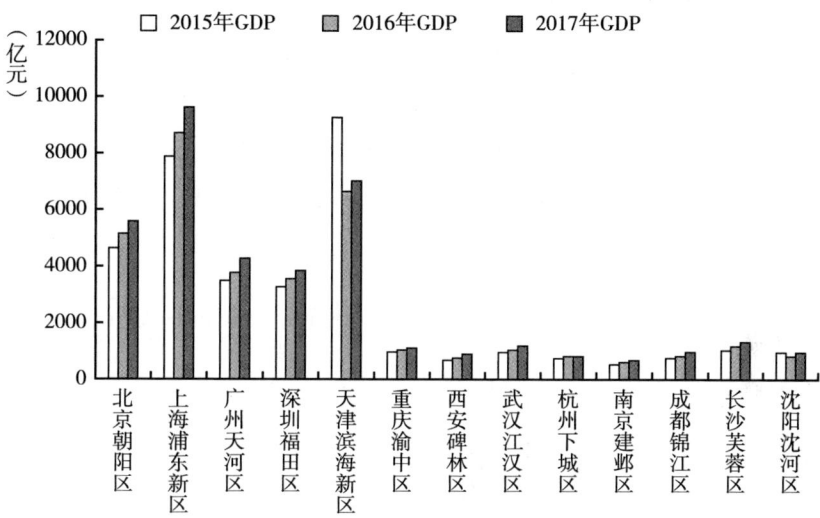

图2　2015~2017年各CBD所在城区GDP总量

注：由于2016年天津滨海新区GDP数据调整，故2016年天津滨海新区GDP增长率数据缺失。

资料来源：以上数据均来自各CBD所在城市2015~2018年统计年鉴以及各地区国民经济与社会发展统计公报。后文图表如无特殊说明，资料来源同此。

从GDP总量来看，一线城市显著高于新一线城市。2015~2017年，一线城市中上海浦东新区的GDP总量最高，其次是北京朝阳区、广州天河区及深圳福田区。2017年上海浦东新区GDP总量达9651.39亿元，主要是由于工业规模增大和增速回升势头明显，优势领域始终保持较快增长，同时不断培育经济新的增长点。在新一线城市中，GDP总量排名并非完全固定，除天津滨海新区外，长沙芙蓉区在2015~2017年表现较优异，2017年为1301亿元，这主要得益于长沙芙蓉区通过腾笼换鸟、空间换地及电商换市等方式提升城市承载力，加速产业转型。其次是武汉江汉区和重庆渝中区，GDP总量自2016年起达到千亿元水平，2017年武汉江汉区GDP略高于重庆渝中区，由于武汉江汉区十分重视中央商务区建设，强力推进重大项目，不断提高城市承载力，同时创新招商模式，按需招商、精准招商，实现GDP总量增长。其余新一线城市尚未达千亿元级别。

（2）人均国内生产总值增长较稳健

从图3可以看出，就人均GDP来说（以常住人口进行测算），一线城市相对来说较高，但总体与新一线城市差别较小。2015~2017年，深圳福田区人均GDP为237462元，广州天河区次之，为235970元，最后是上海浦东新区及北京朝阳区；新一线城市中天津滨海新区最高，其次是长沙芙蓉区。

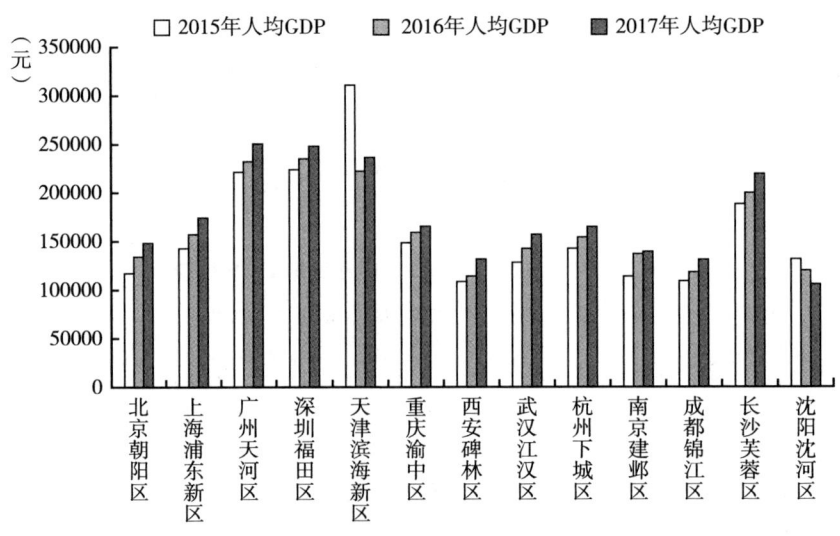

图3　2015~2017年各CBD所在城区人均GDP

（3）地方一般预算收入分析

地方一般预算收入是一个国家或地区发展建设的重要资金来源，一般说来，地方一般预算收入与地区经济体量有一定的正相关关系。图4列出了各CBD所在城区地方一般预算收入情况。

从地方一般预算收入总量来看，一线城市由于经济体量较高，相对来说高于新一线城市。2015~2017年，上海浦东新区地方一般预算收入平均为

916亿元,天津滨海新区为1017亿元、北京朝阳区为478亿元。长沙芙蓉区和西安碑林区规模最小,低于50亿元。

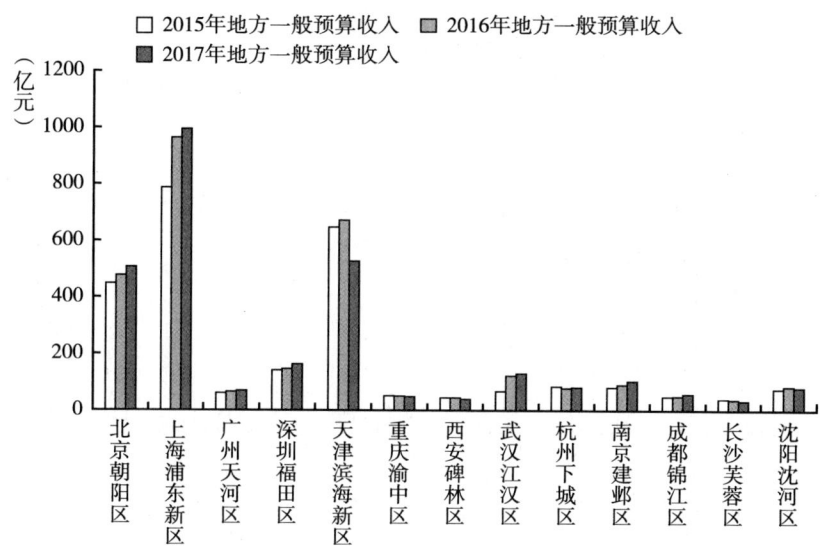

图4 2015~2017年各CBD所在城区地方一般预算收入

(4)社会消费品零售总额分析

CBD在发展过程中十分重视商业发展,社会消费品零售总额可以反映零售市场的总容量与动态,说明社会商品购买力的实现程度。

从社会消费品零售总额看,2015~2017年,13个CBD所在城区呈现明显增长态势,但一线城市明显高于新一线城市(见图5)。2017年,北京朝阳区社会消费品零售总额居首位,为2644亿元,其次是上海浦东新区,为2041亿元。一线城市的平均社会消费品零售总额为2036亿元,新一线城市的平均值为838亿元,一线城市超过新一线城市一倍有余。

从社会消费品零售总额增长来看,新一线城市的增速较快。2017年社会消费品零售总额规模增长最大的城区为上海浦东新区,增长额为164亿元;其次是深圳福田区和北京朝阳区,分别为153亿元和107亿元。2017年,武汉江汉区、杭州下城区、南京建邺区和成都锦江区增速均超过10%,

实现超高速增长。其次是长沙芙蓉区和上海浦东新区，增速分别为8.47%和8.07%。

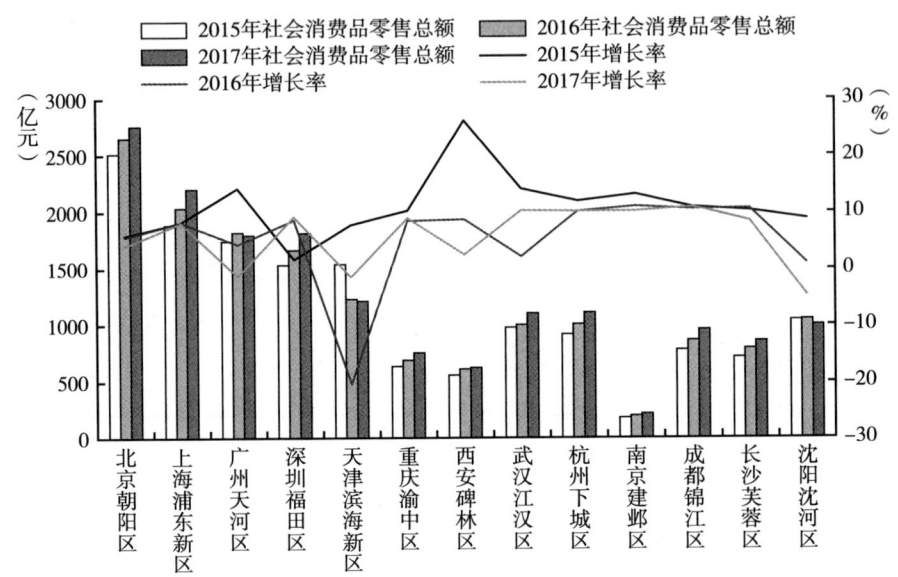

图5　2015～2017年各CBD所在城区社会消费品零售总额及其增长率

2. 金融业稳健发展

金融业的发展对于产业转型升级、转变经济增长方式以及支持实体经济发展起到至关重要的作用。一线城市金融业发展优势明显。上海浦东新区2017年各类金融机构达1001家，2018年实现金融业增加值2937亿元，占上海市的比重超过50%。深圳福田区2016年金融业实现增加值1235亿元，增长10%，占深圳市的四成以上，与金融业最发达的北京西城区、上海浦东新区同属全国三强区。广州天河区2017年金融业增加值为971.65亿元，同比增长7.2%，占GDP的比重为22.5%，占广州市金融业增加值的49%，已成为天河区第一大主导产业。

上海陆家嘴CBD是金融开放和制度创新的承载地，努力打造一流世界金融中心。随着金融资源的集聚，陆家嘴CBD金融创新意识不断增强。陆家嘴CBD通过促进科技中心与金融中心之间的有效联动，引导金融资产不断向科学技术倾斜,同时反向推动金融科技产业的发展,积极设置金融科学技术培育基地,集聚科技相关企业,为金融机构提供技术方面的服务,通过支持贸易平台业务活动的创新促进自贸区相应金融制度的落实。

深圳福田区通过金融政策创新推动金融业发展。福田区在全国地方政府中首推金融科技专项政策,并且推出第一只反映我国金融科技产业发展的股票指数,推动建设有国际影响力的金融科技中心;另外,福田区通过建设"金融街",扩展高端金融空间,巩固提升深圳金融中心核心区的地位,打造新的经济增长极。

南京河西CBD通过建设特点鲜明的河西金融集聚区推动金融业发展。2013年国务院发布《苏南现代化建设示范区规划》,将南京定位为"全国重要的区域金融商务中心",南京市金融发展办公室将河西金融集聚区明确为泛长三角区域金融中心核心功能区。在规划的引领下,2017年,金融城一期项目全面交付使用,二期已举行奠基仪式,越来越多的金融机构在河西CBD集聚。

3. 总部及楼宇经济集聚效果显著

得益于CBD自身的经济基础及不断优化的产业结构,CBD在吸引总部企业入驻上取得显著成绩,一般情况下入驻CBD的总部企业数量要明显高于其他区域,同时总部企业的入驻也在CBD产业升级上起到重要作用。在总部企业入驻数量上,一线城市更具优势,但新一线城市也显示出厚积薄发之势。截至2017年,一线城市中北京朝阳区入驻的总部企业数量最高,为428家,其次是深圳福田区,为353家,上海浦东新区281家,广州天河区为149家(跨国公司);新一线城市中天津滨海新区最高,为167家,其次是重庆渝中区和成都锦江区,都在100家以上。

楼宇经济在CBD发展中占有重要地位,CBD楼宇呈现载体规模不断扩大、业态结构不断优化、经济指标提升较快及集聚效应不断扩大的特征。各CBD税收亿元楼不断涌现,给地区经济发展以及产业转型升级提供了又一个重要的突破点。

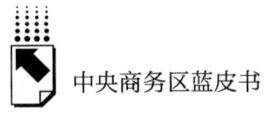

总部经济和楼宇经济的发展与营商环境的不断优化息息相关,各 CBD 都将优化营商环境作为重点工作任务。上海市制定了建立超一流营商环境的目标。2017 年 12 月,上海市召开优化营商环境推进大会,发布了《着力优化营商环境加快构建开放型经济新体制行动方案》,上海浦东新区于 2017 年 12 月发布《浦东新区进一步深化企业投资建设投资项目审批的改革方案》;2018 年 1 月,推出优化营商环境的"二十条",涵盖了放管服及流程再造等四个方面,有多条创新举措。2018 年北京朝阳区发布《北京 CBD 楼宇品质分级评价标准》,提出六大考评模块标准,从而引导楼宇提升品质,为区域企业提供更完善的物业管理服务和更高质量的营商环境。成都锦江区成立楼宇经济发展服务中心,与 CBD 管委会相互配合,建立"楼宇信息管理系统平台",为全区商务楼宇提供网格化、精细化的管理服务;同时配合相关扶持政策,全方位支持楼宇经济发展。广州天河区因地制宜继续推进中英金融人才教育培训项目,承办国内首个以"金融科技"为主题的省级职工技能竞赛,在人才培养和激励上为企业提供有力支持;同时开展 CBD 楼宇可持续发展指数评定,对提升区域内楼宇可持续发展意识、推动天河 CBD 整体环境与国际接轨,吸引更多优秀企业集聚起到重要作用。

4. 积极培育新业态

除中央商务区已有的产业外,增加新业态可以更好地巩固优势,因此,各区域都十分重视新业态的培育和引进。在新业态成长过程中形成的区域特色对于吸引企业入驻、提升区域品牌效应有重要作用。

南昌红谷滩金融商务区(以下简称红谷滩 CBD)以绿色崛起与转型升级为出发点,率先抢占虚拟现实(VR)产业制高点,而 VR 技术正是当今引领时代潮流的前沿科技之一。2018 年,红谷滩新区成功举办世界 VR 产业大会,同时全力建设中国(南昌)VR 产业基地,扩大智慧红谷滩的品牌效应,预计智慧红谷滩在未来 5 年内将初步形成千亿 VR 产业链和国内领先的 VR 产业集群。红谷滩 CBD 立足江西,大力培育智慧经济发展新动能,实现跨越式发展,为全区产业转型升级、经济社会加速跨越发展提供有力的支撑。

成都锦江 CBD 发挥地处城市核心区域的优势，积极培育商贸业新消费业态，瞄准现代商贸业个性化、专业化、精品化、体验化的新趋势，加快引导区域内各主要商场大力发展体验式、买手制、定制服务等新模式。大力推动贸易企业的集聚，发展跨境电商、保税体验店。积极发展检验检测服务，提升知识产权服务机构涉外事务处理能力，打造具有国际影响力的知识产权服务企业和品牌。突出培育网络经济、节能环保、健康养老、都市工业等新兴产业。

长沙市的文化消费水平比较高，数码电影、视频点播、在线游戏等新型业态发展很快。长沙芙蓉 CBD 现有注册文化企业 1600 多家，CBD 利用其文化企业资源，努力成为数字文化消费的主要窗口，不断推出新的文化产品，引领长沙市乃至周边地区的文化消费潮流。

新一代信息技术、新能源、医疗器械和生物医药是苏州高新区重点发展的三大战略性新兴产业。2017 年，苏州高新区加速推进三大新兴产业发展，高新技术产业产值占规模以上工业总产值的比重达到 78.5%，列苏州市第一位。在新一代信息技术产业层面，重点发展大数据、云计算等新科技领域，同时推动平台建设，吸引科技企业入驻；在新能源产业上，主攻硅片、电池片以及组件生产和光伏产业链；在生物医药产业上，打造创新药研发、高端医疗器械、生物技术三大重点产业集群。三大战略性新兴产业将给苏州高新区产业结构优化升级提供重要突破口。

（二）商业商务融合发展推动中央商务区商圈升级分析

老城区 CBD 往往位于城市的繁华商贸区，但同时又受到中心城区发展的条件约束。因此，诸多 CBD 要增强城市辨识度，加快开放发展，积极推动 CBD 商圈的转型升级，提高对高端商务的吸引力。商圈改造升级已成为推动 CBD 高水平开放发展的重要举措。

1. 推进空间形态向商圈构建转型

商圈升级不仅能破解老城区更新改造问题，还是完善城市功能、促进产业升级的关键举措，也是传承历史文脉、挖掘城市内涵的重要手段。

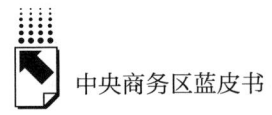

北京商务中心区积极打造北京东部知名商业品牌集聚的 24 小时中高档消费区。北京 CBD 依托华贸中心、国贸中心等形成的国贸商圈，集聚了近 100 项国际顶级品牌、近 1000 个全球知名品牌，并有许多国际品牌选择在此建立旗舰店，从而成为京城时尚的新地标，吸引众多时尚爱好者的光顾。CBD 区域内的商业小镇蓝色港湾，是集购物、娱乐、休闲、旅游、文化于一体的一站式体验消费场所，每天集聚了大量的中外游客和高端消费者，蓝色港湾已成为 CBD 高端休闲购物的标志地。在国际交往中心背景下，北京 CBD 区域内开设了风格迥异的咖啡馆、酒吧、餐馆，如高级西餐厅北京亮、经营高档中餐的北京嘉里中心饭店、星巴克咖啡厅等。CBD 区域内开设有餐饮店近 500 家，其中，经营其他国家餐饮风味的有 200 多家。CBD 商圈的成长，为北京 CBD 国际金融、高端商务、文化传媒等主导产业的发展发挥了重要作用。

重庆解放碑 CBD 通过建设、改造升级，商圈建筑总面积超过 800 万平方米。解放碑 CBD 主推轻奢、娱乐业以完善商圈业态，拥有 Forever21 西南旗舰店、Adidas 独家 A 级店、全市最大的优衣库旗舰店等主力零售品牌，已成为年轻白领阶层新兴的购物体验中心。除了购物外，解放碑 CBD 的休闲、娱乐业态也愈发丰富——日月光中心引进"中国第一音乐现场"MAO、"蜂 88"酒吧、"森迪 Party KTV"、"水影"、奇丑的猴子咖啡等知名品牌；较场口区域已集聚四大影院、百家餐饮、千家商户，成为时尚娱乐基地。

广州天河 CBD 利用地下交通优势，打造以花城广场的花城汇下沉广场为中心的地下商业商圈。下沉广场位于珠江新城的中轴线上，地处黄金地段，人流量大。该商圈集餐饮、休闲、娱乐、购物等功能于一体，体现了天河 CBD 商业发达的一大特色。地下商圈繁荣不仅实现了商业与商务的"双赢"，而且在最大程度上避免了 CBD 发展过程中的"空心化"问题。人们下班之后，可以进行就餐、休闲等一系列活动。整个商圈区域与周围配套的休闲、娱乐设施，使 CBD 保持了相当的商气和人气。

长沙芙蓉 CBD 的五一商圈是湖南省内最集中、最具影响力的零售商业集聚地，拥有 6000 余商家，日均客流量为 30 万人次以上，零售额占长沙市零售总额较大的份额。目前，芙蓉 CBD 范围内商业模式较为丰富，业态比较齐全。芙蓉 CBD 经过多方努力，积极引进一批外资商业企业入驻，通过商业对外开放引发的国际化竞争，激发了长沙商业的活力，提升了品位，也提高了 CBD 五一商圈整体的管理和服务水平，从而成为长沙市甚至湖南省时尚消费的标志地。

合肥庐阳 CBD 积极构建合理商圈的空间布局，成为全市商贸、金融、文化和旅游集聚区，汇聚全区零售业 20 强的 70% 左右。庐阳 CBD 在商圈建设中，突出建筑形态、产业业态、历史文态和区域生态"四态融合"，逐步向 CBD 全域拓展，努力推动老城区功能复合化、布局网络化、产业集群化、品牌高端化、环境人本化，稳固庐阳区及 CBD 在全市的核心地位。

2. 打造特色商业街区

国内很多城市中央商务区通过改造提升特色商业街，壮大街区经济。

西安长安路 CBD 加快特色街区建设步伐。长安路 CBD 重点对中贸广场餐饮步行街、"南门·映巷"松园、榴园地下商业步行街、大话南门文创餐饮综合体、"九部坊·南郭路"音乐街等特色商业街进行建设和改造。通过特色街区建设，有效促使商旅文联动，建设复合型 CBD。长安路 CBD 还大力发展街区经济，把改造老旧街巷与打造特色街区结合起来，通过对老街巷的改造修建，使建筑外立面及道路、供电、景观等基础设施得到提升，塑造了街区整体形象。通过打造特色街和特色餐饮步行街，提升了 CBD 商气人气。

合肥庐阳 CBD 加快推进特色街区提档升级，对城隍庙、逍遥十八巷、七桂塘街区、老报馆街区进行转型改造。2018 年，庐阳 CBD 及周边区域已建成市级以上特色商业街 19 条，其中国家级商业街 1 条（淮河路步行街）、省级商业街 3 条、市级商业街 9 条，经营面积 88.6 万平方米。

福州五四路 CBD 位于鼓楼区，传统的五四路 CBD 长度仅几百米，但是它早已辐射鼓楼区好几条相连街道，集聚效用不断扩大。作为福州最早的 CBD，五四路 CBD 及周边地区集聚着福州市半数以上的高档商务楼宇，企业大量集聚，1 万家法人单位包括世界 500 强企业和中国 100 强企业入驻辖区。大量企业集聚带旺了以现代服务业为主的第三产业发展，GDP 总量和社会商品零售总量多年在福州市名列前茅。五四路CBD随着国际服务业加快转移，国内服务业领域进一步扩大开放，稳步提升传统服务业，加快发展高端服务业，推动服务业规模扩大、结构优化、层次提升。五四路CBD积极引进大型商贸企业和国际一线品牌，做大东街口商圈，巩固鼓楼区商业中心地位。

南京河西CBD结合整体规划进行特色商业街道的营建，如餐饮一条街、步行街等，对CBD内精品经营、品牌专卖、特色餐饮、休闲娱乐等商业功能在空间上进行合理布局，从而更具有活力。

3.推动商贸零售向新零售模式转型

中央商务区商业的繁荣对其人气、商气兴旺有着至关重要的作用。主动引导商贸餐饮业向新零售模式转型，能很好地应对消费多元化和互联网对实体店的冲击。

成都锦江CBD全面推进商贸商务业迈向"高端"。该区积极引入国际高端品牌，吸引更多高级定制品牌和国际小众品牌。商贸企业引进国际知名品牌540个，其中香奈儿、爱马仕等国际一线品牌66个，比例居成都市之首。通过提升区域内国际品牌集聚度，增强了商贸业核心竞争力和辐射力。锦江CBD加快建设跨境电商体验店和"保税直销中心"。结合成都跨境电子商务综合试验区建设，鼓励商贸业企业积极打造线下体验、线上购买的跨境电商O2O商业体验店，全面推进商贸商务业迈向"高新"。加快发展新零售，加快引导区域内各传统百货商场、品牌专卖店和购物中心，利用物联网技术、互联网技术，发展线上线下O2O购物、智慧购物、Pop-up等零售新业态。2015年，成都锦江区实现社会消费品零售总额780.81亿元，2018年实现社会消费品零售总额1043.3亿元，商贸业集聚度西部第一，社会消费品零售总额连续14年在成都市领先。

庐阳CBD加强商圈新媒体运营，开发"万家云商"O2O服务平台和微信小程序功能，打造全新"线上+线下"智慧零售模式。电商主体培育规模逐步扩大。2018年全区18家限上企业、近400家限下企业实现在线销售额约36.2亿元。

南京河西 CBD 在业态内涵上重点引导、培育并形成若干规模和数量适度的大型精品高档百货零售市场。利用便利的交通条件以及消费者的消费心理和层次差异，着力发展业态层次较高的大型 Shopping Mall 和专业店、品牌店，加速发展国际国内知名品牌的旗舰店、连锁店等。此外，利用 CEPA（Closer Economic Partnership Arrangement，即内地与香港关于建立更紧密经贸关系的安排）概念打造 CEPA 香港商品主题城等，形成高档商业零售集聚。

（三）中央商务区产业发展面临的问题

2019 年各主要中央商务区取得了很大的成绩，但也面临着进一步发展的问题与挑战。

1. 老区 CBD 与新区 CBD 在发展过程中协调不充分

主要表现在老区 CBD 与新区 CBD 定位类似、功能雷同，没有形成新区的产业特色，给地方政府带来了财政和管理方面的困难。部分新区基础建设和配套设施并不完善，产生职住不平衡问题，造成部分员工"工作在新区，居住在老区"的局面。

2. 老区 CBD 与新区 CBD 存在资源和建设资金的竞争

新区 CBD 的开发与建设需要大量的财政资金和人力、物力的投入。而地方财政是有限的，为新区建设投入过多，就会在一定程度上影响老区的发展，导致老区发展停滞。同时，当新区建成时，会涉及产业迁移等一系列问题。在争取大企业、大项目中新区 CBD 与老区 CBD 存在对优质资源和财政资金的竞争问题。

3. CBD 商务楼宇降低空置率压力较大

部分新一线城市 CBD，近几年大量商务楼宇集中进入市场，导致甲级写字楼平均空置率较高，市场供过于求态势明显，写字楼租金面临下行的压力。

4. CBD 区域辐射和带动作用有提升空间

从辐射综合指数角度看，各 CBD 所在城区辐射综合指数发展不平衡，北上广深津 CBD 所在城区的辐射综合指数明显高于其他新一线城市 CBD。

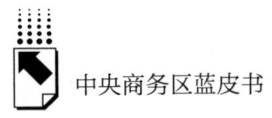

这表明各个CBD发展水平不均衡,区域辐射效应在地区之间差距较大。

5.优化营商环境中要进一步加强法治化和国际化工作

营商环境优化的根本目的在于降低企业外部经营环境的风险和不确定性,因此,CBD在改善市场化程度、对外开放程度、科技创新环境等方面存在进一步改善之处。在提升CBD营商环境品质,对标国际标准,加强对外开放,按照国际惯例办事,防范金融风险,加强知识产权创造、应用和保护等方面需要做更多的工作。

四 中央商务区高水平开放推动区域发展路径及对策建议

2019年,各城市CBD根据自身发展区位优势、发展目标等特点,通过开放推动提质CBD区域产业质量,推进区域转型升级。

(一)中央商务区高水平开放推动区域发展路径分析

综合来看,各地城市CBD推进高水平开放发展的路径,可以归纳为四种,即提高国际化水平、发展高精尖产业、提升总部经济质量和营造有利于产业发展的软环境。

1.提高中央商务区国际化水平

提高国际化水平是中央商务区高水平开放发展的主要路径,通过对外合作,引进国际资源,不仅能提高CBD的产业水平,而且能直接融入国际价值链分工,并且能够学习、观察国外先进技术和管理经验。

深圳福田CBD积极参与全球经济合作与竞争,不断推进经贸合作、对外投资和人文交流,以技术、标准、服务的输出外溢为主,融入全球产业链、价值链、物流链,扩大国际影响力。逐步扩大辐射半径,强化在粤港澳大湾区、珠三角乃至全国的经济地位。深化与粤港澳的合作,依托广深港客运专线、福田综合交通枢纽,以福田保税区和河套为平台,建设河套深港融合发展的新廊带。构建开放型经济新体制,积极探索与香港合作新模式、新领域。围绕市场化、法治化、国际化改革方向，破除制约经济社会发展的机制、体制障碍，使得深圳福田CBD形成经济社会发展的新动力。

北京CBD在外资发展方面，由于CBD产业形态成熟、营商环境优越，吸引了大量外资企业入驻，取得很好的效果。壳牌石油、丰田、大众、沃尔玛、特斯拉等跨国公司地区总部和国际机构相继入驻CBD，为区域外资企业发展注入了动能。

杭州下城区CBD深入推进开放合作。近3年来，CBD引进摩根士丹利、壳牌石油等世界500强项目近10项，新时空、华盛达金融控股等亿元以上项目200多个。另外，CBD以跨境电商综试区建设和综合体发展有机融合为抓手，促使O2O国际街区、西狗国际等项目落地。

广州天河CBD利用粤港澳服务贸易自由化省级示范基地建设的机会，创新开展全球招商方式。积极参加迪拜国际投资年会、世界金融与银行协会欧洲年会、国际贸易投资展览会及澳门国际贸易投资展览会等，推介天河CBD的产业发展、创新创业、营商环境情况及投资优势，助推天河CBD的国际化进程。

2. 积极发展高精尖产业

开放发展、创新发展，成为诸多中央商务区的共识。通过引导和发展高精尖和新业态产业，寻找CBD新的动能和新的经济增长点。

北京CBD重点支持高精尖产业发展，鼓励各类总部在科技、文化等领域积极探索创新，总部企业设立功能性机构并开展实体化运营；坚持"引进来"与"走出去"相结合，吸引跨国公司地区总部和国际研发总部在CBD落户发展。

深圳福田CBD大力推进金融政策创新。深圳福田区率先发布金融科技专项政策——《关于促进金融科技快速健康创新发展的若干意见》以及推出第一只反映我国金融科技产业发展的股票指数——香蜜湖金融科技指数等，向有国际影响力的金融科技中心迈进。此外，深圳福田正开展"深圳金融街"相关规划建设，扩展高端金融空间，巩固提升深圳金融中心核心

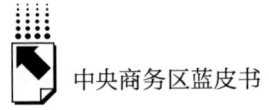

区地位。加快推动福田－前海双轮驱动、比翼齐飞的金融发展新格局，联通"福田－前海金融创新走廊"，推动粤港澳大湾区经济发展。

郑州郑东新区在发展金融产业中强化期货交易优势地位。积极引导期货公司总部、分支机构、期货私募基金等集聚发展，把郑东新区打造成中原期货产业集聚地。支持境外厂商和机构投资者进入郑州商品期货市场，或与本地金融机构成立合资期货公司。加大已上市品种推广力度和特定产品对外开放力度，形成具有国际影响的"郑州指数""郑州价格"，支持郑州商品交易所拓展交割库点布局，在郑州新郑综合保税区、郑州出口加工区等海关特殊监管区域和保税监管场所开展保税交割业务。

南京河西CBD大力培育信息服务产业。信息服务功能是体现CBD信息化水平的主要标志之一。河西CBD一是引入和培育发展包括电信服务、广电服务、网络服务、软件应用和系统集成服务在内的信息服务业，重点关注高科技研发、公共数据服务以及文化创意产业中的动漫和网游等产业环节的发展；二是集聚了一批大媒体、网络中心、电视台、电台等业态，使河西CBD成为南京地区甚至更广阔范围的信息交换中心；三是河西CBD积极鼓励发展IT产业及其服务业，鼓励入驻的信息企业着力发展多媒体信息库、开发商用数据库，逐步形成若干成熟并具有相当规模的数据中心。

3. 为发展总部经济注入活力

总部经济体现中央商务区的综合实力，各城市CBD结合本区位优势，努力提升总部经济质量，为扩大开放提供动力。

总部经济已经成为北京高质量现代化经济体系的战略支撑，其中外资企业总部的重要作用日益凸显。2017年，北京CBD所在朝阳区有总部企业428家（其中世界500强总部企业160家），外资总部多为服务型和创新型总部。CBD针对总部企业再投资、新设业务、新建项目等经营和投资环节实施"一对一"精准服务，解决总部企业发展遇到的难题。同时，北京CBD积极将与首都城市战略定位相匹配的创新型总部纳入政策覆盖范围，发挥国际商社和合作平台的作用，有针对性地引进重点领域高端外资总部，支持外资总部企业能级提升和实体化发展。

杭州下城CBD注重总部型企业入驻。2017年，CBD引进年税收亿元以上、千万元以上企业分别达20多家和200多家。由于总部和大企业的入驻，在122座重点商务楼宇中，全口径税收超千万元楼宇达90多座，超亿元楼宇达52座。

郑州郑东CBD专注打造企业总部高地。郑东CBD利用国家中心城市建设和自贸区获批机遇，成功引入以马士基、百胜集团为代表的49家世界500强企业，以浪潮集团、华润集团为代表的68家国内500强企业，上市企业70多家，积极推动台湾友嘉集团全球结算中心等16个涵盖总部、商务服务等的引领性项目落地，总投资突破2400亿元。

4. 积极营造服务于产业发展的软环境

为推动CBD高水平开放发展，各地CBD根据市场需求，积极营造有利于产业发展的系统软环境。

南京河西CBD持续完善产业发展相关调节政策，营造良好的投资经营生态环境。针对CBD产业发展，推进一站式办公，提高CBD行政管理效率；形成包括吸引投资、公司进入和人才汇聚的优惠政策，实现资本、贸易、人才、信息的无国界、无障碍的自由流动，构建与新街口商务区错位经营的优势。同时，根据总部经济"营运自由"的需求，在利润汇出，产品出口，人员流动、户口落实、子女入学、出入境审批等方面给予外埠企业便利。

南昌红谷滩CBD建立专业化金融服务团队，提供优质高效服务，把金融商务区金融服务中心打造成"全方位一窗口受理，全流程一站式服务"的绿色金融服务平台，夯实企业和资本对接基础，直接融资与间接融资并重发展，引导金融机构下沉金融服务，全面提升服务地方经济精准度，为入驻企业提供便捷的政务服务和专业的金融服务。

大力吸引人才，为CBD提供原动力。宁波鄞州CBD打造一流营商环境，支持人才引进和涵养。鄞州CBD支持行业龙头骨干企业加快发展，力争未来三年，形成一批营收200亿元级的"百亿领军企业"、100家专精特新的"百强单打冠军"、100家"上市及梯队企业"，累计集聚100名省级以上重点计划人才。推进"凤凰行动"鄞州计划，实施"外智柔引"三年行动，积极争抢海内外高端人才，大力培养本土骨干人才。

深圳福田CBD能够持续创新，归根结底是依靠人才。福田CBD积极探索设立福田人才创业投资基金，采取政府引导、市场运营的方式，引导社会资本加大对辖区人才创新创业项目和初创型企业的投资力度。此外，对新引进并获得福田区产业发展专项资金支持达到标准的金融机构，将其董事长或总经理级别人员认定为"福田英才"，对其筹备团队按产业发展贡献度给予引才奖励，由团队负责人自行确定分配方案。

（二）中央商务区高水平开放推动区域发展对策建议

基于我国经济中长期发展方向，综合国内外CBD发展动态，考虑全球范围服务贸易和商业零售发展趋势，提出以下CBD高水平开放推动区域发展对策建议。

1. 打造中央商务区经济高水平开放引擎

目前，我国处在转变发展方式、优化经济结构、转换增长动力的攻关期，进一步扩大开放是当前中国跨越关口、构建现代化经济体系的关键一环。应提升CBD的消费在城市乃至国家经济增长中的基础性作用，以CBD的高消费水平和结构升级促进经济的转型。在新时代背景下，我国的金融体系改革进一步深化。CBD是城市高端金融产业和服务业集聚的区域，应以其高度集聚的金融资源、科技创新能力等促进金融业的改革，更好地服务于我国构建现代化金融体系及其需求。应制定中央商务区高水平开放时间表，全面实行准入前国民待遇加负面清单管理制度，优化营商环境。CBD可以承担起对外开放拉动周边城市高水平开放的重任，为周边城市的发展提供人力、物力和财力支持，推动我国跨越经济转型的关口。

2. 加强中央商务区辐射和沟通能力

中央商务区的高水平开放，不仅能加快CBD自身发展，更重要的是能发挥辐射作用带动整个城市及周边地区协同发展、带动区域内经济增长，推动区域间贸易和投资向规范化、公正化方向发展。高水平开放，助力CBD

加速迈向高质量发展，继续成为周边城市经济的动力源和稳定器，同时，高水平开放能从贸易、资本、产业等诸多维度给区域经济带来更大市场和更广阔的资源，为区域经济发展不断注入发展红利。

3. 强化中央商务区创新引领作用

中央商务区是现代高端服务业的集聚区，具有总部企业集中、知识密集、产业专业化程度高的特点，因此，CBD作为区域创新的重要载体之一，对知识、技术外溢和扩散到周边地区具有明显的示范和助推作用，进而提升整个区域的创新能力。强化CBD的创新引领作用，加强CBD与科研院所的合作，推动省、市、区三级科技创新资源在CBD的整合，搭建成果转化、技术转移等科技服务体系，建设一批国家、省级重点实验室及科技成果转化中心，加速科技成果"在CBD转化"，为CBD发展注入新活力、培育新动能。

4. 科学规划中央商务区转型，促进高起点发展

一要科学制定规划。本着集约、节约土地的要求，编制区域性控制详规等专项规划，对楼宇群的布局规划、功能划分、产业导向、政策协调等做出长远安排。注重统筹考虑高点定位特色片区。二要优化空间布局。结合五年规划和现代服务业发展规划，高起点超前规划商务楼宇和工业标准厂房地块，以连片发展专业主题、现代服务业集聚区的思路，抓好布局定位，采取政府主导和市场化运作相结合的方式，推动一批有产业主题和实质内容的载体项目快速建设。三要引导错位发展。按照"有序分布、错位发展、互动关联、集聚集群"原则，加强规划布局的硬约束，确保规划刚性实施，引导各区域错位发展，避免同质化竞争。四要创建发展特色。要走融合发展之路，努力形成"特色市场+楼宇""特色园区+楼宇""特色产业+楼宇"同步发展。要集聚创新创业资源，快速建成运行一批楼宇产业示范项目，引导中小企业"上楼"集聚，培育"创客"创业"孵化器"。

5. 新区与老区中央商务区协调发展

建立和完善城市区域间协调发展机制是十分重要的。新区CBD与老区CBD是一个城市中位置最核心、资源最集中、人才最密集、科技最发达的

两个区域。两个区域不宜各自独立发展，而应紧密联系、相互沟通。老区CBD具有先天的优势，大都处于城市商贸繁华区，交通比较便捷，具有产业优势、市场优势和人才优势；新区CBD在建设初始期往往会得到市级政府重视，得到多方位的支持，开发建设资金不断涌入，具有资本优势、信息优势和传播优势。老区CBD可以通过城市更新和商圈改造升级，提高区域竞争力。新区CBD在发展新兴产业、新业态、大型商业综合体等方面重点发展。新老区CBD应加强交流，研究资源共享模式，包括信息共享和税源共享，最终实现双向辐射，提高资源的配置效率，达到优势互补、共同发展的目的。

6.对标国际标准提升中央商务区营商环境

中央商务区作为城市高端商务区和城市商务名片，代表着该城市最优的产业结构和高质量的投资环境。应该积极对标国际先进标准，借鉴国际先进经验，成为城市优化营商环境的先行兵和示范区，带动整个城市营商环境的提升。

改善科技创新环境的关键环节是对知识产权的创造、应用和保护。从CBD角度来讲，要加大力度、加强措施鼓励科技创新，促进成果转化。加强和落实知识产权保护的各项方针政策，明确知识产权保护的重要性，建设知识产权保护体系。对侵犯知识产权行为进行及时、有效的严厉惩罚。进一步完善和执行商标法律制度，加强商标知识产权保护。

CBD应进一步制定和加强人才引进政策。针对专业性人才，做好人才服务、家属安置等服务，建立人才引进绿色通道，不拘一格降人才。区域内可建立人才库，做好人才信息收集、统计工作，完善专业技术资格职称评定体系，科学合理地建立人才激励机制，建立人才引进和激励的长效机制。

CBD内行政部门应从便利各经济主体角度出发，进一步优化营商环境，加强各部门协作，减少重复性工作，降低企业开办、上市等成本；做好信息化建设工作，进一步推进审批、登记、申报等流程的网络化办公，提高微博、微信等公共平台的利用效率，提高政府透明度。各级基层法院提高收案、结案效率，做好案件数据收集和统计工作，进一步提高对知识产权纠纷、土地纠纷等案件的处理能力。

7. 构筑大尺度多层级开放式中央商务区网络

一线城市 CBD 涉外资源密集，商务环境与国际接轨，市场环境相对成熟，具有高端人才富集和创新性环境的优势；而天津滨海新区 CBD、南京河西 CBD、武汉王家墩 CBD、成都锦江 CBD、西安长安路 CBD 等新一线城市 CBD 具有自身区位优势、产业优势，可以充分发挥市场资源配置作用。因此，应结合国家整体发展战略，以一线城市 CBD 为主核，以其他各级城市 CBD 为节点，以方便快捷的城际交通为纽带，构建多层级、开放式的 CBD 网络，进一步强化 CBD 对城市群乃至国家经济发展的服务功能和支撑作用，辐射带动全球商务资源协同发展。

参考文献

［1］权衡：《加快形成全面开放新格局》，《人民日报》2018 年 11 月 12 日。

［2］杨长湧：《将新时代高水平开放持续推向深入》，《经济日报》2019 年 2 月 12 日。

［3］霍建国：《高水平开放是高质量发展的客观需要》，《环球时报》2019 年 4 月 29 日。

［4］北京商务中心区管理委员会：《北京 CBD 持续打造高水平开放新地标》，北京市政府信息公开专栏，2019 年 1 月 10 日。

［5］蒋三庚主编《中央商务区产业发展报告 No.4（2018）》，社会科学文献出版社，2018。

［6］郭亮、单菁菁主编《中国商务中心区发展报告（2018）》，社会科学文献出版社，2018。

［7］付连英：《外企成为北京 CBD 经济发展重要支撑》，《国际商报》2019 年 1 月 10 日。

［8］张景华、董城：《北京 CBD 打造国际一流营商环境》，《光明日报》2018 年 5 月 2 日。

［9］安蓓、姜琳、于佳欣：《更大力度自主开放引领更美中国》，《国际商报》2018 年 5 月 14 日。

指 数 篇

Evaluation Indexes

B.2
中央商务区综合发展指数分析

王莉娜*

摘　要： 本报告采用熵值法确定权重，对13个中央商务区所在城区2013~2017年的综合发展情况进行测度。结论表明，2013~2017年，我国城市CBD发展平稳，一线城市和新一线城市CBD发展存在差异，一线城市CBD整体得分高于均值，新一线城市CBD整体得分低于均值。分析其经济发展分指数、经济驱动分指数、科技创新分指数、社会发展分指数和区域辐射分指数发现，一线城市和二线城市CBD也存在显著差异。总体而言，一线城市CBD所在城区发展优于新一线城市，二者呈现不同的发展趋势。本报告结合我国中央商务区发展的阶段、特色以及进一步扩大

---

* 王莉娜，博士，北方工业大学经济管理学院讲师，主要研究领域为金融理论与政策。

开放的背景，结合测算结果，认为中央商务区应成为我国经济高水平开放的引擎，承担推动区域经济跨越关口的责任，为周边提供发展红利；加强基础设施建设，构建对外开放贸易大通道；同时以高水平国际化人才队伍，提升其对外开放能力。

关键词： 高水平开放　中央商务区综合发展指数　熵值法

一　引言

改革开放40多年来，我国经济活力焕发，经济处于快速增长通道。以开放促改革、促发展，是中国经济不断取得成绩的重要法宝。我国从设立自由贸易试验区到探索建设自由贸易港，从全面实行准入前国民待遇加负面清单管理到扩大服务业对外开放，以及"一带一路"倡议的实施，都是我国对外开放不断向前迈进的重大举措。进入新时代，中国在更大范围、更广领域、更高水平上推进对外开放，开放的大门越开越大。中央商务区（CBD）不仅能够带动城市的发展和繁荣，而且能够带动一批世界级城市的形成，是推进我国高水平开放的重要区域乃至国家的经济发展中枢。

本报告旨在对过去一个时期我国一线城市、新一线城市的中央商务区综合发展情况以及经济发展、经济驱动、科技创新、社会发展、区域辐射等五个方面进行评价，对CBD发展状况和发展态势进行跟踪，为继续推进中央商务区的高质量发展和高水平开放提供重要参考。

二　中央商务区综合发展指数构建

中央商务区综合发展指数由五个分指数组成，分别反映CBD发展的某个特定方面。它们是：经济发展分指数、经济驱动分指数、科技创新分指数、社会发展分指数、区域辐射分指数，为一级指标。为了全面反映CBD各个方面的变化，每个一级指标由若干二级指标构成。本报告中的综合发展指数指标体系由24个二级指标构成（见表1）。为了保持综合发展指数的客观性，二级指标的数据选取全部基于各城市《统计年鉴》《国民经济与社会发展统计公报》《城市统计年鉴》等权威机构资料，不采用由少数专家根据主观评价打分的方法，并尽量避免采用不可靠的数据。[①]

综合发展指数的五个分指数分别由其下辖各二级指标按熵值法确定权重的计算方法合成。综合发展指数由五个分指数按等权重原则合成。本报告的研究对象是CBD，分析的基础是CBD所在城区，如无特殊说明，本报告将采用区级数据和城市级数据对指标进行计算，而在使用城市级数据时，一般会在指标解释中做出说明，比如每百人公共图书馆藏书、每万人拥有公交车辆。此类指标并不存在严格的区级划分，而是互相流动、互相共享，故使用城市级数据。本报告使用的二级指标在2017年的统计口径未发生变化，因此据此得到的五个分指数结果、综合发展指数结果具有延续性。

表1 中央商务区综合发展指数指标体系

一级指标	二级指标	指标解释
经济发展分指数	GDP总量	CBD所在城区生产总值
	人均GDP	CBD所在城区生产总值/城区常住人口
	地方一般预算收入	CBD所在城区纳入公共预算管理的财政收入，不含政府性基金收入
	人口密度	CBD的常住人口/行政面积
	城区GDP占城市GDP的比重	CBD所在城区的GDP/城市GDP

[①] 与2018年报告相比，本报告未包含郑州郑东新区CBD、福州鼓楼区CBD，因此本报告计算的2014~2016年指数结果与上年报告中指数结果相比有所变化，但不影响本报告13个样本CBD的排名。

续表

一级指标	二级指标	指标解释
经济驱动分指数	全社会固定资产投资总额	CBD所在城区的以货币表现的建造和购置固定资产活动的工作量
	城镇人均可支配收入	反映居民家庭全部现金收入能用于安排家庭日常生活的那部分收入
	社会消费品零售总额	批发和零售业、住宿和餐饮业以及其他行业直接出售给城乡居民和社会集团的消费品零售额
	外贸出口总额	出口总量
	实际利用外资金额	批准的合同外资金额实际执行数,外商投资企业实际缴付的出资额等
科技创新分指数	专利申请数	使用城市级数据
	专利授权数	使用城市级数据
	万人高校在校生数	使用城市级数据
社会发展分指数	教育支出占公共财政支出的比重	用常住人口计算,使用城市级数据
	每百人公共图书馆藏书	用常住人口计算,使用城市级数据
	每千人拥有医疗机构床位数	用常住人口计算,使用城市级数据
	每千人拥有执业医师数	用常住人口计算,使用城市级数据
	每万人拥有公交车辆	用常住人口计算,使用城市级数据
	人均城市道路面积	路面宽度在3.5米以上的道路与常住人口的比值,使用城市级数据
	人均公园绿地面积	绿地面积与常住人口的比值,使用城市级数据
区域辐射分指数	金融机构存款余额	使用城市级数据
	金融机构贷款余额	使用城市级数据
	物流辐射力	物流区位熵,使用城市级数据
	客流辐射力	客流区位熵,使用城市级数据

注：指标解释中未注明的,均指城区数据。

三 我国中央商务区总体进展情况

（一）2013~2017年中央商务区综合发展总体进展

中央商务区综合发展指数显示,2013~2017年我国城市CBD发展平稳，13 个 CBD 平均得分为 38.462。2013~2017 年，一线城市①和新一线城市 CBD 发展存在差异，一线城市 CBD 整体得分高于均值，新一线城市 CBD 整体得分低于均值。其中，一线城市 CBD 的综合发展指数得分提升较快，从 42.341 提升至 43.566，提高 1.225；新一线城市 CBD 的综合发展指数得分则呈现缓慢下降趋势，从 36.737 下降至 36.193，下降 0.544。

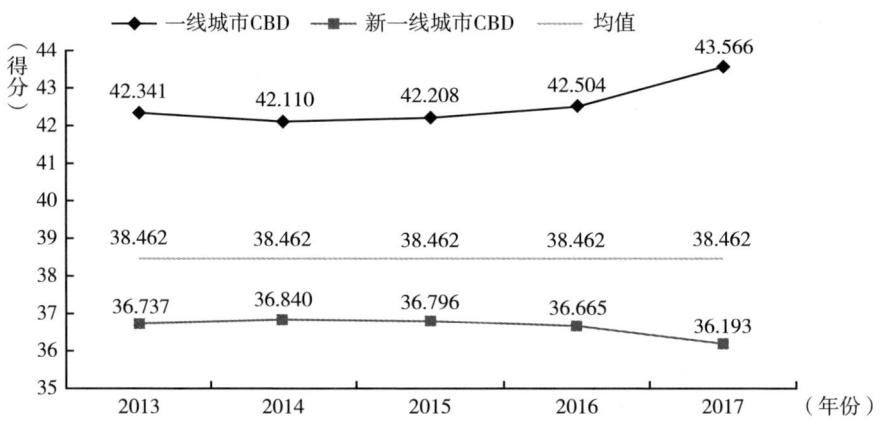

图 1　综合发展指数变化趋势（2013~2017 年）

综合来看，一线城市 CBD 的分指数在 2013~2017 年有明显上升（见图 2），其中"经济发展分指数"得分从 8.092 上升到 8.557；"经济驱动分指数"从 8.314 上升到 8.839；"科技创新分指数"从 8.525 上升到 8.793；"区域辐射分指数"从 8.916 上升到 9.227；仅"社会发展分指数"从 8.495 下降至 8.15。经济发展、经济驱动、科技创新、区域辐射的发展带动了一线城市 CBD 的综合进步。经济发展和经济驱动的上升幅度超过科技创新和区域辐射。不过，"经济驱动"的得分在 2013~2014 年也有停滞和下降的情况发生，其上升主要集中在 2015 年以后，主要得益于社会消费品零售总额和外贸出口总额的上升。

---

① 一线城市包括北京、上海、广州、深圳；其余样本为新一线城市。

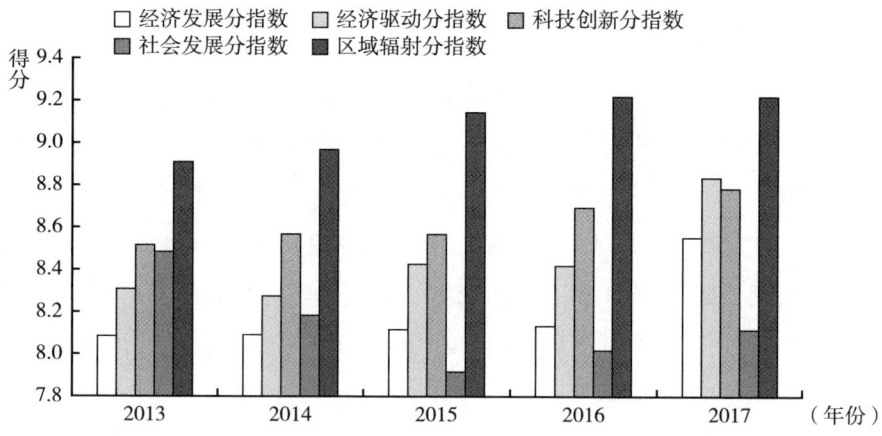

图2　一线城市CBD分指数变化趋势（2013～2017年）

而新一线城市CBD的分指数则存在明显的下降趋势（见图3），其中"经济发展分指数"得分从7.515下降到7.308；"经济驱动分指数"从7.416下降到7.183；"科技创新分指数"从7.322下降到7.203；"区域辐射分指数"从7.148下降到7.010；仅"社会发展分指数"从7.336上升至7.489。

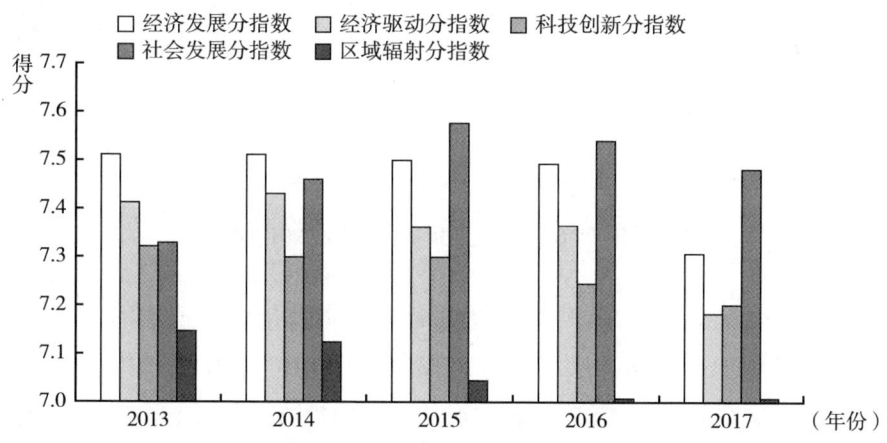

图3　新一线城市CBD分指数变化趋势（2013～2017年）

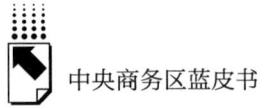

（二）各城市CBD综合评分和排序

按各中央商务区的综合发展情况排名，一线城市CBD的综合得分高于新一线城市CBD。一线城市中，2013年CBD的排名顺序为北京CBD、上海陆家嘴CBD、深圳福田CBD、广州天河CBD，2017年排名顺序为北京CBD、上海陆家嘴CBD、广州天河CBD、深圳福田CBD（见表2、图4），排序稍有变化，北京CBD和上海陆家嘴CBD牢牢占据第一位和第二位，广州天河CBD评分稍稍超过深圳福田CBD而排到了第三位，主要由于广州天河CBD的科技创新能力得到提升，且区域辐射能力较强。

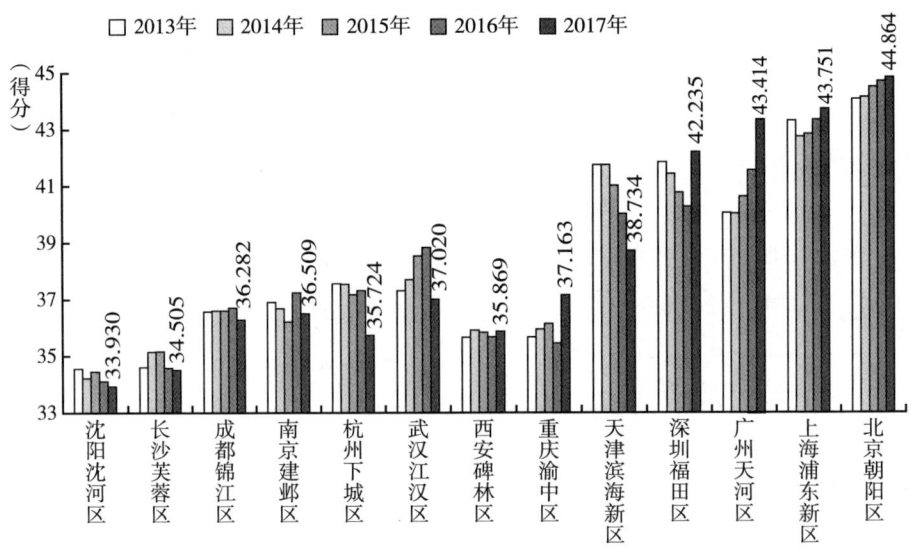

图4　各CBD综合发展指数（2013～2017年）

在新一线城市中，2013年CBD综合发展指数排名前三位的依次是天津滨海新区CBD、杭州下城CBD、武汉王家墩CBD，2017年排名前三位的依次是天津滨海新区CBD、重庆解放碑CBD、武汉王家墩CBD。重庆解放碑CBD从第6位上升至第2位，主要是由于"社会发展分指数"上升较大。

表2 2013～2017年各中央商务区综合发展指数和排名

CBD所在区		综合发展指数（得分）					综合发展指数排名					2017年较2013年指数升降（得分）	2017年较2013年位次升降
		2013年	2014年	2015年	2016年	2017年	2013年	2014年	2015年	2016年	2017年		
一线城市	北京朝阳区	44.097	44.167	44.527	44.728	44.864	1	1	1	1	1	0.767	0
	上海浦东新区	43.334	42.768	42.868	43.374	43.751	2	2	2	2	2	0.417	0
	广州天河区	40.062	40.060	40.657	41.620	43.414	4	4	4	3	3	3.352	-1
	深圳福田区	41.872	41.446	40.781	40.292	42.235	3	3	3	4	4	0.363	1
	天津滨海新区	41.771	41.780	41.037	40.038	38.734	1	1	1	1	1	-3.037	0
新一线城市	重庆渝中区	35.663	35.942	36.138	35.446	37.163	6	6	6	7	2	1.500	4
	西安碑林区	35.659	35.912	35.834	35.674	35.869	7	7	7	6	6	0.210	-1
	武汉江汉区	37.315	37.711	38.544	38.847	37.020	3	2	2	2	3	-0.295	0
	杭州下城区	37.571	37.547	37.179	37.328	35.724	2	3	3	3	7	-1.847	-5
	南京建邺区	36.912	36.688	36.208	37.250	36.509	4	4	5	4	4	-0.403	0
	成都锦江区	36.581	36.613	36.611	36.713	36.282	5	5	4	5	5	-0.299	0
	长沙芙蓉区	34.603	35.146	35.160	34.580	34.505	8	8	8	8	8	-0.098	0
	沈阳沈河区	34.559	34.220	34.455	34.109	33.930	9	9	9	9	9	-0.629	0

注：指数升降表示指数上升（下降）了多少得分，正值表示上升，负值表示下降。位次升降表示位次提高（降低）了几位，正值表示位次提高，负值表示位次降低。

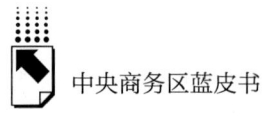

在本报告选取的CBD样本中,2013年重庆解放碑CBD、西安长安路CBD、长沙芙蓉CBD、沈阳金融商贸CBD排位靠后,2017年则为西安长安路CBD、杭州下城CBD、长沙芙蓉CBD、沈阳金融商贸CBD。杭州下城CBD由第2位下降至第7位,主要由于"科技创新分指数"和"区域辐射分指数"得分下降。

2013~2017年,虽然排名有升有降,但一线城市CBD的综合发展指数得分呈现统一的上升趋势,广州天河CBD升幅高达3.351;新一线城市则呈现略微下降态势,仅重庆解放碑CBD、西安长安路CBD呈现上升趋势,分别上升1.5和0.21。说明一线城市和新一线城市CBD的发展出现了一定程度的分化趋势,一线城市CBD不仅综合发展程度高,而且综合发展速度在总体上也明显快于新一线城市CBD。

四 CBD综合发展指数分指数情况

本部分从"经济发展分指数""经济驱动分指数""科技创新分指数""社会发展分指数""区域辐射分指数"五个方面来分析评价2013~2017年我国中央商务区的发展状况。

(一)经济发展分指数

2013~2017年各CBD所在城区经济发展分指数见表3。

表3 2013~2017年各CBD所在城区经济发展分指数

单位:得分

CBD所在城区		经济发展分指数				
		2013年	2014年	2015年	2016年	2017年
一线城市	北京朝阳区	7.820	7.771	7.725	7.736	7.994
	上海浦东新区	8.544	8.519	8.576	8.694	9.323
	广州天河区	7.798	7.862	7.901	7.895	8.445
	深圳福田区	8.204	8.220	8.278	8.229	8.467

续表

CBD 所在城区		经济发展分指数				
		2013年	2014年	2015年	2016年	2017年
新一线城市	天津滨海新区	10.439	10.444	10.388	10.436	9.060
	重庆渝中区	7.573	7.571	7.591	7.542	7.443
	西安碑林区	7.461	7.500	7.522	7.468	7.372
	武汉江汉区	7.274	7.286	7.313	7.352	7.472
	杭州下城区	7.199	7.169	7.039	6.997	7.043
	南京建邺区	6.421	6.492	6.502	6.589	6.435
	成都锦江区	6.770	6.762	6.755	6.730	6.702
	长沙芙蓉区	7.316	7.325	7.358	7.355	7.487
	沈阳沈河区	7.183	7.081	7.052	6.976	6.758

经济发展分指数包含城区GDP总量、人均GDP、地方一般预算收入、人口密度、城区GDP占城市GDP的比重5个指标。

首先，从经济发展分指数得分来看，一线城市中，上海陆家嘴CBD所在城区上海浦东新区最强，2014~2017年始终排在第1位；其余3个一线城市CBD所在城区经济发展排名较为稳定，在2014~2017年未发生变动。新一线城市中，天津滨海新区经济发展实力强劲。虽然2016年天津滨海新区的GDP从10002亿元调整为6654亿元①，2017年经济增速6%，GDP为7053亿元，但是经过调整后的天津滨海新区经济发展分指数依然排名第1。2013年，新一线城市CBD所在城区经济发展分指数排名前5位的分别为天津滨海新区、重庆渝中区、西安碑林区、长沙芙蓉区和武汉江汉区；2017年排名前5位的分别为天津滨海新区、长沙芙蓉区、武汉江汉区、重庆渝中区、西安碑林区（见图5）。

其次，从指标贡献来看，五个二级指标的权重基本维持不变，GDP总量的权重仅仅从2014年的0.197变更为2017年的0.196，人口密度的权重也仅从2014年的0.214变更为2017年的0.209（见图6）。以2017年为例，人口密度和人均GDP的权重最高，分别为0.209和0.210（见图7），这说明虽然经济规模总量对经济发展的影响很大，但是以人均计算的经济指标更能代表经济的支撑力水平。

---

① 2018年1月，在更改统计口径、挤掉水分后，天津滨海新区2016年的万亿元地区生产总值（10002亿元）调整为6654亿元。

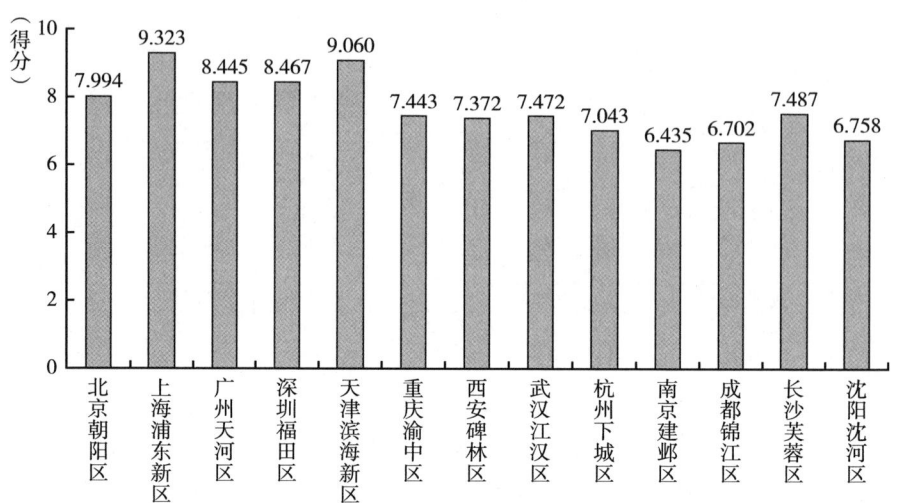

图 5　2017 年各 CBD 所在城区经济发展分指数

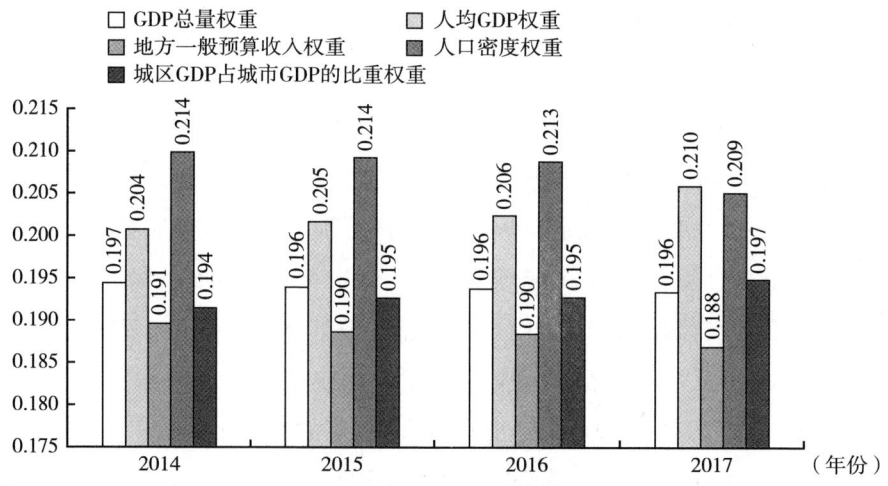

图 6　经济发展分指数二级指标权重

最后，13 个 CBD 经济发展分指数五个二级指标各自情况如下。

（1）从 GDP 总量来看，除天津滨海新区外①，各城区保持了稳定的增长

---

① 由于 2016 年天津滨海新区 GDP 进行调整，故不对其进行分析。

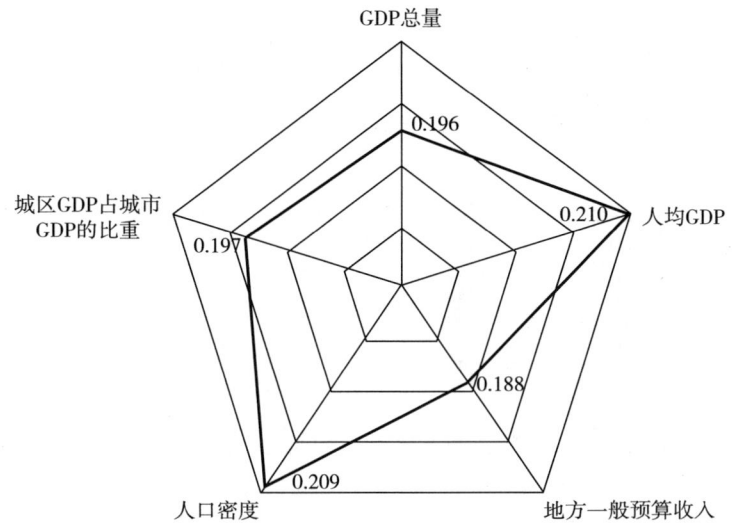

图 7　2017 年经济发展分指数二级指标权重

态势（见图 8），总计从 2013 年的 21526 亿元增长到 2017 年的 31192 亿元，2015 年、2016 年、2017 年的平均增长率分别为 9.38%、9.58%、9.47%，高于全国的 6.9%、6.7%、6.8%。从年均增长率来看，2014~2017 年，南京建邺区、西安碑林区保持了高速增长，分别为 14.86% 和 13.60%；但相较而言，这两个区的经济规模总量较小，4 年的平均 GDP 为 576 亿元和 728 亿元。经济规模总量大却仍然保持高速增长的有上海浦东新区和广州天河区，年均增长率为 10.61% 和 11.22%，4 年的平均 GDP 为 8438 亿元和 3659 亿元。

（2）从人均 GDP[①] 来看（以常住人口进行测算），2014~2017 年，这一指标整体增长稳健（见图 9），各城区年均增速为 8.1%。南京建邺区年均增速最大，达到 13.29%；其次是西安碑林区、武汉江汉区和上海浦东新区，分别为 12.30%、10.38% 和 10.01%。2014~2017 年，人均 GDP 增长率上升最快的 3 个城区分别为北京朝阳区、成都锦江区、长沙芙蓉区。其中，北京朝阳区从 5.39% 增长到 12.39%，增加 7 个百分点。

---

① 不含天津滨海新区。

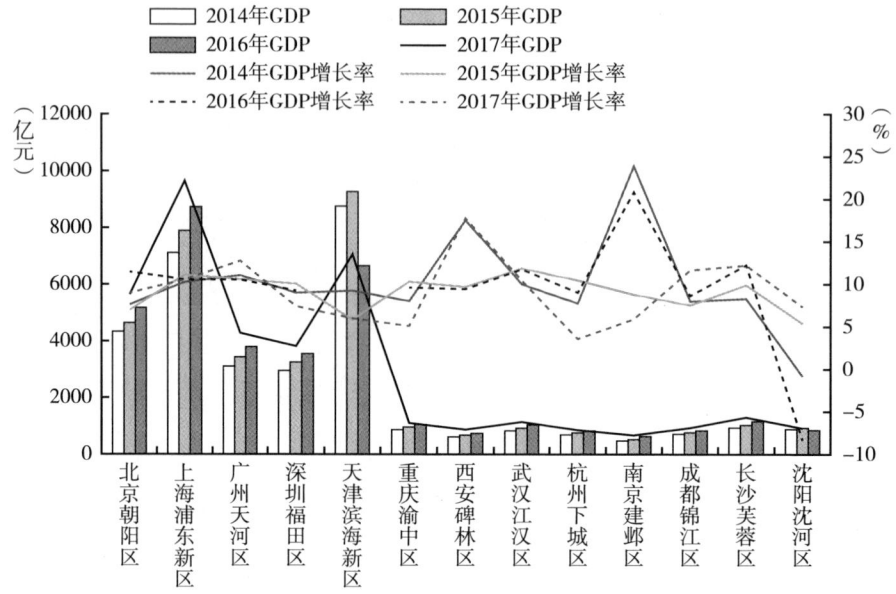

图 8　2014~2017 年各 CBD 所在城区 GDP 总量及增长率

注：由于 2016 年天津滨海新区 GDP 调整，故 2016 年天津滨海新区 GDP 增长率数据缺失。

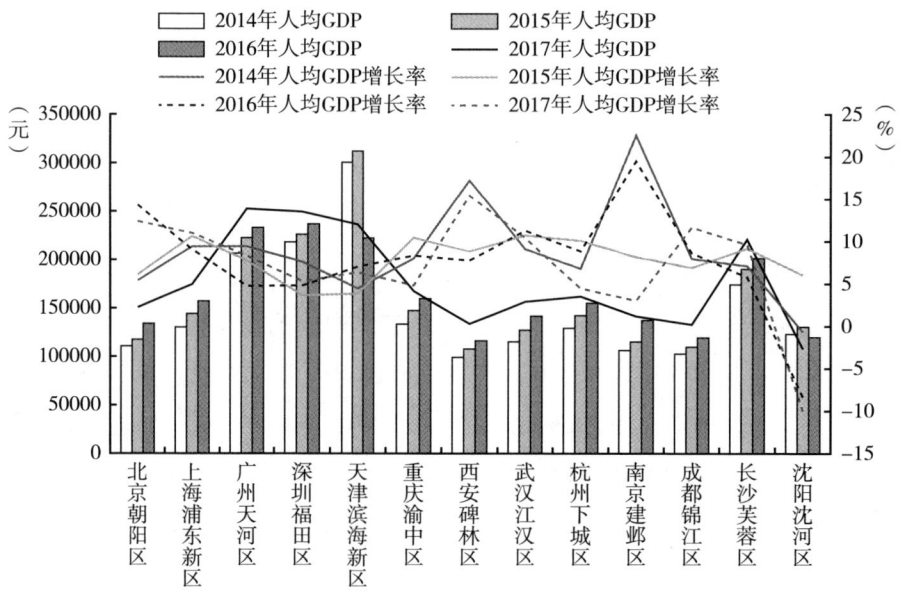

图 9　2014~2017 年各 CBD 所在城区人均 GDP 及增长率

（3）从地方一般预算收入来看，上海浦东新区的总规模最大（见图10），一线城市CBD显著高于新一线城市。2015～2017年，上海浦东新区地方一般预算收入均值为916亿元；天津滨海新区排名第2，为617亿元；北京朝阳区排名第3，规模为478亿元。长沙芙蓉区和西安碑林区规模最小，低于50亿元。增长率方面，2017年成都锦江区和南京建邺区增长最快，达到16.44%和14.21%。一线城市中上海浦东新区和北京朝阳区增量最大，均超过30亿元。

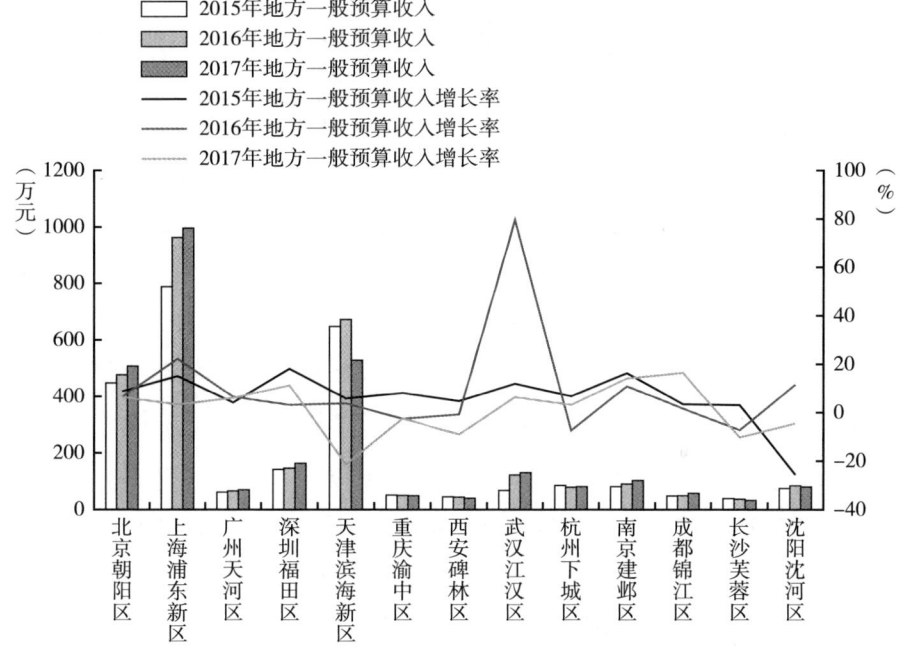

图10　2015～2017年各CBD所在城区地方一般预算收入及增长率

（4）从人口密度看（以常住人口进行测算），一线城市和新一线城市CBD差别不大（见图11）。在新一线城市中，重庆渝中区和西安碑林区最大。北京朝阳区、上海浦东新区、广州天河区和深圳福田区的人口密度并未排在各中央商务区的前列。2017年，广州天河区、成都锦江区、武汉江汉区的人口密度增长率最大。

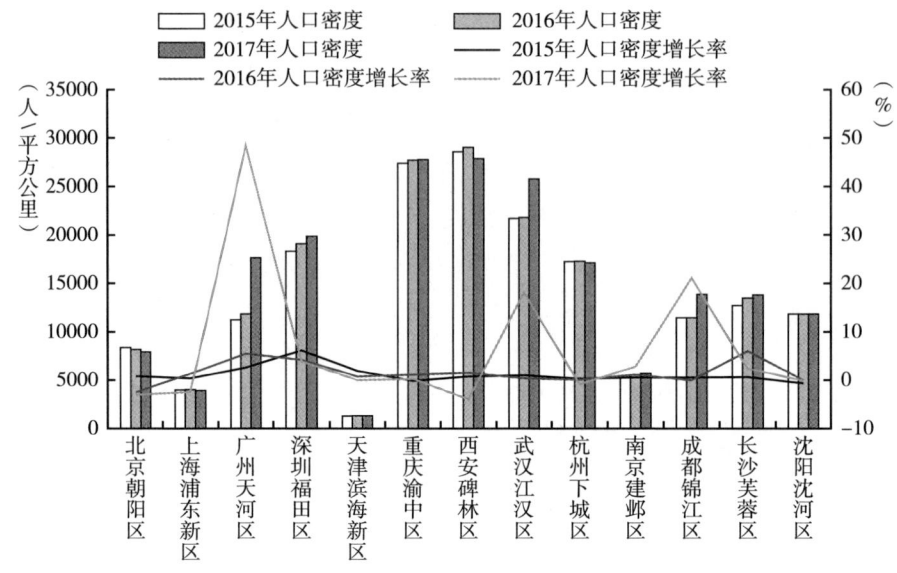

图 11　2015～2017 年各 CBD 所在城区人口密度及增长率

（5）从城区 GDP 占城市 GDP 的比重看，2015～2017 年，各 CBD 所在城区的数值虽然差异较大，但较为稳定。在 13 个样本城区中，虽然天津滨海新区的 GDP 在 2016 年进行了调整，2017 年仍排名第一，达到 38.02%（见图 12）。在一线城市中，2017 年上海浦东新区 GDP 占上海市 GDP 的约 1/3，北京朝阳区和广州天河区分别占北京市和广州市的约 20%。南京建邺区和重庆渝中区 GDP 占所在城市的比重稍低，分别为 5.71% 和 5.66%。

（二）经济驱动分指数

经济驱动分指数包含全社会固定资产投资总额、城镇人均可支配收入、社会消费品零售总额、外贸出口总额、实际利用外资金额 5 个二级指标。

首先，从经济驱动分指数得分来看，2013～2017 年，一线城市的排名较为稳定。除 2013 年外，依次为上海浦东新区、北京朝阳区、深圳福田区、广州天河区。2013～2017 年，上海浦东新区、北京朝阳区、广州天河区的经济驱动分指数基本呈上升趋势，上海浦东新区从 9.103（见表 4）上升为

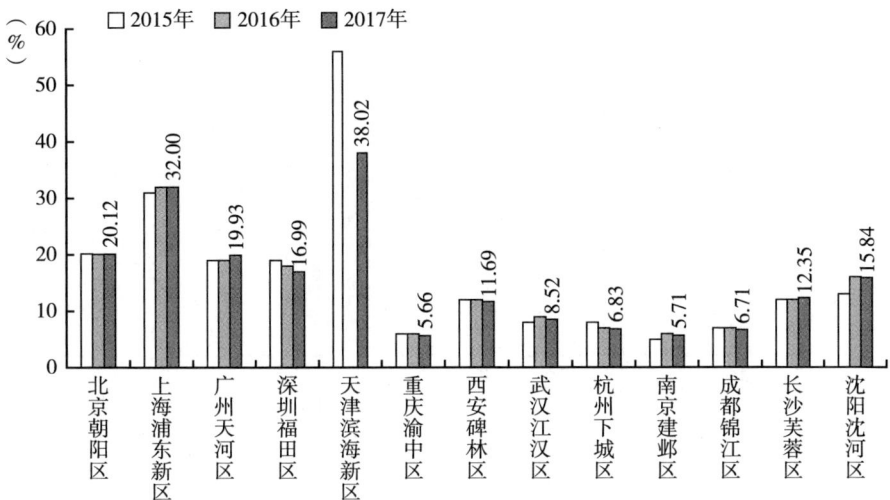

图 12　2015~2017 年各 CBD 所在城区 GDP 占城市 GDP 的比重

注：由于 2016 年天津滨海新区 GDP 调整，故 2016 年数据缺失。

10.024（见图 13），上升 0.921；北京朝阳区从 8.231 上升为 9.188，上升 0.957；广州天河区从 7.410 上升为 7.651，上升 0.241。

表 4　2013~2017 年各 CBD 所在城区经济驱动分指数

单位：得分

CBD 所在城区		经济驱动分指数				
		2013 年	2014 年	2015 年	2016 年	2017 年
一线城市	北京朝阳区	8.231	8.311	8.974	8.918	9.188
	上海浦东新区	9.103	9.173	9.170	9.395	10.024
	广州天河区	7.410	7.474	7.483	7.381	7.651
	深圳福田区	8.511	8.149	8.093	8.001	8.493
新一线城市	天津滨海新区	9.127	9.121	9.160	8.479	8.938
	重庆渝中区	7.554	7.470	7.337	7.472	7.689
	西安碑林区	6.662	6.690	6.628	6.536	6.621
	武汉江汉区	7.722	7.825	8.029	8.258	6.995
	杭州下城区	7.598	7.750	7.755	7.917	7.204
	南京建邺区	6.927	6.855	6.776	6.839	6.758
	成都锦江区	7.399	7.282	6.972	7.237	6.788
	长沙芙蓉区	6.741	6.788	6.835	6.979	6.872
	沈阳沈河区	7.014	7.112	6.790	6.587	6.778

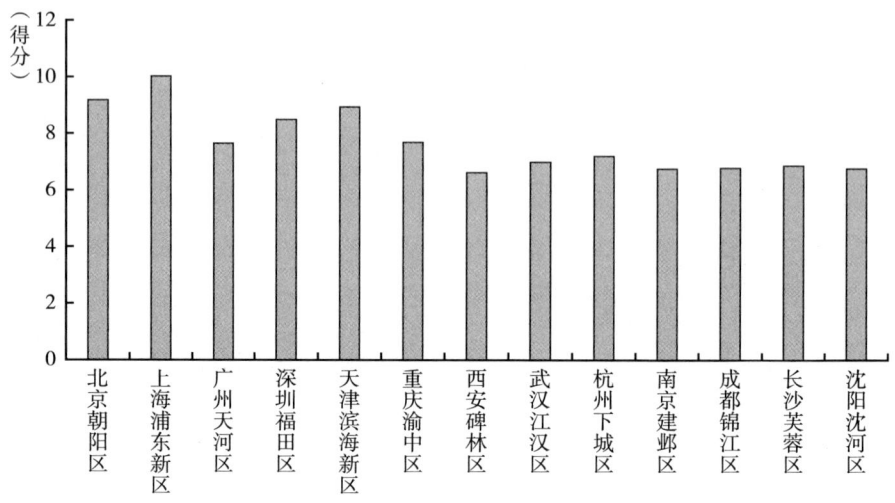

图13　2017年各CBD所在城区经济驱动分指数

其次，从二级指标来看，在13个样本城区中，起主要作用的因素存在差异。2013~2017年，外贸出口一直是上海浦东新区经济驱动的主要因素，对外经济发挥了主要作用。消费是北京朝阳区经济驱动的主要因素，体现消费结果的社会消费品零售总额得分最高。城镇人均可支配收入是影响深圳福田区的主要因素，蕴含着强大的潜在消费能力。全社会固定资产投资总额是天津滨海新区的主要影响因素，得分最高。总体来看，投资、出口和消费仍是驱动我国重要商务区经济增长的三个重要因素。2017年各CBD所在城区经济驱动分指数分项构成见图14。

最后，五个二级指标表现不同。

（1）从全社会固定资产投资总额看，2015~2017年，13个样本中央商务区的规模和增速存在显著差异。天津滨海新区的年均投资规模最大，达4476亿元；其次是上海浦东新区和北京朝阳区，分别为1834亿元和1284亿元。除天津滨海新区外，其他新一线城市CBD所在城区的平均投资规模为337.84亿元。广州天河区和深圳福田区的年均固定资产投资规模与新一线城市相近，分别为590亿元和303亿元。增长率方面，2017年成都锦江区增长最快，增速为25.57%（见图15），其次是深圳福田区，增速为24.84%，

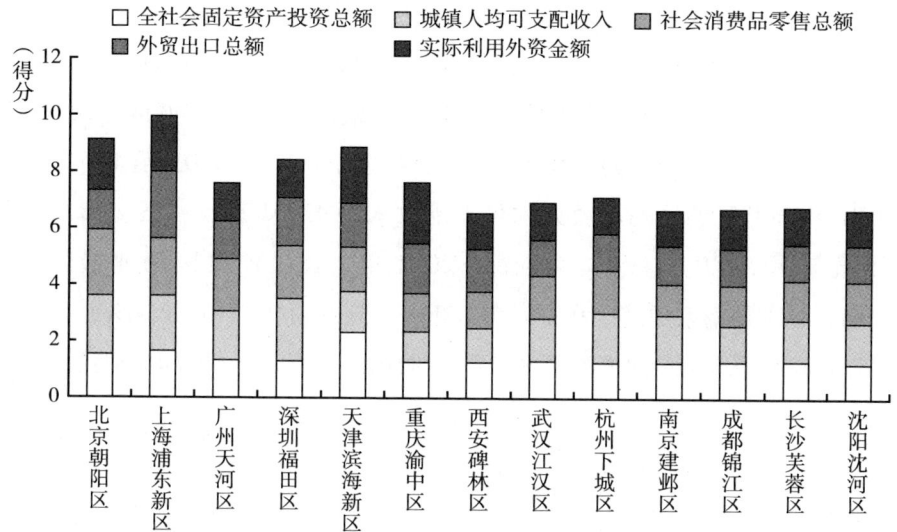

图 14 2017 年各 CBD 所在城区经济驱动分指数分项构成

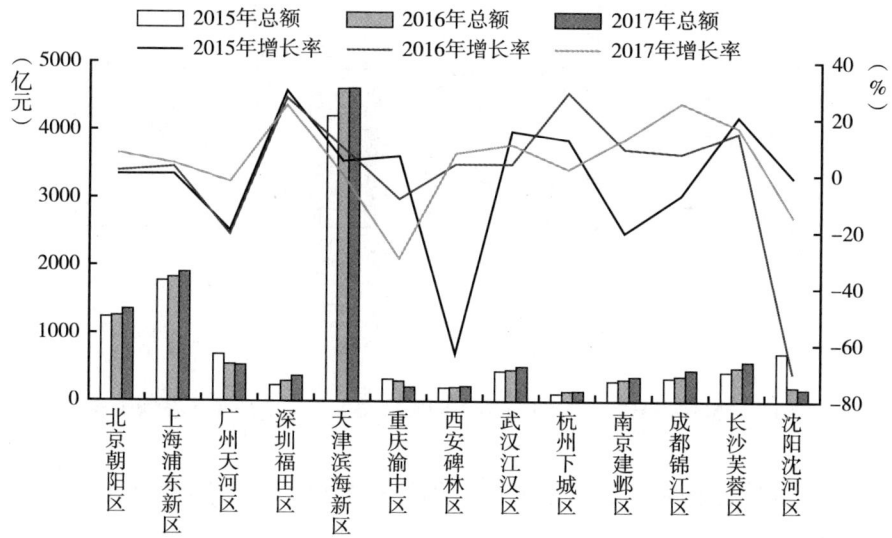

图 15 2015～2017 年各 CBD 所在城区全社会固定资产投资总额及增长率

长沙芙蓉区排名第三，增速为 16.89%。增量方面，2017 年北京朝阳区增量最大，全社会固定资产投资总额增加 98.1 亿元；其次是成都锦江区，增加 94.87 亿元。

（2）从城镇人均可支配收入看，一线城市和新一线城市差异较显著（见图16）。2015～2017年，深圳福田区、北京朝阳区、上海浦东新区和广州天河区城镇人均可支配收入均高于新一线城市CBD所在城区。2017年，一线城市CBD所在城区的平均城镇人均可支配收入为62501元，新一线城市CBD所在城区的平均城镇人均可支配收入为43351元，一线城市高于新一线城市40%以上。增长率方面，2017年，武汉江汉区增速最快，为9.23%；其次是南京建邺区和上海浦东新区，分别为9.1%和8.86%。增速高于8%的城区还包括天津滨海新区、重庆渝中区、西安碑林区和成都锦江区。

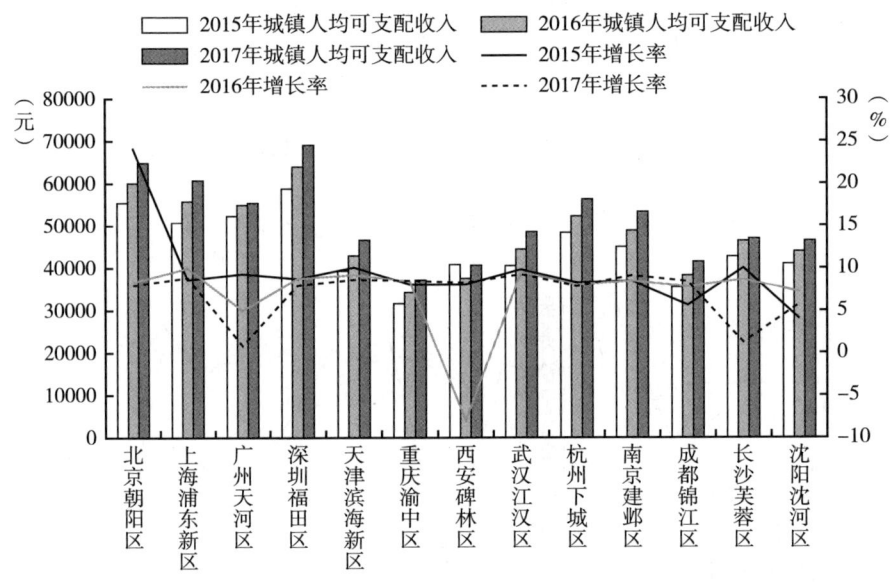

图16 2015～2017年各CBD所在城区城镇人均可支配收入及增长率

（3）从社会消费品零售总额看，2015～2017年，13个CBD所在城区呈现较明显的增长态势，但一线城市明显高于新一线城市（见图17）。北京朝阳区始终排在第1位，其次是上海浦东新区，2017年分别为2644亿元和2041亿元。一线城市的平均社会消费品零售总额为2036亿元，新一线城市的平均值为838亿元，一线城市超过新一线城市一倍有余。2017年，社会消费品零售总额规模增长最大的城区为上海浦东新区，增长额为164亿元；其次是深圳福田区和北京朝阳区,分别为153亿元和107亿元。2017年,武汉江汉区、杭州下城区、南京建邺区和成都锦江区增速均超过10%,实现超高速增长。其次是长沙芙蓉区和上海浦东新区,增速分别为8.47%和8.07%。

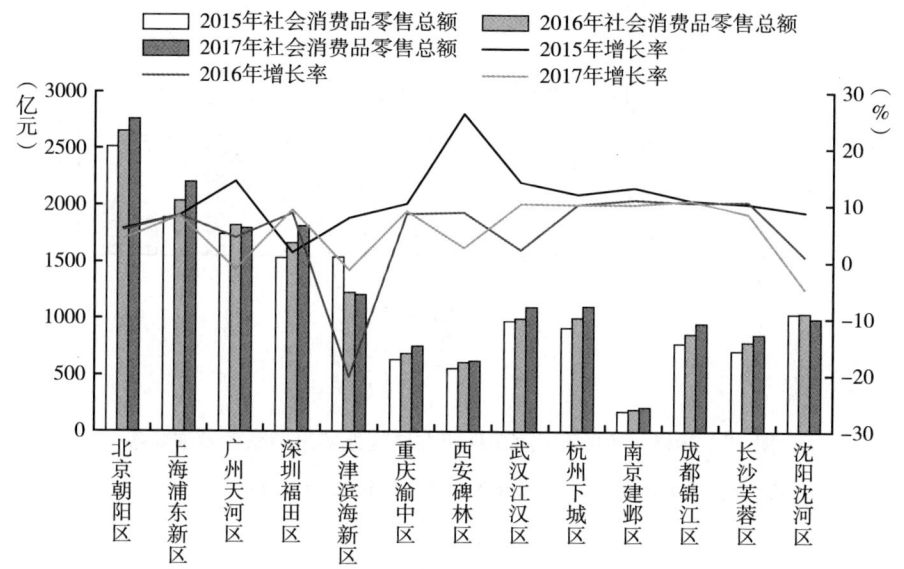

图17 2015~2017年各CBD所在城区社会消费品零售总额及增长率

(4)从外贸出口总额看,2015~2017年,上海浦东新区规模远超其他城区,且增长态势明显(见图18)。2017年,上海浦东新区外贸出口总额达1016亿美元,突破千亿美元大关,增长率为6.51%,成为带动地区经济增长的重要影响因素。2017年,深圳福田区略有下降,从481亿美元下降至410亿美元,但仍然保持在400亿美元以上。天津滨海新区实现轻微上扬,从265亿美元增长至275.39亿美元。重庆渝中区增加明显,从407亿美元增加至441亿美元,增长率为8.35%。

(5)从实际利用外资金额看,上海浦东新区呈上升趋势,沈阳沈河区等城区呈下降趋势,其他各区趋势不明显。2017年,北京朝阳区、上海浦东新区、广州天河区、深圳福田区实际利用外资金额为58.80亿美元、78.26亿美元、8.01亿美元、7.98亿美元(见图19)。

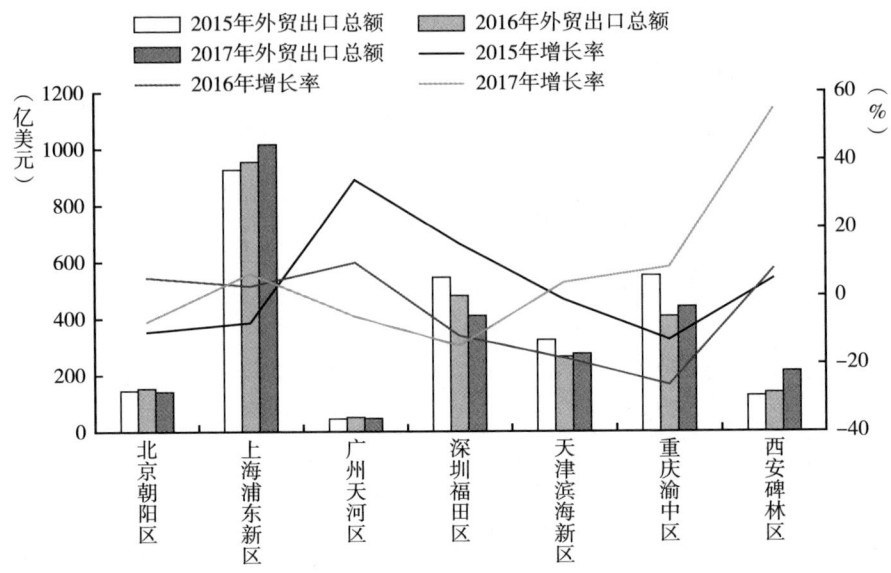

图 18　2015~2016 年各 CBD 所在城区外贸出口总额及增长率

注：其他城区数据缺失，按上年数值测算指数，本图未予展示。

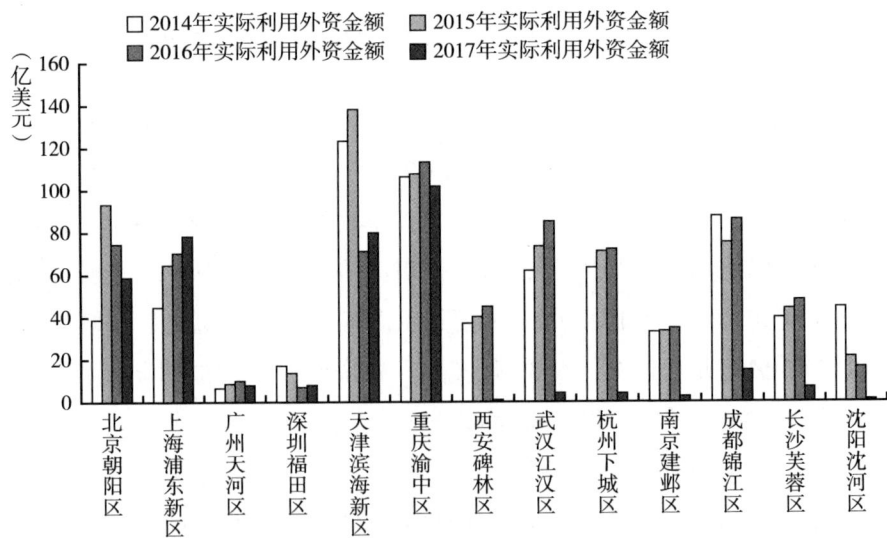

图 19　2014~2017 年各 CBD 所在城区实际利用外资金额

(三)科技创新分指数

科技创新分指数包含专利申请数、专利授权数和万人高校在校生数3个指标。刻画创新的指标有很多,如 R&D 经费支出、专利授权数、技术合同成交总额、高技术人才占比等。但是由于各城区年鉴和统计公报中的数据口径并不一致,很难将上述指标全部考虑进来。综合考虑后,本报告先选取13个城区均有的数据指标进行测算,之后再使用较为丰富的指标对科技创新领先的城区进行测算。

首先,从科技创新分指数评分来看,2013～2017 年,一线城市的得分高于新一线城市(见表5),北京朝阳区的领先地位稳固,是唯一得分超过10分且保持5年的城区,说明北京朝阳区具有较好的科技创新能力。在新一线城市中,武汉江汉区排名相对靠前;2017 年,南京建邺区和西安碑林区的排名靠前。从二级指标权重来看,专利申请数、专利授权数和万人高校在校生数对北京朝阳区的影响均衡。相比北京朝阳区,上海浦东新区的专利申请数稍有欠缺,也是其与北京朝阳区科技创新指数得分存在差距的主要原因。在新一线城市中,2017 年南京建邺区科技创新指数得分最高(见图20),万人高校在校生数对其影响最大(见图21),得分高达3.443。

表5 各CBD所在城区科技创新分指数

单位:得分

CBD 所在城区		科技创新分指数				
		2013 年	2014 年	2015 年	2016 年	2017 年
一线城市	北京朝阳区	10.198	10.492	10.325	10.279	10.358
	上海浦东新区	8.356	8.112	8.019	7.990	7.869
	广州天河区	7.404	7.607	7.746	8.162	8.469
	深圳福田区	8.144	8.069	8.207	8.349	8.477
新一线城市	天津滨海新区	7.277	7.273	7.342	7.447	7.064
	重庆渝中区	6.961	6.985	7.331	6.910	6.587
	西安碑林区	7.638	7.665	7.686	7.597	7.690
	武汉江汉区	7.970	8.031	7.925	8.016	7.379
	杭州下城区	7.977	7.451	7.485	7.331	7.287

续表

CBD 所在城区		科技创新分指数（得分）				
		2013 年	2014 年	2015 年	2016 年	2017 年
新一线城市	南京建邺区	7.943	8.023	7.780	7.761	8.021
	成都锦江区	7.687	7.647	7.682	7.580	7.668
	长沙芙蓉区	6.449	6.561	6.484	6.567	6.915
	沈阳沈河区	5.997	6.085	5.988	6.010	6.216

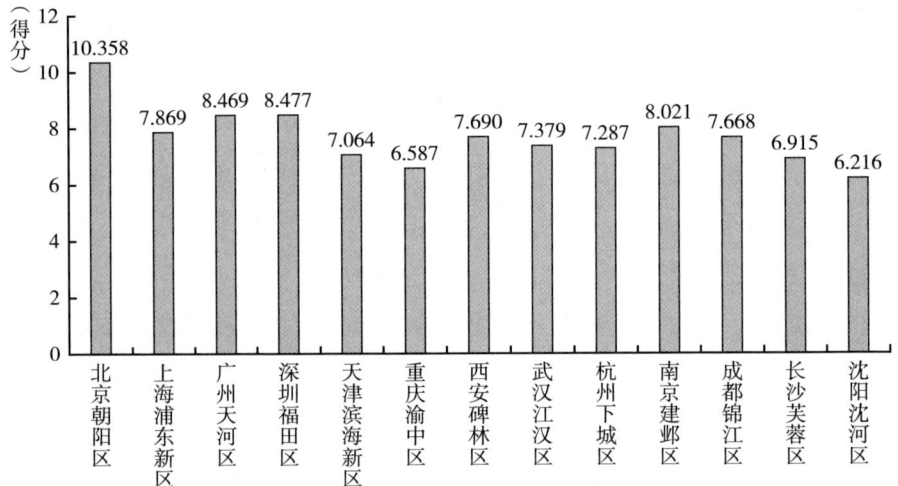

图 20　2017 年各 CBD 所在城区科技创新分指数

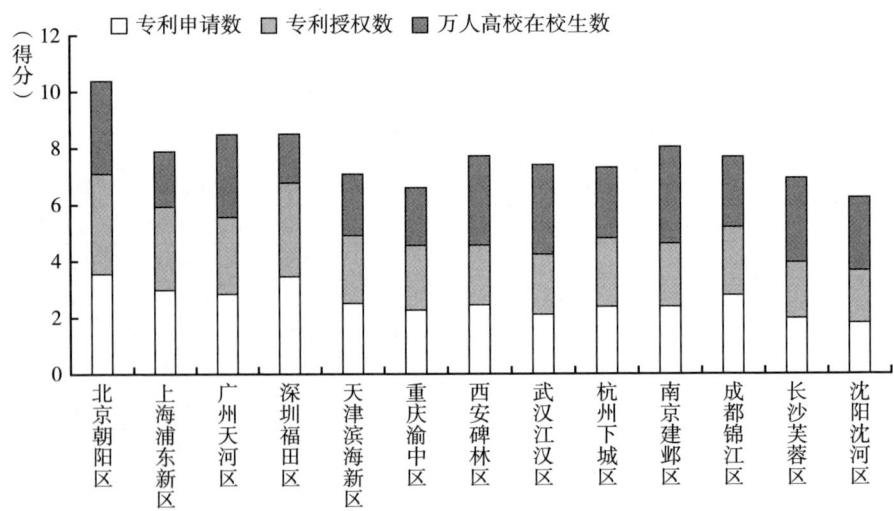

图 21　2017 年各 CBD 所在城区科技创新分指数分项构成

其次，本报告单独比较北京朝阳区和上海浦东新区的科技创新能力，见表6。2015~2017年，在R&D经费支出方面，北京朝阳区和上海浦东新区均处于增长态势，但规模层面北京朝阳区高于上海浦东新区。R&D经费支出占比方面，北京朝阳区高于上海浦东新区。技术合同成交总额方面，上海浦东新区与北京朝阳区的差距在2017年进一步拉大，2016年北京朝阳区的规模为上海浦东新区的4倍以上，2017年扩大为5倍有余。纵向来看，除R&D经费支出占比和科技成果登记数外，其余指标均呈增长态势。

表6 2013~2017年北京朝阳区和上海浦东新区科技创新能力比较

年份	CBD所在城区	R&D经费支出（亿元）	R&D经费支出占比(%)	技术合同成交总额（亿元）	科技成果登记数（项）	专利申请数（件）	专利授权数（件）
2013	北京朝阳区	1185	5.83	2851	1043	123336	62671
	上海浦东新区	777	3.49	621	2490	86450	48680
2014	北京朝阳区	1269	5.78	3136	1042	138111	74661
	上海浦东新区	862	3.58	668	2384	81664	50488
2015	北京朝阳区	1384	5.84	3453	1045	156312	94031
	上海浦东新区	936	3.65	708	2356	100006	60623
2016	北京朝阳区	1485	5.78	3941	728	189129	100578
	上海浦东新区	1049	3.72	823	2245	119937	64230
2017	北京朝阳区	1580	5.64	4485	844	185928	106948
	上海浦东新区	1205	3.93	868	2028	131746	72806

（四）社会发展分指数

社会发展分指数包含教育支出占公共财政支出的比重、每百人公共图书馆藏书、每千人拥有医疗机构床位数、每千人拥有执业医师数、每万人拥有公交车辆、人均城市道路面积、人均公园绿地面积7个指标。一线城市和新一线城市的社会发展分指数得分差距较小。在一线城市中，2017年，广州天河区和深圳福田区社会发展分指数得分排名靠前（见表7和图22），得分为9.319和9.037。在新一线城市中，2017年，重庆渝中区社会发展分指数得分最高，其次为南京建邺区。

表7 2013~2017年各CBD所在城区社会发展分指数

单位：得分

CBD 所在城区		社会发展分指数				
		2013年	2014年	2015年	2016年	2017年
一线城市	北京朝阳区	8.533	8.273	8.080	8.343	7.794
	上海浦东新区	7.278	6.950	6.858	7.235	6.449
	广州天河区	8.546	8.217	8.233	8.523	9.319
	深圳福田区	9.622	9.356	8.568	7.972	9.037
新一线城市	天津滨海新区	7.286	7.544	7.099	6.653	6.718
	重庆渝中区	6.296	6.576	6.580	6.260	8.197
	西安碑林区	7.037	7.250	7.121	7.329	7.478
	武汉江汉区	6.994	7.197	7.475	7.454	7.318
	杭州下城区	7.799	8.165	8.263	8.426	7.628
	南京建邺区	7.760	7.449	7.857	8.866	8.087
	成都锦江区	7.503	7.755	7.775	7.737	7.596
	长沙芙蓉区	7.576	7.933	7.963	7.156	6.878
	沈阳沈河区	7.770	7.335	8.129	8.046	7.501

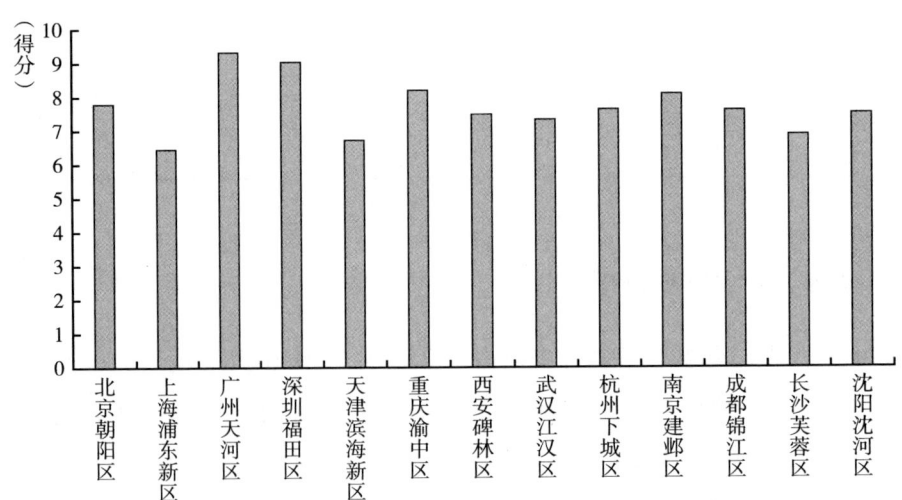

图22 2017年各CBD所在城区社会发展分指数

在社会发展分指数的二级指标中，教育支出占公共财政支出的比重、每百人公共图书馆藏书、每千人拥有医疗机构床位数、每千人拥有执业医师数、每万人拥有公交车辆、人均城市道路面积、人均公园绿地面积（见图23）在同一城市的各城区间存在较高的共享度，且由于上述指标是均值，城区数据缺失，因此使用城市数据替代。2017年，深圳福田区的教育支出占公共财政支出的比重最高，达28.843%；其次是广州天河区和杭州下城区。北京朝阳区和上海浦东新区的教育支出占公共财政支出的比重分别为18.86%和11.60%。每百人公共图书馆藏书方面，深圳福田区较2016年有所下降，但依然排在首位，数值为526册，其次是杭州下城区、南京建邺区。医疗方面，各城区差距不显著。每万人拥有公交车辆方面，广州天河区以27辆排在首位，其次是深圳福田区、南京建邺区。

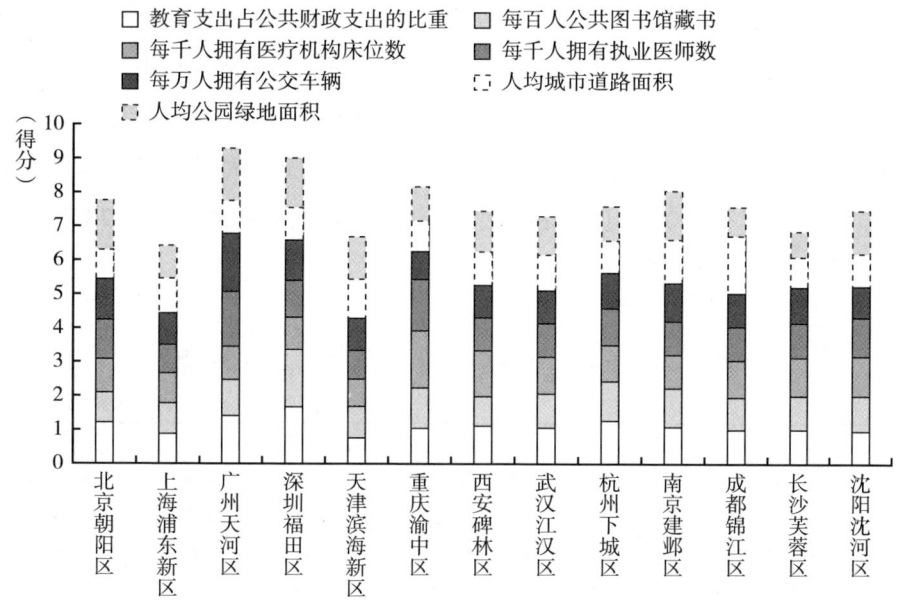

图23　2017年CBD所在城区社会发展分指数分项构成

（五）区域辐射分指数

区域辐射分指数包括金融机构存款余额、金融机构贷款余额、客流辐射力和物流辐射力4个指标。金融机构存款余额和金融机构贷款余额表示引资辐射力。客流辐射力用客流区位熵表示，物流辐射力采用物流区位熵表示。在13个CBD所在城区中，上海浦东新区、天津滨海新区在统计年鉴中可以找到区级数据。其余城区则并未进行统计。本报告认为，在引资辐射力方面，在新一线城市中，CBD所在城区是新一线城市的核心城区，金融机构的省级分行或市级分行大多坐落在这些城区，对整个城市的存款和贷款进行集中、调拨、分配等，因此，虽然城市级别的存款和贷款余额大于城区的数额，但在城区数据不可得的情况下，使用城市级别的数据可以反映出CBD所在城区的引资辐射力状况。在客流区位熵和物流区位熵方面，以物流区位熵为例，物流区位熵=（城市货运总量/地区生产总值）/（全国货运总量/国内生产总值）。在这一公式中，CBD所在城区一般没有物流转运站如火车站、港口等，但是CBD所在城区的物流辐射力与城市物流辐射力高度相关，依托城市物流进行商贸运输与转运，因此，客流区位熵和物流区位熵也以城市级别的数据进行测算。从测算结果看，2013～2017年，上海浦东新区、广州天河区、北京朝阳区区域辐射分指数排名靠前（见表8），一线城市CBD的辐射能力显著高于新一线城市。2017年各CBD所在城区区域辐射分指数见图24。

表8 2013～2017年各CBD所在城区区域辐射分指数

单位：得分

CBD所在城区		区域辐射分指数				
		2013年	2014年	2015年	2016年	2017年
一线城市	北京朝阳区	9.315	9.320	9.423	9.452	9.530
	上海浦东新区	10.054	10.015	10.245	10.059	10.086
	广州天河区	8.905	8.901	9.295	9.660	9.530
	深圳福田区	7.391	7.651	7.635	7.740	7.762
新一线城市	天津滨海新区	7.641	7.398	7.048	7.023	6.954
	重庆渝中区	7.280	7.340	7.299	7.261	7.247
	西安碑林区	6.860	6.807	6.878	6.745	6.708
	武汉江汉区	7.355	7.373	7.803	7.767	7.856
	杭州下城区	6.998	7.012	6.637	6.657	6.562

续表

CBD 所在城区		区域辐射分指数				
		2013 年	2014 年	2015 年	2016 年	2017 年
新一线城市	南京建邺区	7.861	7.869	7.294	7.194	7.208
	成都锦江区	7.222	7.168	7.428	7.428	7.527
	长沙芙蓉区	6.521	6.539	6.520	6.523	6.354
	沈阳沈河区	6.596	6.607	6.496	6.490	6.677

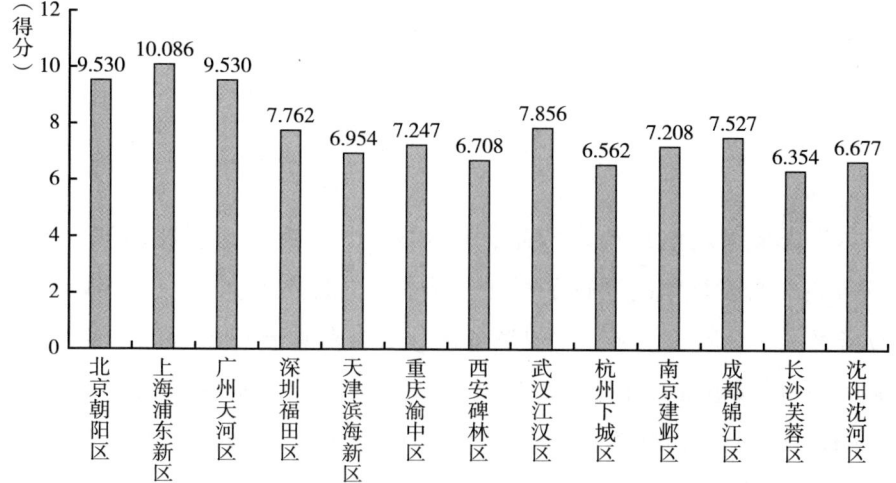

图 24　2017 年各 CBD 所在城区区域辐射分指数

从引资辐射力来看，13 个城区呈稳定增长趋势。在金融机构存款余额方面，2014～2017 年，北京朝阳区和上海浦东新区年均余额在 10 万亿元以上，远高于其他城区；增长率方面，2017 年武汉江汉区和长沙芙蓉区增速超过 10%，13 个城区的平均增速为 7.41%。在金融机构贷款余额方面，2014～2017 年，北京朝阳区和上海浦东新区分别排名第 1 位和第 2 位，年均贷款余额为 61376 万亿元和 57117 万亿元；增长率方面，2017 年，深圳福田区和广州天河区增速最快，分别为 17.36% 和 15.06%，13 个城区的平均增速为 12.13%。

从客流辐射力来看，2017 年排名前 4 的城区依次是广州天河区、武汉江汉区、北京朝阳区和上海浦东新区。另外，深圳福田区、重庆渝中区、西

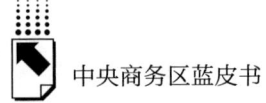

安碑林区、武汉江汉区、成都锦江区、沈阳沈河区的客流区位熵均在1以上，说明这些城区的客流辐射力高于全国平均水平。广州天河区排名第一，在客流辐射力方面具有绝对优势。

从物流辐射力来看，上海浦东新区、广州天河区排名靠前，高于全国平均水平。上海浦东新区的港口优势明显；广州水路运输条件便利，且周边城市加工贸易较为发达，多通过广州转运物流，因此，广州集聚和发散周边地区货物的能力较强。武汉江汉区、南京建邺区的物流区位熵高于1，说明二者的物流辐射力高于全国平均水平，这主要是因为此二城市拥有长江港口优势。

五 结论与政策建议

本报告采用熵值法确定权重，对13个中央商务区所在城区2013~2017年的综合发展情况进行了测度。样本中央商务区包括4个一线城市中央商务区和9个新一线城市中央商务区。数据来源于13个城市的年度统计年鉴、《中国城市统计年鉴》、城市国民经济和社会发展统计公报等，通过建立综合发展指数指标体系，对样本CBD进行了客观测算，也便于后续的持续跟踪。结论表明，2013~2017年我国城市CBD发展平稳，一线城市和新一线城市CBD发展存在差异，一线城市CBD整体得分高于均值，新一线城市CBD整体得分低于均值。分析其经济发展分指数、经济驱动分指数、科技创新分指数、社会发展分指数和区域辐射分指数发现，一线城市和二线城市CBD也存在显著差异。总体而言，一线城市CBD所在城区发展优于新一线城市，二者呈现不同的发展趋势。改革开放40多年来，我国取得了很大的经济发展成果。当前，我国进一步扩大开放，与世界深度交互，推出了放宽市场准入、创造更有吸引力的投资环境、主动扩大进口等举措。推进中央商务区高水平开放是推进我国城市走向世界、我国经济不断迈向高质量发展的关键促因。为此，本报告结合我国中央商务区发展的阶段、特色以及进一步扩大开放的背景，结合本报告的测算结果，提出以下政策建议。

（一）打造经济高水平开放的引擎，承担推动区域经济跨越关口的责任

目前，我国处在转变发展方式、优化经济结构、转换增长动力的攻关期，进一步扩大开放是当前中国跨越关口、构建现代化经济体系的关键一环。应提升中央商务区的消费在城市乃至国家经济增长中的基础性作用，以中央商务区的高消费水平和结构升级促进经济的转型。在新时代背景下，我国的金融体系改革进一步深化。中央商务区是城市高端金融产业和服务业集聚的区域，应以其高度集聚的金融资源、科技创新能力等促进金融业的改革，更好地服务于我国构建现代化金融体系和服务体系的需求。应制定中央商务区高水平开放时间表，全面实行准入前国民待遇加负面清单管理制度，优化营商环境。承担起以中央商务区的对外开放拉动周边城市高水平开放的重任，为周边城市的发展提供人力、物力和财力支持，推动我国跨越经济转型的关口。

（二）加强区域辐射和沟通能力，以高水平开放为周边城市提供发展红利

中央商务区的高水平开放，不仅给自身带来发展和利益，也促进周边城市经济共同发展、带动区域内经济增长，推动区域贸易和投资向规范化、公正化方向发展。高水平开放，助力中央商务区加速迈向高质量发展，继续成为周边城市经济发展的动力源和稳定器；同时，高水平开放将以"引进来"和"走出去"，从贸易、资本、产业等诸多维度给区域经济带来更大市场和更广阔的资源，为区域经济发展不断注入发展红利。

（三）加强基础设施建设，构建对外开放贸易大通道

加强中央商务区基础道路建设，连路成网，联网成环。通过公路、铁路等基础设施建设，与周边城市、区域乃至海外构建海上、空中、陆地三位一体贸易大通道，促进国内和国际贸易的发展。通过区域内高端金融业的集聚为

海港、空港建设融通资金，增加其货物吞吐量，建设区域内的道路连接枢纽。提升海陆空等交通设施的通行能力，完善营商环境，全面提升中央商务区品质。

（四）大力引进和培养人才，提升高水平对外开放能力

人才是推动经济发展的第一资源。人才竞争是区域综合发展的核心，是区域创新的第一动力。通过"引进来"和"走出去"，推进国际化人才队伍的建设，为推进中央商务区高水平开放储备高素质国际化人才。通过实施引进高层次人才、培养专业化技术人才等措施，构建高端、长期发展、团队式的人才梯队。通过引进高端外国人才抢占关键领域的一流人才，提升创新成果。同时实施本土人才国际化工程，选派优秀、专业、高质量技术和管理人员出国（境）培训，培养具有国际视野和创新能力的国际化人才队伍，提升区域的高水平对外开放能力。

参考文献

[1] 蒋三庚主编《中央商务区产业发展报告（2018）》，社会科学文献出版社，2018。

[2] 蒋三庚等：《北京商务中心区（CBD）发展指数研究》，首都经济贸易大学出版社，2016。

[3] 郭亮、单菁菁主编《中国商务区中心区发展报告 NO.4（2018）》，社会科学文献出版社，2018。

[4] 郭亮、单菁菁主编《中国商务中心区发展报告 NO.3（2016~2017）》，社会科学文献出版社，2017。

[5] 《以高水平对外开放促进高质量金融供给》，《中国城乡金融报》2019年5月6日。

[6] 《保护创新成果促更高水平开放》，《光明日报》2019年4月29日。

[7] 《以更高水平开放带动更加进步繁荣》，《经济日报》2019年4月29日。

[8] 钟声：《以更高水平对外开放同世界更加良性互动》，《人民日报》2019年4月27日。

[9] 刘云：《拓展开放空间高水平参与全球分工》，《河南日报》2019年4月24日。

B.3
中央商务区区域辐射指数分析

李晓艳*

摘　要： CBD具有很强的经济辐射和带动能力。本报告选定13个城市CBD所在城区作为研究对象，构建科学合理的指标体系对辐射指数，包括CBD辐射能力、辐射行动和辐射绩效在内的三方面进行分析与评价。研究表明：2015~2017年，13个城市CBD所在城区辐射综合指数发展不平衡，一线城市CBD所在城区的辐射综合指数明显高于除天津滨海新区外的新一线城市，其他新一线城市CBD的辐射综合指数与一线城市CBD存在一定差距。同时也发现2015~2017年广州天河区、深圳福田区、成都锦江区和重庆渝中区保持了高质量发展水平，区域辐射综合指数连续三年稳定增长。2017年，在辐射能力分指数中，一线城市中上海浦东新区、新一线城市中天津滨海新区指数得分最高；在辐射行动分指数中，一线城市中广州天河区、新一线城市中天津滨海新区得分最高；在辐射绩效分指数中，一线城市中北京朝阳区、新一线城市中重庆渝中区得分最高。本报告结合CBD高水平开放推动区域发展的要求和报告测算的结果提出增强和提高CBD辐射能力和水平的相应措施。

关键词： 辐射指数　辐射能力　辐射行动　辐射绩效

---

* 李晓艳，博士，中国中车股份有限公司博士后工作站、华北电力大学博士后流动站，主要研究领域为产业理论与政策、金融理论与政策。

中央商务区（CBD）是一个城市功能主要的承载区，是城市化发展水平高、集聚辐射能力最强、国际影响力最大的平台之一。继续推动CBD高水平开放、高质量发展是促进我国区域经济发展的重要任务之一。目前，中国各CBD主要集中在一线城市和新一线城市，各CBD之间存在发展水平不平衡、发展层次有差距等一系列突出问题。为更好地体现CBD发展对地区经济的辐射带动作用，实现区域内的高水平协同发展，本报告根据2018年"中国城市商业魅力排行榜"数据，选定一线城市（北京、上海、广州、深圳）、新一线城市（天津、杭州、南京、重庆、西安、武汉、成都、长沙、沈阳）13个城市CBD所在城区作为研究对象，并构建科学合理的指标体系对CBD辐射指数，包括辐射能力、辐射行动和辐射绩效在内的三方面进行分析与评价。

一 指标构建与评价方法

（一）指标构建原则

本报告借鉴发展指数的编制思想，从辐射能力、辐射行动和辐射绩效三个方面分析CBD发展对外围区域的辐射影响状况。在指标的选取过程中，报告遵循以下原则。

（1）科学性。CBD区域辐射指数是建立在科学的基础上，优先选取科学依据充分、指标概念明确、经过实践检验的重要指标，客观和真实地反映CBD对外围地区的辐射和影响。

（2）可行性。指标体系中的指标容易量化，指标数据容易获取且数据持续更新，便于日后持续跟踪和分析。

（3）系统性。CBD区域辐射指数体系要层次清晰，能够全面系统地反映CBD对区域经济发展的辐射和影响。

（4）动态性。CBD的辐射能力和水平反映了CBD的发展水平，CBD的发展是动态变化的过程，其评价标准也应该相对发展变化。因此，选择的指标体系必须能够连续反映各CBD的历史、现状及未来。

（二）指标选择和指标体系

CBD区域辐射主要考察CBD的辐射能力、辐射行动和辐射绩效三个方面。因此，CBD区域辐射指数分为辐射能力分指数、辐射行动分指数和辐射绩效分指数三个分指数，从可操作性的角度具体细分为10项二级指标，见表1。

表1　CBD区域辐射指数指标体系

一级指标	二级指标	指标解释
辐射能力分指数	总体经济能力	CBD所在城区GDP总量(亿元)
	政府行为能力	地方一般预算收入(亿元)
	区域创新能力	每万人专利授权量(件)
	区域联通能力	CBD所在城区城市道路总长度(公里)
辐射行动分指数	政府辐射行动	政府实际利用外资数/GDP
	企业辐射行动	企业跨地区投资总额(亿元)[本指标数据来源于量子数聚(北京)科技有限公司(以下简称量子数聚公司)大数据]
	居民辐射行动	城镇单位在岗职工平均工资标准差(元)
辐射绩效分指数	经济绩效	人均GDP标准差(元)
	社会绩效	每千人医疗机构床位数(张)
	环境绩效	城区绿化覆盖率(%)

资料来源：CBD所在城区、市级统计年鉴和统计公报。

1. 辐射能力分指数

（1）总体经济能力。地区生产总值（GDP）被公认为衡量地区经济发展情况的最佳指标，经济规模总量与产业集聚有不可分割的关系，是发挥CBD辐射引领作用的基础。本报告用CBD所在城区GDP总量来代表此地区的经济发展总量和规模。GDP总量越高，表明这个地区经济发展水平越高，其对区域内及周边的经济辐射能力也越大。

（2）政府行为能力。财政收入是衡量一个地区政府财力的重要指标，也是政府在社会经济活动中实施公共政策、提供公共物品与服务的基础。本报告采用地方一般预算收入来代表政府行为能力。财政收入水平越高，表明政府行为能力越强。

(3) 区域创新能力。每万人专利授权量体现了经济主体对创新的投入程度，是衡量城市科技投入水平和科技创新水平的指标之一。本报告采用这个指标衡量区域创新能力。

(4) 区域联通能力。联通能力主要反映 CBD 所在城市与周边城市之间生产要素的流通能力，体现了区域之间生产要素的配置与整合能力，是 CBD 可持续发展的必要前提，也在一定程度上反映了 CBD 辐射的范围和强度。本报告选取 CBD 所在城区城市道路总长度作为衡量指标。

2. 辐射行动分指数

(1) 政府辐射行动。十九大报告中明确指出了中国要着力发展更高层次的开放型经济。开放是区域协同发展的前提，政府的开放程度越高，吸引外资的数量就越多，城市才越能走上创新驱动、高质量的发展之路。本报告采用 CBD 政府实际利用外资数/GDP 来衡量政府开放程度，以此代表政府辐射行动。

(2) 企业辐射行动。本报告选取 CBD 所在城市的企业跨地区投资总额反映企业对外经济活动，也反映了企业对外辐射的程度。

(3) 居民辐射行动。本报告选取了 CBD 所在城区城镇单位在岗职工平均工资标准差为指标，标准差越小，表明城市之间的收入差距越小。

3. 辐射绩效分指数

该指数选取经济绩效、社会绩效和环境绩效作为二级指标来衡量 CBD 辐射绩效状况。三个二级指标分别以人均 GDP 标准差、每千人医疗机构床位数和城区绿化覆盖率来表示。通常来说，人均 GDP 标准差数值越小、每千人医疗机构床位数和城区绿化覆盖率越高，辐射绩效分指数就越大。

二 测度结果与综合分析

(一) 综合发展指数

根据熵值法的计算原理，分别测算出 2015～2017 年 13 个 CBD 所在城区辐射综合指数及分项指标指数，详见表 2 和图 1。

中央商务区区域辐射指数分析

表2　13个CBD所在地区分项指标指数及综合指数（2015~2017年）

单位：得分

年份	城市分类	CBD所在地区	辐射能力分指数	辐射行动分指数	辐射绩效分指数	综合指数	排名
2015	一线城市	北京朝阳区	5.2138	6.1058	5.3350	16.6545	1
		上海浦东新区	5.4605	6.1969	4.1317	15.7892	3
		广州天河区	4.8779	5.0900	4.9527	14.9206	4
		深圳福田区	5.2604	5.2472	5.3071	15.8147	2
	新一线城市	天津滨海新区	6.0389	5.0529	4.9543	16.0461	1
		成都锦江区	5.2535	4.1291	5.1036	14.4863	6
		杭州下城区	5.4468	4.2885	4.8147	14.5501	5
		武汉江汉区	4.4401	5.3254	4.7081	14.4736	7
		重庆渝中区	4.4476	4.5175	5.6142	14.5793	4
		南京建邺区	4.8692	5.3271	4.7059	14.9022	2
		西安碑林区	4.8465	4.2861	5.1940	14.3266	8
		长沙芙蓉区	4.2772	5.1248	5.1779	14.5798	3
		沈阳沈河区	4.5675	4.3087	5.0009	13.8770	9
2016	一线城市	北京朝阳区	5.3432	6.0027	5.2723	16.6183	1
		上海浦东新区	5.6540	6.4053	4.0971	16.1564	2
		广州天河区	4.9655	4.8757	5.2389	15.0800	4
		深圳福田区	5.2874	5.3283	5.4942	16.1098	3
	新一线城市	天津滨海新区	5.8971	4.9870	4.6117	15.4959	1
		成都锦江区	5.1635	4.2795	5.2949	14.7379	4
		杭州下城区	5.2538	4.3936	4.8419	14.4894	7
		武汉江汉区	4.6712	5.5921	4.6769	14.9401	2
		重庆渝中区	4.4155	4.5760	5.7095	14.7010	5
		南京建邺区	4.8173	5.3936	4.7234	14.9343	3
		西安碑林区	5.0230	4.4040	5.1394	14.5664	6
		长沙芙蓉区	4.2484	4.6492	5.2091	14.1068	8
		沈阳沈河区	4.4805	4.1130	4.6906	13.2840	9
2017	一线城市	北京朝阳区	5.4623	5.4289	5.3439	16.2351	2
		上海浦东新区	5.9714	5.5412	4.2025	15.7150	4
		广州天河区	5.0407	5.6725	5.0285	15.7417	3
		深圳福田区	5.5236	5.6526	5.2242	16.4004	1
	新一线城市	天津滨海新区	5.3909	5.1632	4.9507	15.5048	1
		成都锦江区	5.1760	4.9714	5.2894	15.4369	2

续表

年份	城市分类	CBD所在地区	辐射能力分指数	辐射行动分指数	辐射绩效分指数	综合指数	排名
2017	新一线城市	杭州下城区	5.2149	4.2944	4.7375	14.2468	7
		武汉江汉区	4.4917	5.1525	4.6975	14.3417	6
		重庆渝中区	4.4110	4.7440	5.6461	14.8011	3
		南京建邺区	4.8423	5.1187	4.7935	14.7545	4
		西安碑林区	4.7015	4.3571	5.0640	14.1226	8
		长沙芙蓉区	4.2557	4.7871	5.5387	14.5815	5
		沈阳沈河区	4.5181	4.1163	4.4834	13.1178	9

注：个别数据差异是由于四舍五入导致的，忽略不计。

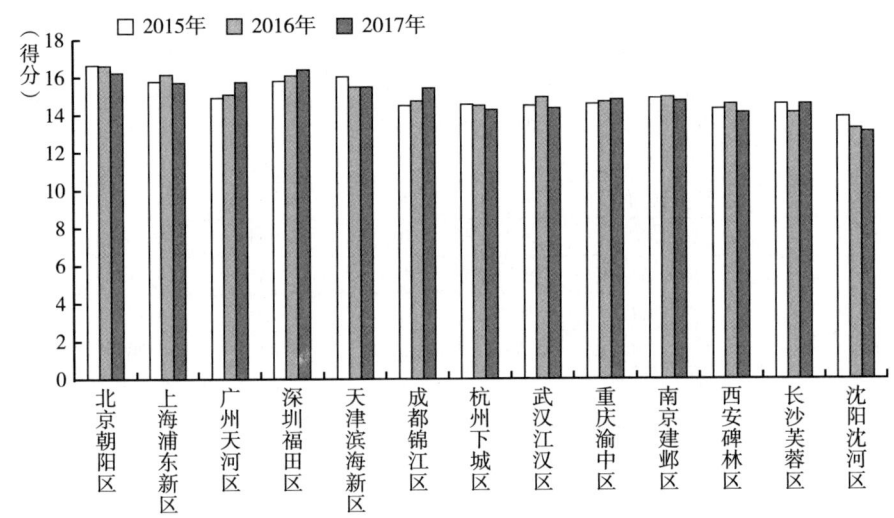

图1 13个CBD所在城区辐射综合指数（2015～2017年）

首先，从整体来看，2015～2017年13个CBD所在城区的辐射综合指数，一线城市总体高于除天津滨海新区以外的二线城市，其中广州天河区、深圳福田区、成都锦江区和重庆渝中区辐射综合指数连续三年稳定增长，而北京朝阳区、杭州下城区和沈阳沈河区的辐射综合指数连续三年下降,其他区域发展不稳定,这表明CBD发展水平不均衡,区域辐射效应地域性差距较大。

其次,从2017年辐射综合指数(见图2)来看,辐射综合指数得分较高的城区主要来自一线城市,分别是北京朝阳区(16.2351)、深圳福田区(16.4004)、广州天河区(15.7417)、上海浦东新区(15.7150),一线城市CBD所在城区的综合竞争优势仍然十分明显。新一线城市中天津滨海新区和成都锦江区的得分分别是15.5048和15.4369,两个城市的CBD辐射综合实力非常突出,与一线城市差距不大,其他新一线城市的指标相对均衡,但沈阳沈河区的辐射综合指数得分与其他12个CBD所在城区差距较大,CBD发挥其对周边地区的带动和辐射作用有待进一步提升。

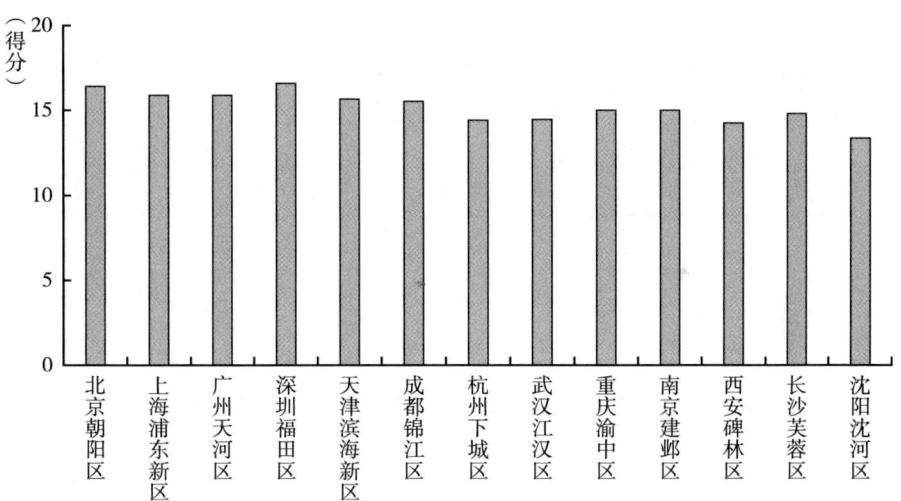

图2　13个CBD所在城区辐射综合指数(2017年)

(二)辐射能力分指数

辐射能力是CBD发展的基础。

首先,分析2015~2017年13个CBD的辐射能力分指数。图3中北京朝阳区、上海浦东新区和广州天河区三个城区的 CBD 辐射能力分指数连续三年增长。天津滨海新区、杭州下城区和沈阳沈河区三个城区的 CBD 辐射能力分指数三年内连续下降，其中天津滨海新区下降尤为明显，这与 2018 年天津滨海新区调整了 2016 年和 2017 年的 GDP 数据有一定关系。2018 年 1 月 11 日，天津滨海新区政府宣布将滨海新区 2016 年的 GDP 从超万亿元调整为 6654 万亿元。其他 CBD 所在城区的辐射能力分指数变化不稳定，有升有降。

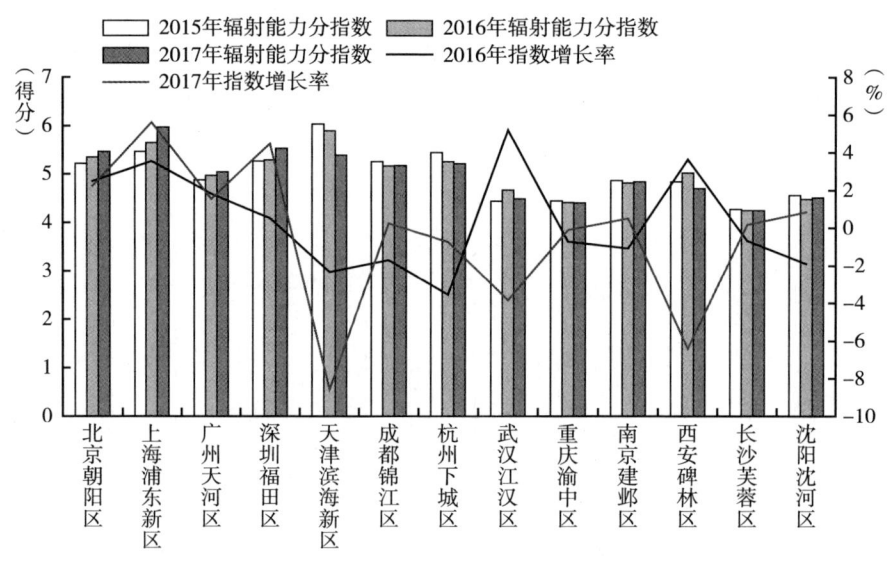

图 3　13 个 CBD 所在城区辐射能力分指数及其增长率（2015～2017 年）

其次，分析 2017 年 13 个 CBD 所在城区辐射能力分指数。图 4 中 13 个 CBD 所在城区对周边地区的辐射能力水平发展不均衡，排名靠前的主要是一线城市 CBD 所在城区，其中上海浦东新区的辐射能力分指数最高，为 5.9714，第二名为深圳福田区 CBD，其指数是 5.5236，北京朝阳区的辐射能力分指数为 5.4623，位居第三。位列靠后区域的辐射能力分指数与一线城市有差距，其成长的空间还很大，新一线城市需要不断提升自身的经济实力才能提升城市之间的竞争力。

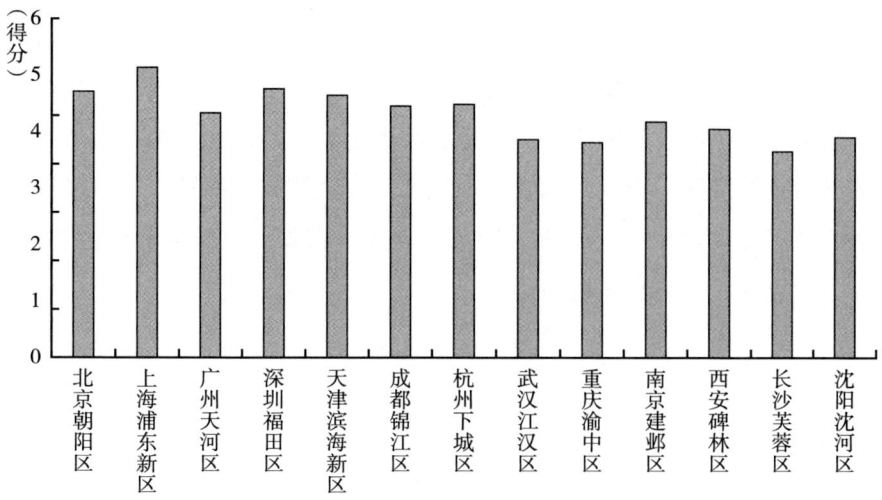

图4 13个CBD所在城区辐射能力分指数（2017年）

最后，分析辐射能力分指数各个指标的分项权重。图5中，2015～2017年连续三年13个CBD所在城区的总体经济能力、政府行为能力、区域创新能力和区域联通能力的权重基本都在0.24以上，这反映区域辐射能力的指标发展相对平稳。其中区域创新能力和区域联通能力的指标权重高于总体经

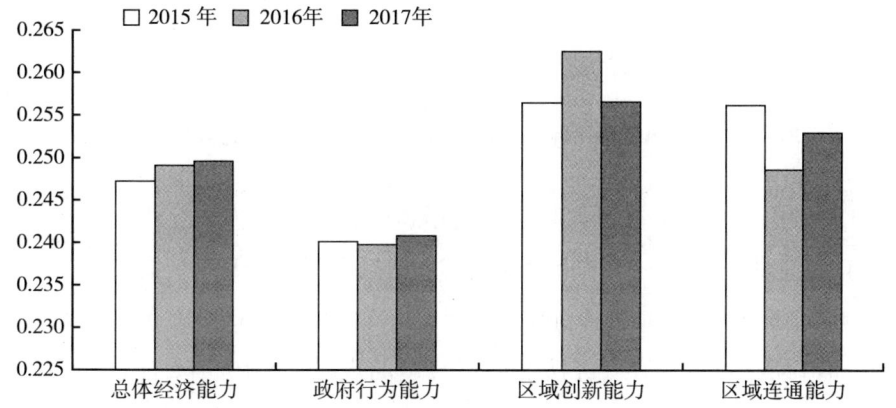

图5 13个CBD所在城区辐射能力分指数分项权重（2015～2017年）

济能力和政府行为能力，这与当前各级政府积极鼓励和提倡大众创业、万众创新，积极改善各地的营商环境有很大关系。同时也可以看出，在辐射能力指数中，政府行为能力指标的权重整体较低。主要可能的原因：一是全国政策性减税导致各地政府的地方一般预算收入受到影响，如全国全面实施营改增试点的减税措施，影响各地政府的地方一般预算收入增长。二是经济下行产生的滞后影响也制约了地方一般预算收入的增长。三是部分地区2016年地方一般预算收入的基数较高。

（1）总体经济能力（见图6）

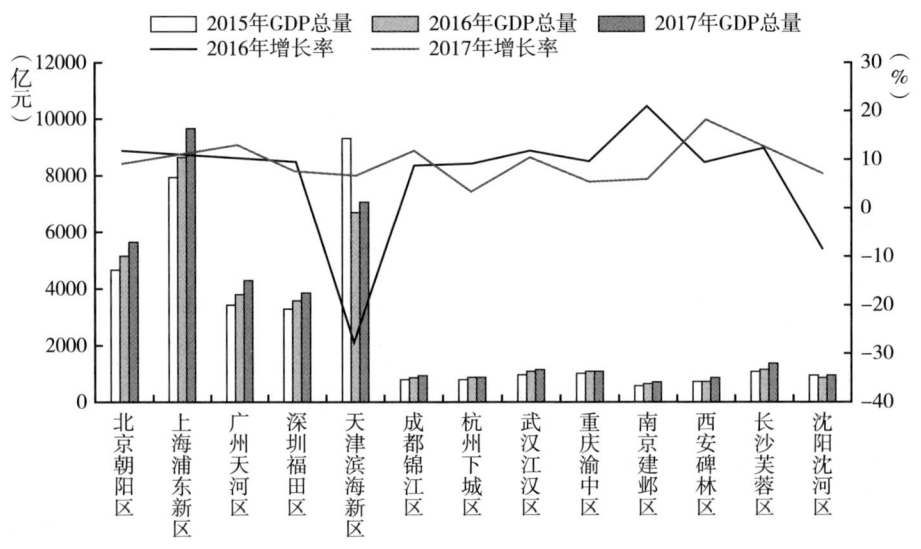

图6　13个CBD所在城区GDP总量及其增长率（2015~2017年）

13个城区的GDP基本保持了稳定增长的态势，一线城市GDP总量明显高于新一线城市，新一线城市之间的GDP差距较小（天津滨海新区除外），这表明各地区的经济水平都有所提高，但一线城市CBD所在城区与新一线城市CBD所在城区也存在经济发展不平衡的现象。2016年天津滨海新区的GDP出现了明显的下滑，这与2018年天津滨海新区政府调整挤掉2016年GDP的水分有一定的关系。

(2) 政府行为能力

从地方一般预算收入的总量来看，在 13 个 CBD 所在城区中，北京朝阳区、上海浦东新区和天津滨海新区的地方一般预算收入总量较高，均超过 400 亿元（见图 7），可以看出这三个城区区域经济发展潜力大，税源基础稳固，税收收入相对稳定。

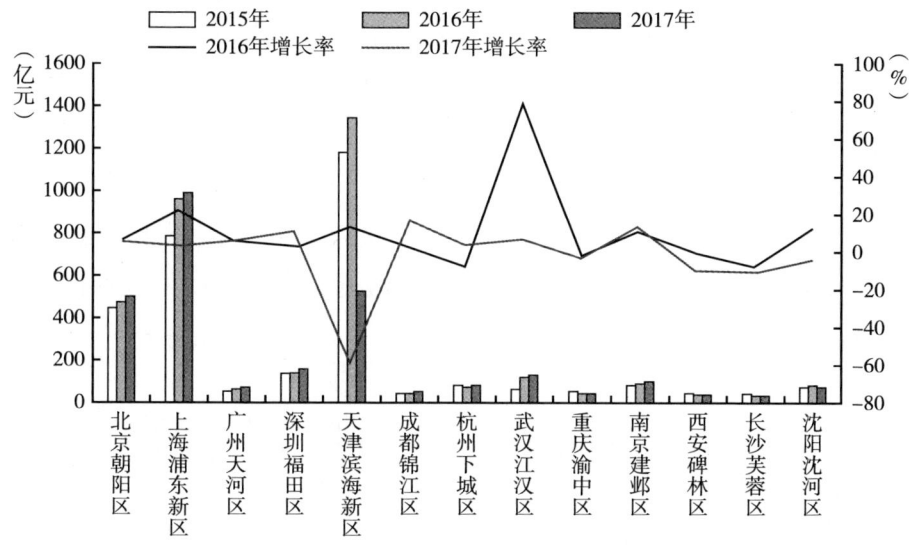

图 7　13 个 CBD 所在城区地方一般预算收入及其增长率（2015～2017 年）

按地方一般预算收入总量的变化趋势分类，2015～2017 年 13 个 CBD 所在城区地方一般预算收入可以分为三类：第一类是逐年提升的城区，如北京朝阳区、上海浦东新区、广州天河区、深圳福田区、成都锦江区、武汉江汉区和南京建邺区，财政收入的增长得益于各地政府供给侧结构性改革深入推进、创新驱动发展战略的实施、科技和实体经济的支撑作用不断增强。第二类是逐年下降的城区：重庆渝中区、西安碑林区和长沙芙蓉区，虽然这些城区的预算收入总量上有所下降，但是变动的幅度不大。第三类是先上升后下降或先下降后上升的城区，其中，天津滨海新区的地方一般预算收入在 2017 年出现急剧下滑的现象，这与天津滨海新区政府调整了 GDP 总量有关。

(3) 区域创新能力

2015~2017年13个CBD所在城区每万人专利授权量变化较大（见图8），部分一线城市的总量增长比较平稳，部分新一线城市的创新能力在逐渐增强。其中，北京朝阳区、上海浦东新区、广州天河区、武汉江汉区、南京建邺区和沈阳沈河区每万人专利授权量总量连续三年增加，而成都锦江区的每万人专利授权量连续三年下降，由2015年的30.6件下降到2017年的25.61件，区域创新能力有待增强。同时也可以看到，西安碑林区和重庆渝中区的每万人专利授权量的增长率波动大，西安碑林区2016年每万人专利授权量的增长率为50.28%，2017年增长率下降为-39.92%，重庆渝中区2016年每万人专利授权量的增长率为8.68%，2017年的增长率为-19.33%，这充分表明这些城区的区域创新能力发展不稳定。

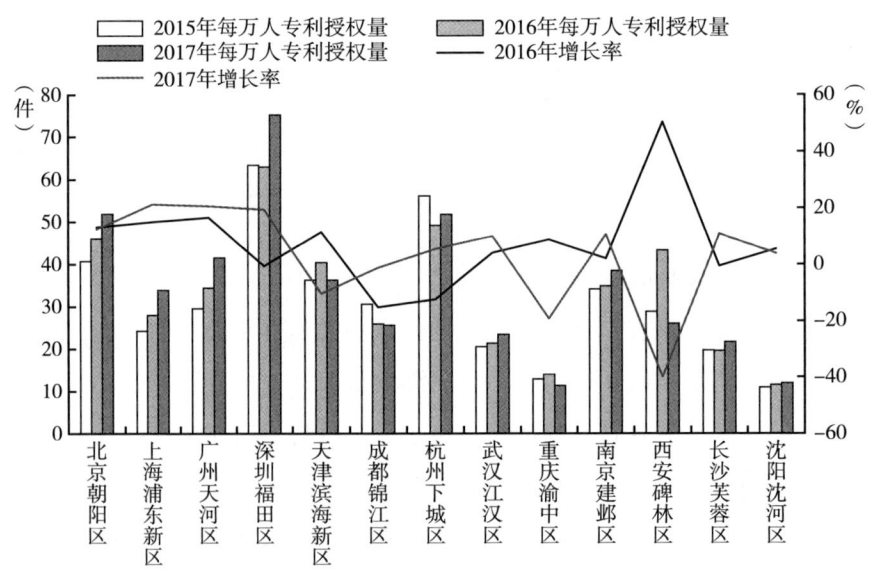

图8 13个CBD所在城区每万人专利授权量及增长率（2015~2017年）

（三）辐射行动分指数

辐射行动是 CBD 对区域经济发展辐射带动作用的关键点。一方面，CBD 辐射行动分指数在整个综合指数中的权重最高，这也反映出 CBD 对外辐射的能力和程度主要取决于辐射行动分指数。另一方面，在辐射行动分指数中企业辐射行动指标权重也相对较高，这表明企业的跨区域投资活动在 CBD 对外辐射行动中发挥了十分重要的作用。

首先，从辐射行动分指数的分项权重（见图9）可以看出，2015~2017年连续三年居民辐射行动指标即城镇单位在岗职工平均工资标准差的权重最高，分别为0.3455、0.3506和0.3462，其对CBD辐射行动分指数的贡献最大。其次，企业跨地区投资总额对企业辐射行动指标的贡献较大。

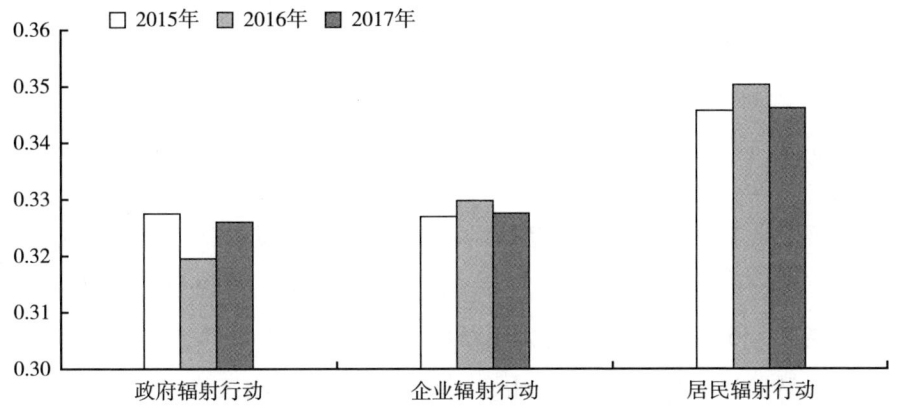

图9　13个CBD所在城区辐射行动分指数分项权重（2015~2017年）

其次，在辐射行动分指数中，深圳福田区、成都锦江区和重庆渝中区辐射行动分指数连续三年增加，北京朝阳区辐射行动分指数连续三年下降，其他城区的辐射行动分指数变化不稳定。由图10可见，深圳福田区辐射行动分指数2016年和2017的增长率分别为1.55%和6.09%，成都锦江区辐射行动分指数2016年和2017的增长率分别为3.64%和16.17%，重庆渝中区辐射行动分指数 2016 年和 2017 的增长率分别为 1.29% 和 3.67%。而北京朝阳区辐射行动分指数 2016 年和 2017 年的增长率分别为 -1.69% 和 -9.56%。

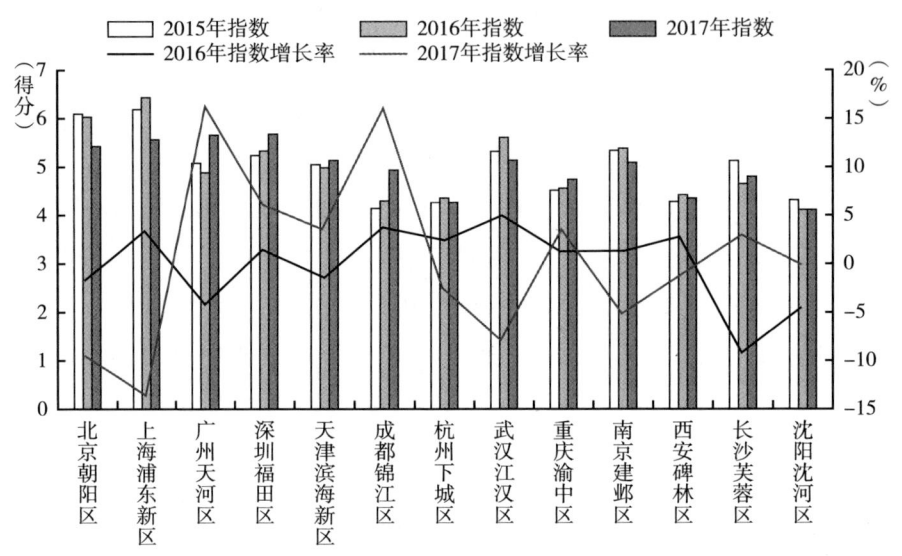

图 10　13 个 CBD 所在城区辐射行动分指数及其增长率（2015～2017 年）

2017 年，四个一线城市 CBD 所在城区的辐射行动分指数（见图 11）排名相对靠前，指数得分都超过 5.4，其中广州天河区的辐射行动分指数最高，其指数为 5.6725，第二名为深圳福田区（5.6526），第三名是上海浦东新区（5.5412）。在新一线城市中，天津滨海新区、武汉江汉区和南京建邺区的辐射行动分指数得分也都超过了 5.1，其中天津滨海新区的辐射行动分指数尤为突出，得分高达 5.1632。其他 CBD 所在城区的辐射行动分指数与上述提及城区的指数差距较大。

1. 政府辐射行动分析

政府的辐射行动用政府开放程度来衡量，各 CBD 所在城区政府实际利用外资数与 GDP 的比值反映了该地区政府的开放程度。由图 12 可以看出，2015～2017 年各 CBD 政府开放程度差别较大，武汉江汉区和

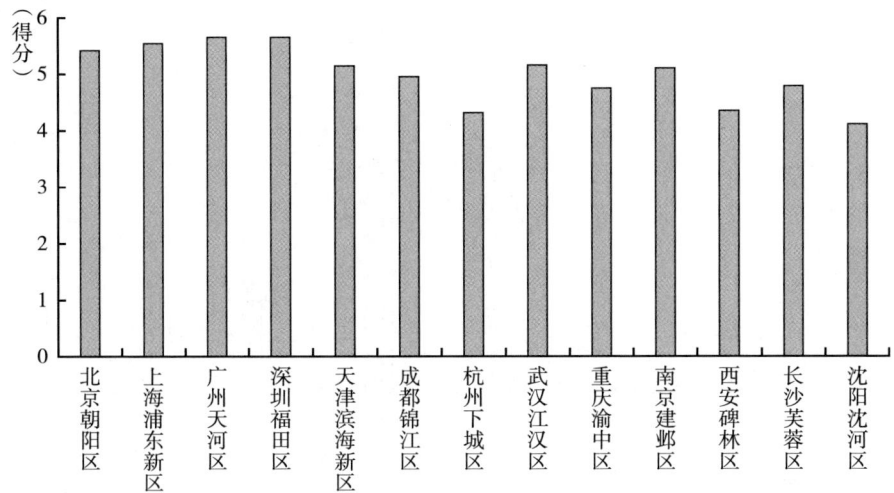

图 11　13 个 CBD 所在城区辐射行动分指数（2017 年）

南京建邺区连续三年总体水平高于其他 CBD 所在城区。2017 年，重庆渝中区的政府开放程度尤为突出，增长率高达 835%，其次是长沙芙蓉区，增长率为 620%，成都锦江区的增长率为 595%，位居第三，这充分显示新一线城市 CBD 所在城区政府在贯彻国家财税支持政策，激发投资活力，积极推动外商投资管理体制改革，构筑法制化、国际化、便利化、自由化的营商环境方面做了大量工作，促进了外商投资的稳步增长。

2.居民辐射行动分析

从居民辐射行动来看，2015～2017 年除广州天河区和沈阳沈河区外，13 个 CBD 所在城区城镇单位在岗职工平均工资（见图 13、表 3）都有不同程度的上涨，这与各地政府的各项减税措施增加城镇职工工资收入有关，同时也反映出 CBD 的发展吸引集聚了大量人才，为当地经济发展做出了突出的贡献。

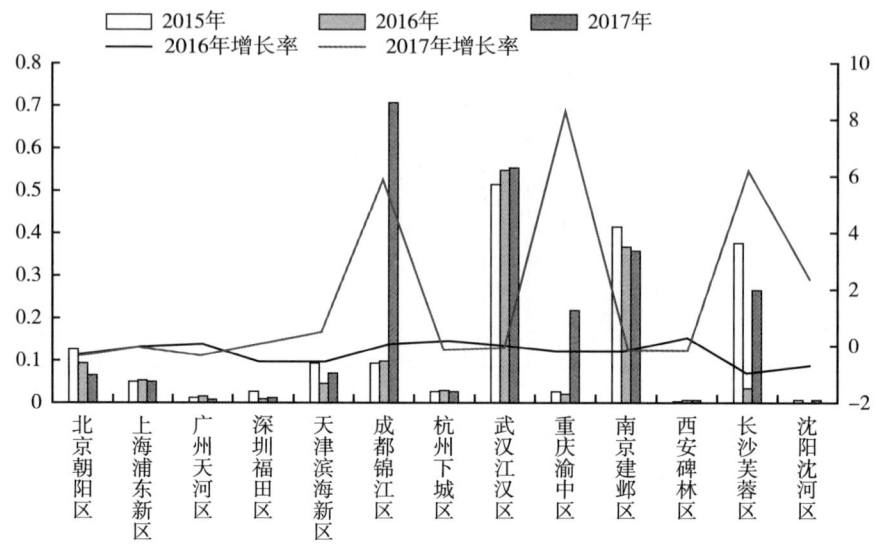

图12 13个CBD所在城区政府开放程度（2015~2017年）

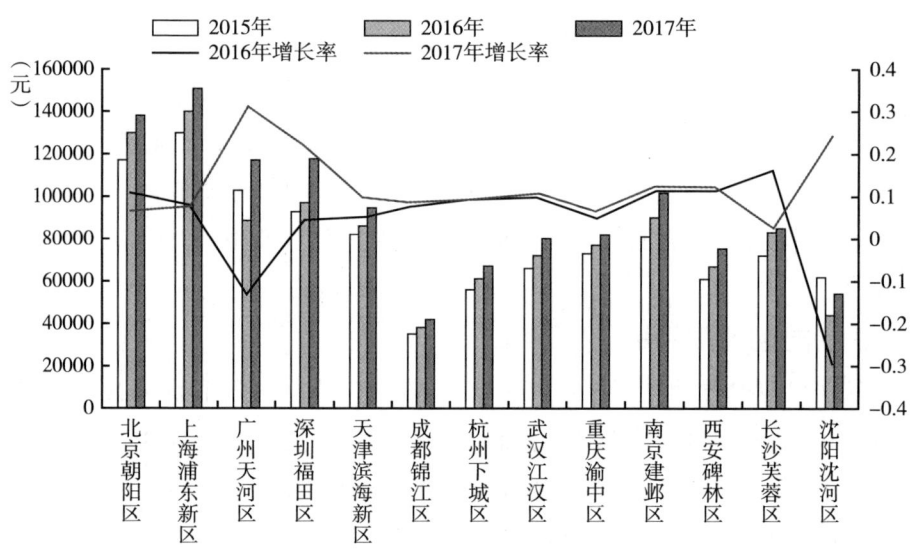

图13 13个CBD所在城区城镇单位在岗职工平均工资情况（2015~2017年）

中央商务区区域辐射指数分析

表3 13个CBD所在城区城镇单位在岗职工平均工资情况（2015～2017年）

单位：元

CBD所在城市类别	CBD所在城区	2015年	2016年	2017年	2016年增长率	2017年增长率
一线城市	北京朝阳区	116848	129536	138128	0.1086	0.0663
	上海浦东新区	129368	140014	150799	0.0823	0.0770
	广州天河区	102801	89066	116817	-0.1336	0.3116
	深圳福田区	93191	97183	118335	0.0428	0.2177
新一线城市	天津滨海新区	81800	86200	94700	0.0538	0.0986
	成都锦江区	35489	38257	41471	0.0780	0.0840
	杭州下城区	55908	61174	67047	0.0942	0.0960
	武汉江汉区	65720	71963	79684	0.0950	0.1073
	重庆渝中区	73074	76880	82099	0.0521	0.0679
	南京建邺区	81075	90191	101503	0.1124	0.1254
	西安碑林区	60557	67205	75262	0.1098	0.1199
	长沙芙蓉区	71452	83138	85187	0.1636	0.0246
	沈阳沈河区	61827	43937	54490	-0.2894	0.2402

3. 企业辐射行动分析

企业辐射行动主要靠CBD所在城区跨地区投资状况和对内吸收资金的状况体现，资金的流向区域和行业反映了CBD对周边城市的辐射带动状况，具体分析如下。

（1）跨地区投资分析

首先，2015～2017年企业跨地区投资总额。2015～2017年13个CBD所在城区跨地区投资的特点是总量规模不均衡，总量增减变化较大。在总量增减变化上，由图14、图15可以看出，部分CBD所在城区企业跨地区投资总额保持稳定增长趋势，广州天河区、杭州下城区、西安碑林区和沈阳沈河区的企业跨地区投资总额在2015～2017年连续三年稳定增长，这充分显示出以上CBD所在城区的企业自身实力逐渐增强，跨地区投资与经济往来活跃。其他城区的企业跨地区投资总额变化不稳定，可以看出各地要保持跨地区投资规模稳定增长，既要注重跨地区投资的结构优化，又要注重跨地区投资的高质量发展，才能改变单纯靠规模扩张的跨地区投资模式。总量规模不均衡体现在：一是一线城市CBD所在城区跨地区投资不均衡。北京朝阳区、上海浦东新区、广州天河区、深圳福田区的企业跨地区投资总额都超过1000亿元；虽然广州天河区在一线城市中稍显落后，但是，广州天河区连续三年保持均衡稳定增长。二是新一线城市CBD所在城区跨地区投资总额与一线城市CBD所在城区差距较大，在新一线城市中除天津滨海新区可以与一线城市媲美外，其他新一线城市远远低于一线城市。成都锦江区、武汉江汉区、重庆渝中区和南京建邺区2016年跨地区投资都保持了较高的规模，2017年出现了一定的回落。

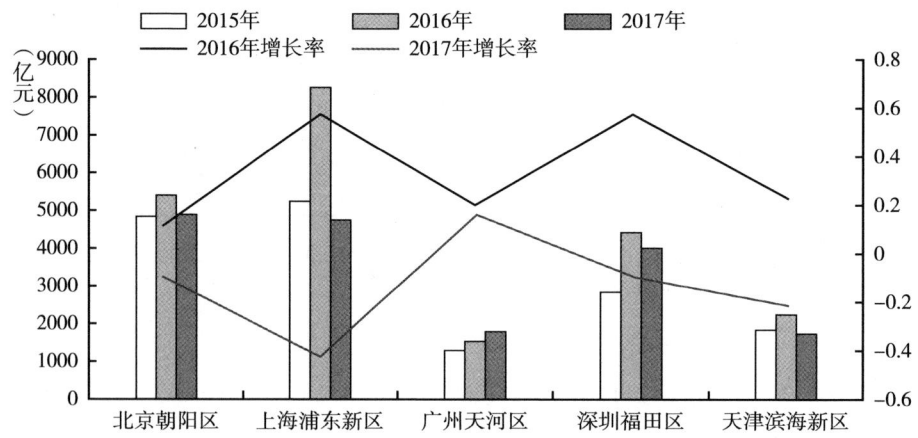

图14　2015~2017年各CBD企业跨地区投资总额（超千亿元的城区）及增长率（2015~2017年）

资料来源：量子数聚公司。

其次，2017年13个CBD所在城区跨地区投资的具体行业分析。表4是2017年13个CBD所在城区吸收资金和跨地区投资的龙头行业分布情况。在一线城市中，北京朝阳区和上海浦东新区跨地区投资的龙头行业主要是租赁和商业服务业，广州天河区跨地区投资的龙头行业是房地产业，深圳福田区跨地区投资的龙头行业是金融业。在新一线城市中，天津滨海新区和重庆渝中区跨地区投资的龙头行业是金融业，成都锦江区、杭州下城区、武汉江汉区、南京建邺区、西安碑林区和长沙芙蓉区跨地区投资的龙头行业是租赁和商业服务业，沈阳沈河区跨地区投资的龙头行业是房地产业。

中央商务区区域辐射指数分析

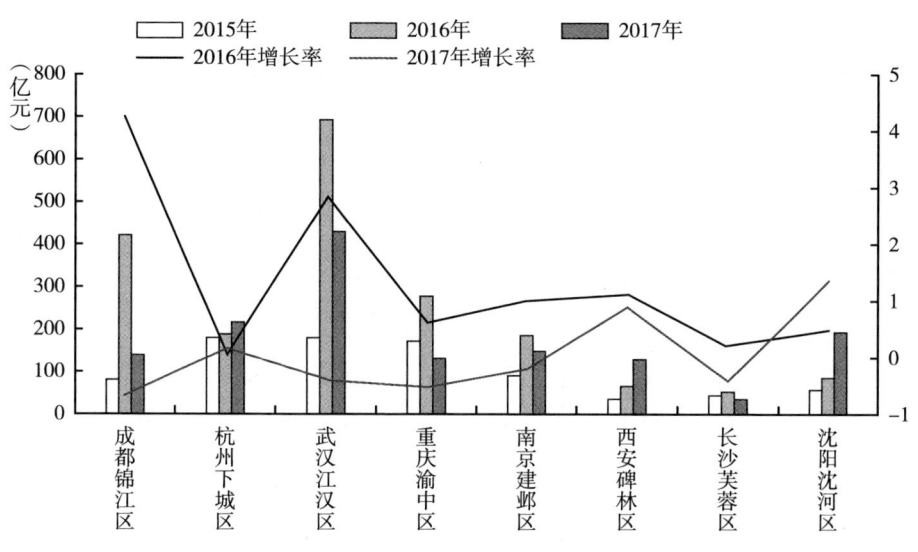

图 15　2015～2017 年各 CBD 企业跨地区投资总额（低于千亿元的城区）及其增长率（2015～2017 年）

资料来源：量子数聚公司。

表 4　2017 年 13 个 CBD 所在城区吸收资金和跨地区投资的龙头行业

单位：亿元

CBD	吸收资金的龙头行业	金额	跨地区投资的龙头行业	金额
北京朝阳区	科学研究和技术服务业	1039.40	租赁和商业服务业	1535.39
上海浦东新区	租赁和商业服务业	1123.25	租赁和商业服务业	2115.60
广州天河区	批发和零售业	4379.61	房地产业	560.67
深圳福田区	金融业	3439.31	金融业	1821.25
天津滨海新区	租赁和商业服务业	1740.98	金融业	727.74
成都锦江区	租赁和商业服务业	49.43	租赁和商业服务业	45.00
杭州下城区	租赁和商业服务业	132.42	租赁和商业服务业	127.85
武汉江汉区	金融业	70.09	租赁和商业服务业	242.49
重庆渝中区	金融业	228.78	金融业	59.59
南京建邺区	租赁和商业服务业	26.94	租赁和商业服务业	48.96
西安碑林区	金融业	30.58	租赁和商业服务业	58.39
长沙芙蓉区	房地产业	6.51	租赁和商业服务业	5.62
沈阳沈河区	建筑业	91.12	房地产业	86.59

（2）吸收资金分析

首先，2015~2017年13个CBD所在城区吸收资金的总量。由图16可以看出，2015~2017年4个一线城市CBD所在城区和天津滨海新区吸收资金的总量规模较大，均在3000亿元以上，其中广州天河区和深圳福田区连续三年吸收资金总量规模稳定增长，这也显现出一线城市和天津滨海新区在吸引外来投资方面的竞争力和活力。尤其是天津滨海新区，借助其自贸区的优势，积极培育招商引资的环境，在京津冀协同发展的过程中充分展现了招商引资的实力和能力，使得天津滨海新区在新一线城市中遥遥领先。图17显示出其他新一线城市吸收资金的规模虽然不能与一线城市CBD所在城区媲美，也基本上都超过100亿元，其中成都锦江区、武汉江汉区、西安碑林区和沈阳沈河区吸收资金的规模连续三年增长，充分显示出这几个新一线城市CBD所在城区吸收资金的实力在逐渐增强。2017年上海浦东新区和北京朝阳区吸收资金总量下降，主要是由于2015年的基数较大，加上当前总体经济下行的压力较大，尤其是在京津冀协同发展过程中，北京疏解非首都功能工作有序开展，在一定程度上影响了北京吸收资金的数量。

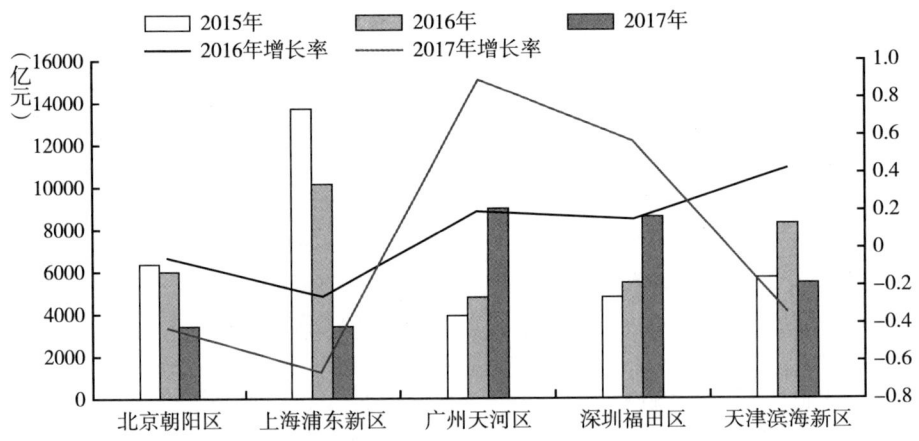

图16 各CBD所在城区和天津滨海新区吸收资金情况（2015~2017年）

资料来源：量子数聚公司。

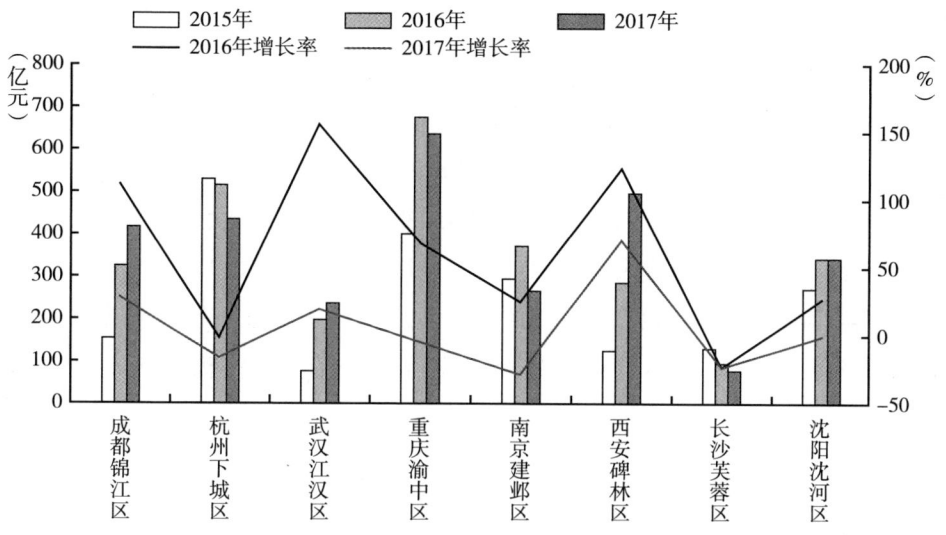

图 17　新一线城市 8 个城区吸收资金情况（2015～2017 年）

资料来源：量子数聚公司。

其次，2017 年 13 个 CBD 所在城区吸收资金的龙头行业分布情况。表 4 中 2017 年一线城市各 CBD 所在城区吸收资金的龙头行业主要以高端现代服务业为主。北京朝阳区吸收资金的龙头行业是科学研究和技术服务业，这与北京的高校和科研机构比较集中有一定的关系；上海浦东新区、广州天河区和深圳福田区吸收资金的龙头行业分别是租赁和商业服务业、批发和零售业、金融业。新一线城市中天津滨海新区、成都锦江区、杭州下城区、南京建邺区吸收资金的龙头行业是租赁和商业服务业，武汉江汉区、重庆渝中区和西安碑林区吸收资金的龙头行业是金融业，长沙芙蓉区吸收资金的龙头行业是房地产业，沈阳沈河区吸收资金的龙头行业是建筑业。可见高端现代服务业是 CBD 吸收资金的主要行业，未来 CBD 就要以高端现代服务业引领区域的发展。

（3）资金净值

本报告将吸收资金与跨地区投资的差额定义为资金净值。

首先，2015～2017 年一线城市 CBD 所在城区和天津滨海新区的资金净值情况。新一线城市中天津滨海新区与一线城市CBD所在城区的资金净值都超过千亿元。由图18可见，一线城市CBD所在城区的竞争优势比较明显，CBD所在城区的营商环境不错，政府招商引资政策有利于源源不断的资金注入，为当地经济发展做出了一定的贡献。广州天河区的资金净值连续三年增加，而北京朝阳区、上海浦东新区两地都出现了资金净值逐年下降的现象。深圳福田区的资金净值不稳定，相比2015年，2016年净值下降，2017年又显著提高。天津滨海新区的资金净值绝对值在新一线城市中非常突出，每年都吸收了不少外来资金，充分显示了天津滨海新区的区域竞争力。

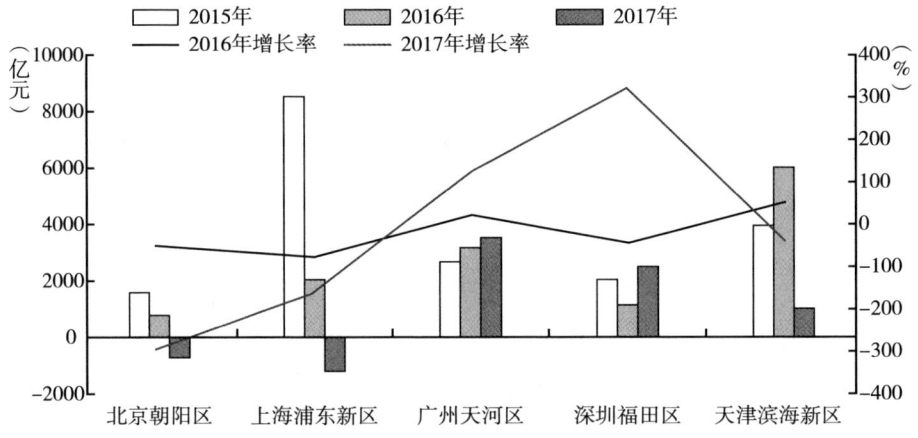

图18　2015~2017年一线城市CBD所在城区和天津滨海新区资金净值情况

其次，2015~2017年新一线城市CBD所在城区的资金净值状况。新一线城市中除了天津滨海新区的资金净值超过千亿元外，其他城市均在千亿元以下，且各CBD所在城区的资金净值差别较大。图19中重庆渝中区和西安碑林区资金净值连续三年稳定增加，这两个城市CBD的营商环境和城市吸引力较强，每年都能吸收大量外来资金。杭州下城区、南京建邺区和长沙芙蓉区的资金净值连续三年减少。武汉江汉区连续三年资金净流出，在一定程度上说明武汉江汉区需要加强CBD对外招商引资的宣传，提高城市的吸引力。

中央商务区区域辐射指数分析

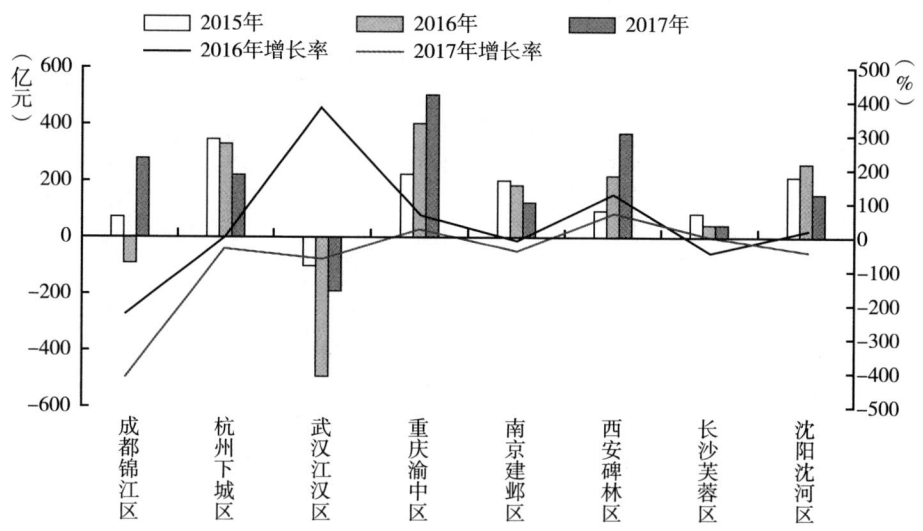

图19 新一线城市CBD所在城区资金净值情况（2015~2017年）

（四）辐射绩效分指数

辐射绩效是CBD发展的价值和目标。首先，从整体来看（见图20），2015~2017年南京建邺区和长沙芙蓉区的辐射绩效分指数稳中有升，但上升得相对缓慢，其他CBD所在城区的辐射绩效分指数变化起伏不定，但也能看出，在新一线城市中，重庆渝中区辐射绩效分指数连续三年得分较高，分别为5.6142、5.7095和5.6461，这与重庆渝中区相对比较重视经济、社会和环境方面的发展有一定的关系。

2017年，13个CBD所在城区的辐射绩效分指数得分（见图21）总体差距不大，但重庆渝中区、长沙芙蓉区、北京朝阳区和深圳福田区4个城区的辐射绩效分指数得分相对较高。其中，重庆渝中区的辐射绩效分指数得分高达5.6461，遥遥领先，长沙芙蓉区的得分为5.5387，北京朝阳区的得分为5.3439，深圳福田区的得分为5.2242。其他新一线城市的得分与一线城市有差距，但差距不大。

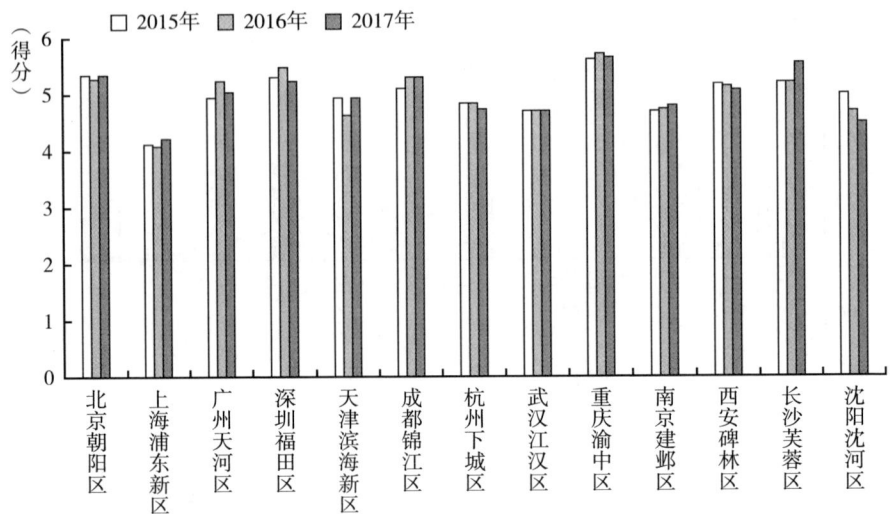

图20　13个CBD所在城区辐射绩效分指数情况（2015～2017年）

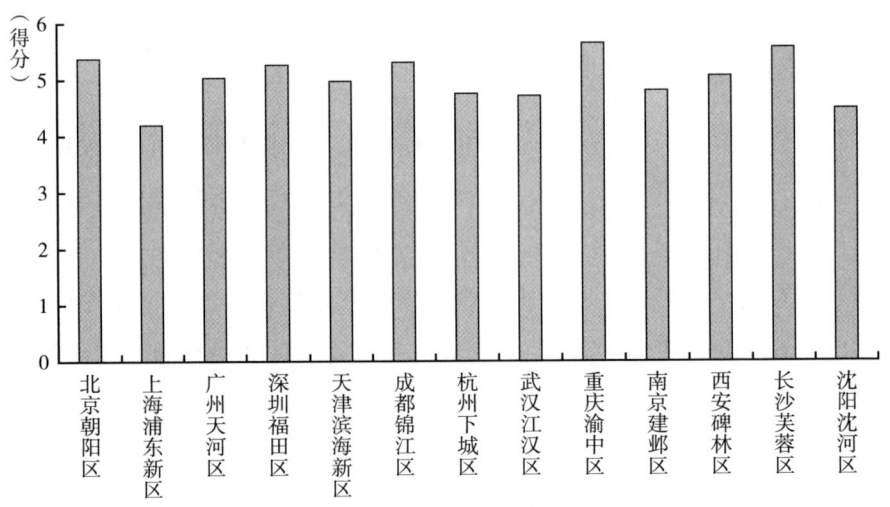

图21　13个CBD所在城区辐射绩效分指数情况（2017年）

其次，从辐射绩效分指数的分项权重（见图22）看，环境绩效的权重最高，显示出13个CBD所在城区的城区绿化覆盖率对CBD的辐射影响最大，各地政府比较重视生态环境治理和城市绿化对城市发展的影响。经济绩效和社会绩效的权重相对较低，这充分显示出各地区的经济发展和社会服务保障差距较大。

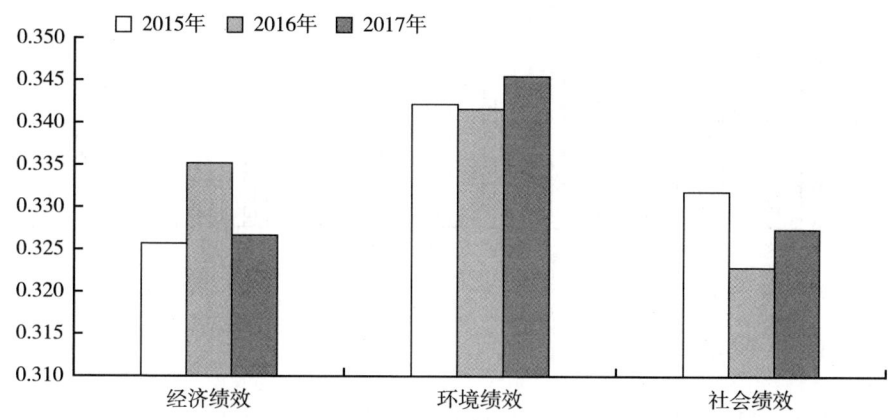

图 22　13 个 CBD 所在城区辐射绩效分指数分项权重（2015～2017 年）

（1）经济绩效。由图 23 可以看出，除天津滨海新区和沈阳沈河区外，其余 11 个 CBD 所在城区的人均 GDP 都是连续三年稳定增长，这与各地区 CBD 经济高质量发展、人民生活水平逐渐提高有关，但是也能看出各 CBD 所在城区人均 GDP 水平存在不平衡的现象，因此，所在城区经济发展并不平衡。一线城市中广州天河区和深圳福田区的人均 GDP 高于北京朝阳区和上海浦东新区。新一线城市中天津滨海新区和长沙芙蓉区的人均 GDP 比其他几个城市高，充分显示出天津滨海新区和长沙芙蓉区的经济发展水平相对较高，其他城市 CBD 的经济发展水平还有更高的提升空间。

（2）环境绩效。城市绿化与居民生活息息相关，充足的城市绿化能有效改善居民的生活环境质量。城区绿化覆盖率是衡量政府公共环境绿化情况的重要指标。由图 24 可以明显看出，13 个 CBD 所在城区的城区绿化覆盖率都比较高，北京的城区绿化覆盖率水平最高，长沙芙蓉区 2017 年城区绿化覆盖率比 2016 年大幅增长，各地政府都通过多项绿化工程积极整治和改善人居环境，提高城市绿化水平。

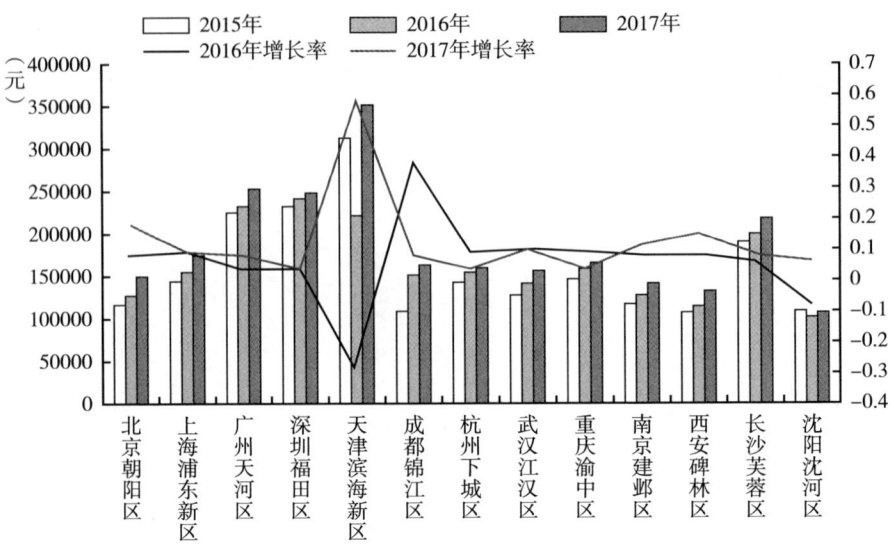

图23 13个CBD所在城区人均GDP水平及其增长率（2015~2017年）

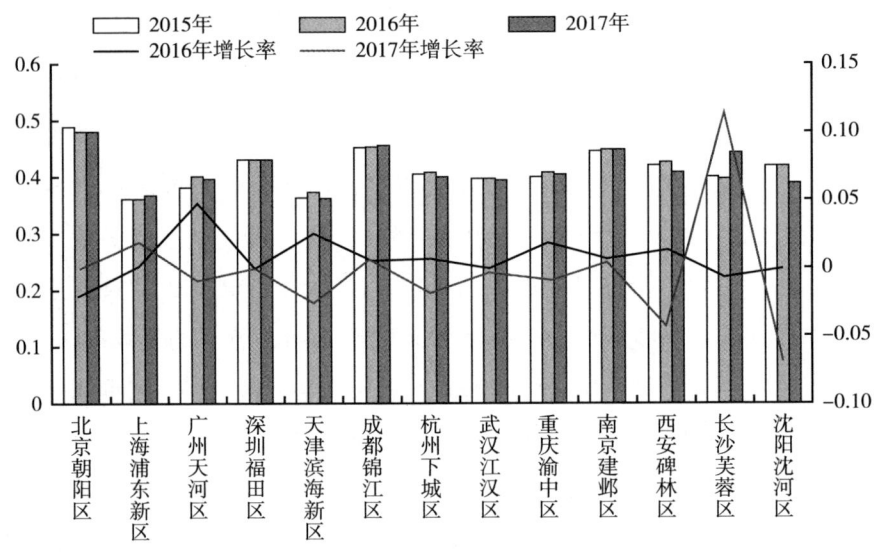

图24 13个CBD所在城区绿化覆盖率情况（2015~2017年）

（3）社会绩效。由图25可知，13个CBD所在城区每千人医疗机构床位数基本处于逐年增加的状态，但是各地区之间的差距比较大。一线城市每千人医疗机构床位数明显少于新一线城市（南京建邺区除外），新一线城市中重庆渝中区、西安碑林区的数值较高，卫生服务的可及性高。由于中国人口分布不均，一线城市人口集中度较高，城市医疗资源和政府部门配置医疗床位的压力较大，医疗卫生服务的可及性就显得不如新一线城市。

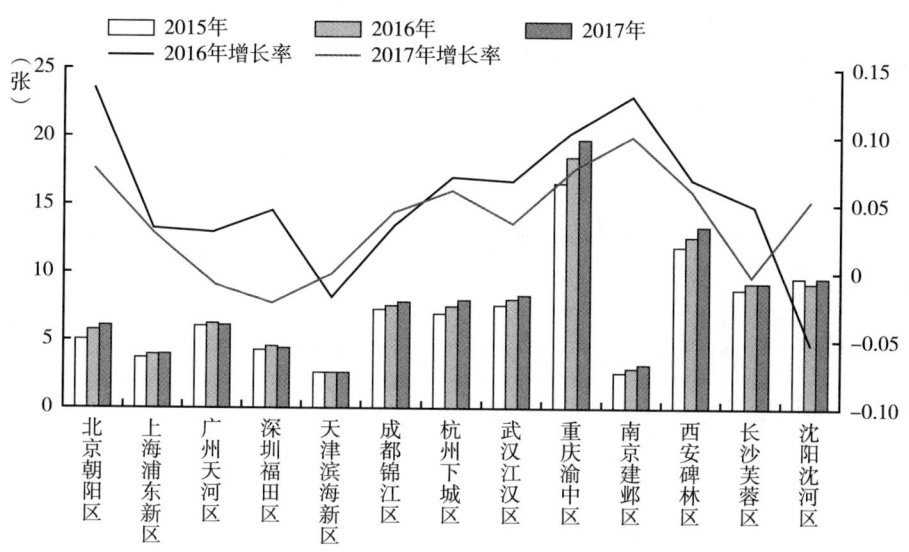

图25 13个CBD所在城区每千人医疗机构床位数情况（2015~2017年）

三 基本结论和对策建议

本报告采用熵值法对13个CBD所在城区2015~2017年的区域辐射指数进行计算测度，建立了区域辐射指数指标体系，对样本CBD区域辐射水平和能力进行跟踪分析，结论如下。

从辐射综合指数角度来看，2015~2017年，13个CBD所在城区辐射综合指数发展不平衡，一线城市CBD所在城区的辐射综合指数得分明显高于除天津滨海新区以外的新一线城市，其他新一线城市CBD的辐射综合指数得分与一线城市CBD存在一定的差距。这表明各个CBD发展水平不均衡，区域辐射效应在地区之间差距较大。

从分项指标指数来看,2017年,在辐射能力分指数中,一线城市中上海浦东新区、新一线城市中天津滨海新区得分最高;在辐射行动分指数中,一线城市中广州天河区、新一线城市中天津滨海新区的辐射行动分指数得分最高;在辐射绩效分指数中,一线城市中北京朝阳区、新一线城市中重庆渝中区得分最高。综上所述,本报告认为,CBD要以高水平开放推动区域经济的发展,需要充分发挥CBD辐射能力,提高CBD辐射行动水平,提高CBD辐射绩效水平,为此提出以下建议。

(一)坚持高质量发展、高水平开放,推动CBD对区域发展的辐射带动

从高速度增长阶段转向高质量发展是我国经济发展正在跨越的关口。继续打造高质量发展的推进器、高水平开放的新地标和美好生活的CBD,继续强化科技创新引领,不断优化经济结构,发展新动能快速成长,积极培育战略性新兴产业,打造产业新高地,发挥CBD对地区的带动和影响,不断壮大总部经济能级,打造创新总部集聚和总部创新策源地。因此,一方面,CBD将发展质量与效益作为指挥棒,不断提高产业准入门槛,持续提升经济发展质量,继续打造区域"高精尖"经济结构,培育"高精尖"产业结构,形成以高端服务业为龙头的现代服务业产业链,不断强化高端生产要素集聚的功能,提高其全社会资源配置能力。另一方面,提高自身对外辐射能力水平,加强与周边外部地区高端现代服务业的合作,实现跨区域的投资与合作,从而实现区域范围内的经济一体化,更好地发挥CBD的辐射和集聚作用。

(二)坚持开放、共享、绿色的发展战略,提高CBD综合发展水平

坚持经济增长与综合环境绿色协调可持续发展已经成为共识。在城市最核心、经济最活跃的CBD,既要实现经济发展,又要实现人与自然的和谐相处、持续发展,这是中央商务区在管理、运行以及提升发展工作中的目标。CBD 要继续坚持新的发展理念，将开放、共享、绿色作为发展战略，继续改善和优化营商环境，改善"交通拥堵、生态破坏"等一系列问题，不断深化 CBD 与周边地区的互利合作，进一步建立互利共赢的区域合作与经济协同发展。

建立健全配套设施，保障 CBD 高质量高水平的发展，一是要注重区域内交通体系的建设，顺应国际上主流绿色环保的理念，坚持公共交通为主的设计思路，完善地铁、陆上公交、停车场所的建设，形成便捷高效的交通网络。二是做好 CBD 区域内合理的医疗、教育、商业、休闲和娱乐等配套设施建设，不断完善中央商务区的服务功能。三是要健全公共服务市场化改革，通过综合试点改革，逐步缩小公共服务的差距，提升公共服务市场化的效率与质量。四是引进国内外高精尖机构、人才和先进的管理经验，加强技术及创新成果等方面的资源共享，实现与外围区域共赢发展；打造国际化服务平台，提高 CBD 国际竞争力。

（三）强化 CBD 区域创新引领作用，为 CBD 发展注入新活力

CBD 是现代高端服务业的集聚区，具有总部企业集中、知识密集、产业专业化程度高的特点，因此，CBD 作为区域创新的重要载体之一，对知识、技术外溢和扩散到周边地区具有明显的示范和助推作用，进而提升整个区域的创新能力。强化 CBD 的创新引领作用，加强 CBD 与科研院所的合作，推动省、市、区三级科技创新资源在 CBD 的整合，搭建成果转化、技术转移等科技服务体系，建设一批国家级、省级重点实验室及科技成果转化中心，加速科技成果"在 CBD 转化"，为 CBD 发展注入新活力，培育新动能。

参考文献

[1] 贾生华、聂冲、温海珍：《城市 CBD 功能成熟度评价指标体系的构建——以杭州钱江新城 CBD 为例》，《地理研究》2008 年第 27 期。

[2] J. Boudevile, *Problems of Regional Economic Planning* (Edinburgh University Press, 1966).

[3] Lasuen, J. R., "*Urbanization and Development, the Temporal Interaction between Geographical and Sectoral Clusters,*" *Urban Studies* 10 (2), 1973.

[4] Friedmann, J. R. P., *A General Theory of Polarized Development* (The Free Press, 1972).

[5] 蒋三庚主编《中央商务区产业发展报告（2018）》，社会科学文献出版社，2018。

[6] 蒋三庚等：《中国特大城市中央商务区（CBD）经济社会发展研究》，首都经济贸易大学出版社，2017。

[7] 郭亮、单菁菁主编《中国商务中心区发展报告 No.3 （2016~2017）》，社会科学文献出版社，2017。

[8] 祝合良等：《京津冀发展报告（2017）》，社会科学出版社，2017。

[9] 丁苑春：《基于引力模型的长三角城市金融辐射力研究》，《河南商业高等专科学校学报》2012年第5期。

[10] 包晓雯、唐琦：《面向长三角经济一体化的陆家嘴CBD发展研究》，《上海经济研究》2016年第12期。

[11] 郑雨楠：《八年奋进铸就辉煌　天河CBD沿着高质量发展道路奋勇前行》，《南方都市报》2019年4月1日。

B.4
中央商务区楼宇经济指数分析

成思思*

摘　要： 楼宇经济作为一个城市经济实力、财富集聚程度的重要标志，其高质量和高水平发展更凸显其重要性。通过对数据的分析，本报告对全国13个一线城市及新一线城市CBD内的规模以上企业数、总部企业数、税收亿元楼数、商务楼宇数、重大项目数等进行测度。通过对比分析北京朝阳区、上海浦东新区、广州天河区、深圳福田区、天津滨海新区等地区的楼宇经济数据，批发和零售业数据，租赁和商务服务业数据，信息传输、软件和信息技术服务业数据和金融业数据，观测各CBD楼宇经济发展及产业集聚情况，从而探讨如何促使楼宇经济保持高质量、高水平态势的发展，并提出拓展商务楼宇功能、积极发展智能楼宇、精准发力楼宇经济等对策建议。

关键词： 楼宇经济　高水平发展　总部经济　商务楼宇　楼宇空置率

随着经济全球化的发展，楼宇经济已经成为反映一个城市经济实力、财富集聚程度的重要标志。楼宇经济的兴起一方面突破了中心城区土地资源匮乏的空间限制，拓展了城区经济发展的空间；另一方面推进第三产业和城市经济发展，为城市向更优质方向发展寻找到了重要的突破口。"楼宇经济"概念在20世纪90年代被提出，最早出现在我国杭州，但最早被成功实践和

---

* 成思思，首都经济贸易大学博士研究生，主要研究领域为金融理论与政策。

运用于上海、深圳等楼宇密集的一线城市。随后，楼宇经济的浪潮从沿海向内地蔓延，并日益成为城市发展的动力。近年来，随着城市经济的飞速发展，各产业的边界开始模糊，大产业、大经济时代到来，传统的楼宇经济模式已经开始发生改变，集写字楼、购物中心、商业街区、酒店、服务式公寓、产业园于一体的商业楼宇也开始加入楼宇经济的队伍。

楼宇经济模式从最初的注重出租率、纳税率、就业率逐渐向注重产业链、生态圈演变，随着楼宇类型的增加以及内外经济生态圈的建立，楼宇经济的价值将更趋于复合化和多元化。

本报告对全国 13 个城市 CBD 的相关数据进行分析，不仅观察各 CBD 楼宇经济发展水平，而且提出进一步发展的相关建议。

一 中央商务区楼宇经济发展背景

楼宇是就业的磁场，催生大量就业机会。楼宇经济通过现代服务业的集聚发展催生了一大批具有特色、技能含量高的岗位，为社会提供更多新的就业机会。它不仅能解决"金领""白领""无领"的创业问题，还能带动保安、物管、保洁、保绿等服务业的发展，吸纳文化程度不高、年纪偏大的就业困难人员就业，大量就业岗位的诞生使得楼宇经济成为创建和谐社会的重要载体（王萍、王维安，2011）。

同时，楼宇也是人才的磁场。楼宇经济是知识密集型经济，楼宇中集聚了大量从事 IT、金融、法律、贸易等高端服务业的专业人才，大都是具有高学历、高技术、高技能的高级人才。高级人才的集聚将进一步推进产业的集聚，带动区域的发展。楼宇经济集聚区往往是一个城市和区域的活力中心。楼宇经济的发展往往需要较好的交通条件，能为区域导入大量的就业人口，进而带动区域商务办公、商务交流、商业休闲、文化娱乐等功能集聚和发展，成为城市的活力中心，是区域经济发展的重要增长极。楼宇经济还可以树立城市形象，成为城市的名片，CBD 楼宇经济是一个城市和地区对外开放程度和经济实力的象征，也是现代化国际化大都市的一个重要标志,代表国际性大都市的形象,代表区域的高端建筑形态和经济形态。

(一)楼宇经济形成多类型发展

CBD楼宇经济的发展是具有典型性的。就产业在楼宇内的集聚形态而言,楼宇经济有两个基本的产业集聚形态:综合楼宇和主题楼宇。综合楼宇是指楼宇内入住的企业所从事的行业繁杂,没有主导行业,对产业类型不敏感。综合楼宇是最常见的一种形式,也是各城市目前的主要发展形式。主题楼宇是指一个楼宇的入驻企业以一个主导产业或某一类企业为主,在楼宇的推广上也突出该主题产业。特色鲜明的主题楼宇有许多吸引企业的优势。同类企业的集聚能够共享信息,也能够共同提升企业形象。

不少CBD非常重视打造特色鲜明的主题楼宇。如深圳罗湖区推出了服装设计大厦、皮革大厦、黄金珠宝大厦等一系列特色鲜明的主题楼宇;同时也在筹备建立行业大厦,形成行业采购和信息交流的中心。目前较为流行的总部经济,其实是主题楼宇经济的一种,只是这种主题是企业的总部。简而言之,就是整个楼宇内集聚了各个公司总部的一种楼宇形式。还有一种分类方法是按照写字楼的综合实力将其划分为甲、乙、丙三个等级。所谓甲级写字楼,只是一种通行的叫法,并没有形成公认的固定标准。国际上判断甲级写字楼应具备八大特征:管理国际化、24小时写字楼、人性化、空间的舒适性和实用性、数字化、节能化、便捷的交通和商务化。

不同城市CBD可以依托各自的产业和区位优势,培育发展不同的楼宇经济。比如上海陆家嘴CBD和北京CBD均是以总部经济为基础的楼宇经济。但不同城市的发展状况和定位,决定了其楼宇经济的发展模式也会有所不同。如大连,在以软件业为支撑的同时,结合航运物流产业发展楼宇经济。国际上已有成功的案例。法国南部地中海沿岸的滨海阿尔卑斯省(Alpes-Maritimes)多年来一直以旅游业为生,经济活动单一。索菲亚科技园(Sophia Antipolis)的建立改变了这种状况。绵延的"蓝色海岸"不仅吸引了大量游客,还集聚了来自全球60多个国家的1300家高科技机构和研发型企业，拥有科技人员3万多名，带动了电子信息、精细化工、生命科学、环保和新能源等产业的发展，成为一座旅游业与高科技产业复合的新型城市。每个城市都可以根据自己的产业和城市地位来确定自己楼宇经济的集聚点，因而楼宇经济的发展也会相应地形成多模式和多类型。

（二）"互联网+"楼宇经济的兴起

"互联网+"并不是互联网行业与其他行业的单纯相加，而是将互联网思维、互联网技术与金融、传媒、旅游、制造、文化等进行融合创新，产生增量经济，共同建设一个新空间甚至更大量级的新业态（夏效鸿，2016）。"互联网+"是将互联网的理念、成果进行技术上的融合使之为传统的产业和商业模式服务从而将传统的产业模式提高到一个新层次。

"智能化"已经成为楼宇经济"2.0"时代的典型特征。具体来说，楼宇经济的新趋势体现在载体、功能、空间的变化上。在楼宇经济"2.0时代"里，一栋楼宇所承载的不再是单一的现代服务业，其发展潜力也不单单是"建楼、卖楼"，其多元化发展将体现为多种产业的融合，而楼宇的管理、运营、服务，产业的引进与培育也将在"互联网+"时代使楼宇经济得到更高水平的发展。

二 指标构建与评价方法

（一）构建意义

近年来，土地、空间、资源、环保等要素对经济发展的制约作用进一步显现，大力发展楼宇经济，已成为各地集约利用资源、发展现代服务业、打造"生活品质之城"的迫切要求和紧迫任务。因此，制定一个科学、有效的楼宇经济发展评价方法，对落实科学发展观，更好地指导楼宇经济发展意义重大。构建楼宇经济发展指标的优势如下。

（1）有利于全面了解楼宇经济水平。楼宇经济发展指数能够生动地描述楼宇经济发展的状况，使楼宇经济的实际发展水平在宏观和整体上得以观测。

（2）有利于科学规划，制定扶持政策。能够科学地测度和计量楼宇经济的发展程度，动态跟踪楼宇经济的进展情况，准确了解和把握实际发展过程中的各方面状况，找出楼宇经济发展过程中的薄弱环节及存在的问题和不足，并提出对策和措施，为编制楼宇经济规划制定有关政策提供科学依据。

（3）有利于进一步推进楼宇经济的快速发展。楼宇经济发展指数与普通的单项工作目标考核不同，发展指数具有总体性、概括性、趋势性特点，是对区域内楼宇经济发展成果的全面综合反映。单项工作目标考核是对楼宇经济发展目标具体、细致地逐项分解，两者相辅相成，更有利于推进楼宇经济的快速发展。

（二）数据来源

本报告对全国13个主要中央商务区的楼宇经济发展指数进行评估，根据中国城市商业魅力排行榜数据，将选取的主要中央商务区分为一线城市中央商务区和新一线城市中央商务区进行研究。报告选取的一线城市有北京、上海、广州、深圳4个城市。新一线城市有成都、杭州、武汉、南京、重庆、天津、西安、长沙、沈阳9个城市。

通过对2015~2017年13个CBD进行分析，反映楼宇经济在CBD发展中所扮演的重要角色。本报告对13个CBD内由楼宇经济所带来的金融、商务、商业、文化创意产业的产业集聚度做出整理，并通过横向和纵向的比较，来分析其楼宇经济的演变趋势，分析影响其发展的各种因素，结合实际情况给出合理的建议。

报告中所采用的数据均来自公开统计资料，主要来源于CBD发展研究基地历年对城市CBD数据的搜集与整理以及2016~2018年13个城市的年度统计年鉴和《中国城市统计年鉴》等，个别缺失数据根据各地政府工作报告及2016~2018年《中国商务中心区发展报告》补齐。

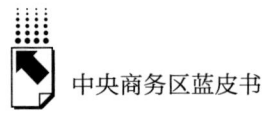

（三）构建原则

本报告将楼宇所在城市 CBD 按一线城市 CBD 和新一线城市 CBD 进行区分，其构建遵循了以下原则。

第一，客观性。所选指标能客观反映该区域楼宇经济的发展现状、变化趋势对该区域的楼宇经济指标发展测度客观、公正、准确。

第二，完整性、可比性。充分考虑指标的可得性、可测性，用指标的相对性来衡量，以保持指数的可比性和连续性。同时考虑指标的动态对比以保证楼宇经济发展指数的构建完整。

第三，代表性。所选指标必须和楼宇经济相关联，能反映楼宇经济在CBD 发展中所起到的关键、重要作用。

（四）指标体系

基于楼宇经济承载的高经济效益与高集聚效应，显示性指标选取了税收贡献额、总部企业数、税收亿元楼数、重大项目数、楼宇空置率、楼宇租金等作为评价指标，见表1。

表 1 中央商务区楼宇经济指标

指标选取	单位
税收贡献额	亿元
总部企业数	家
世界 500 强总部企业数	家
税收亿元楼数	座
商务楼宇数	座
重大项目数	个
楼宇空置率	百分比
楼宇租金	元/平方米/月
续存企业数	家

对选取指标解释如下。

（1）税收贡献额：指纳入统计口径的报告期内，样本城市所观测区域的税收贡献额。

（2）总部企业数：指纳入统计口径的报告期内企业总部或区域性总部家数。该指标反映中央商务区吸引总部企业的能力。

（3）世界500强企业数：指纳入统计口径的报告期内，世界500强企业落户样本城市观测区域家数。该指标反映中央商务区外资吸引能力。

（4）税收亿元楼数：指进驻CBD的企业一年创造的税收总额超过1亿元的楼宇数，客观衡量楼宇的税收贡献影响力。税收亿元楼主要有两种类型：一种是一座楼宇就是一家企业的总部，另一种就是专业化楼宇，CBD的税收亿元楼主要指后者，这是真正的"楼宇经济"。该指标反映中央商务区培育重点税源的成效。

（5）商务楼宇数：指纳入统计口径期限内已建成，用于提供各类商务活动的楼宇数量。该指标反映中央商务区楼宇的集聚情况。

（6）重大项目数：指纳入统计口径期限内该区域所规划的重大项目数量。该指标反映中央商务区楼宇的经济吸收能力。

（7）楼宇空置率：指纳入统计口径期限内的甲级写字楼空置率。该指标反映中央商务区楼宇库存压力。

（8）楼宇租金：指纳入统计口径期限内甲级写字楼的平均租金。该指标反映中央商务区楼宇价值变化。

（9）续存企业数：指纳入统计口径期限内各CBD分行业企业家数。该指标反映中央商务区主要行业发展变化情况。

三　楼宇经济状况分析

（一）税收贡献额

在研究的13个CBD中，一线城市的CBD所在核心区或功能区面积都在6平方公里左右。如表2所示，北京CBD核心区、上海陆家嘴CBD、广州天河CBD和深圳福田CBD核心区面积分别为3.99平方公里、6.89平方公里、6.19平方公里以及6.07平方公里。以总面积来看，深圳福田中央商务区面积最大，福田区为全域CBD，总面积达78.8平方公里。新一线城市的CBD所在核心区面积差别明显，武汉王家墩CBD核心区面积最大，为7.41平方公里。重庆解放碑CBD面积最小，仅为1.61平方公里。2017年，一线城市CBD在税收方面均表现不凡，令人关注的是，深圳福田CBD核心区税收贡献额高达1800亿元。同样，北京CBD核心区（3.99平方公里）税收贡献额为375亿元，CBD功能区（6.99平方公里）税收贡献额达1113.6亿元，该数额约占整个朝阳区税收的60%。

表2　2017年中国部分CBD税收贡献额

城市类别	CBD	CBD面积（平方公里）	税收贡献额（亿元）
一线城市	北京CBD	3.99（核心区），6.99（功能区）	375（核心区），1113.6（功能区）
	上海陆家嘴CBD	6.89	—
	广州天河CBD	6.19（规划面积20）	317.03
	深圳福田CBD	6.07（全域面积78.8）	1800
新一线城市	天津滨海新区CBD	3.44.（全域面积42）	55
	重庆解放碑CBD	1.61（规划面积3.5）	—
	西安长安路CBD	2.9（规划面积4.55）	6.1
	武汉王家墩CBD	7.41	165.19
	杭州下城CBD（核心区）	4.02（全域面积31.46）	23.5
	南京河西CBD	3.5（规划面积22）	18.54
	成都锦江CBD	3.5	23.33
	长沙芙蓉CBD	2.8	47.61
	沈阳金融商贸CBD	2.97	39.95

注：以上所有城市CBD面积均为核心区面积，天津滨海新区税收贡献额为2015年数据，其余均为2017年数据。

资料来源：《中国商务中心区发展报告No.4（2018）》；北京CBD数据来源于北京市政府信息公开专栏；北京市哲学社会科学CBD发展研究基地数据库。

依据现有数据，所选 9 个新一线城市中，2017 年，各个 CBD 所创造的税收是不同的。其中，武汉王家墩 CBD 创造了高达 165.19 亿元的税收额，而长沙芙蓉 CBD 虽然面积只有 2.8 平方公里，但是也创造了 47.61 亿元的税收额。

（二）总部企业数

在经济全球化背景下，跨国公司的全球总部和地区总部位于全球价值链体系的上游，掌握着战略发展、资源配置等决策权。以全球城市排行榜中的"Alpha＋＋"① 城市纽约和伦敦为例，2017 年《财富》500 强公司中有 44 家总部坐落在纽约，仅曼哈顿金融区就汇聚了 10 家；而伦敦集聚了超过 1/3 的《财富》500 强公司的欧洲总部，以及几乎所有主要国际银行和金融机构的分支机构或总部。总部经济巨大的辐射力和影响力，不仅可以带来可观的 GDP 与税收贡献，也是提升城市影响力的重要手段。

所以，2015～2017 年各地对于总部企业的重视程度只增不减。截至 2017 年底，北京朝阳区企业总量达 376304 家，428 家总部企业（见表 3）落户北京 CBD，其中 5 家跨国公司总部企业为 2017 年度新增。外资企业数量首次超 10000 家，总部企业落户数量在 3 年间增加将近一倍。另外北京 CBD 也一直受到世界 500 强企业的青睐，截至 2017 年底总共 160 家世界 500 强企业选择该地区作为其区域性总部。上海浦东新区同样是总部企业集聚地，由已知数据可看出，2017 年，上海浦东新区总部经济发展突出，总部企业数为 281 家，比上年同期新增 17 家。其中，世界 500 强总部企业 90 家，占全市的 45.4%。2017 年，广州全市共认定 470 家总部企业，其中，天河区入驻跨国公司总部企业 149 家，占全市总部企业的 31.7%，领跑同市的其他 11 个区。同时，天河区新引进了广汽财务公司等 12 个世界 500 强

---

① "Alpha＋＋"：为全球化与世界级城市研究小组与网络（Globalization and World Cities Study Group and Network，以下简称 GaWC）公布的世界城市体系排名，其中 Alpha 为一线城市，Beta 为二线城市，Gamma 为三线城市，Sufficiency 为自给自足城市，也可理解为四线城市。而每个大的等级中又区分出多个带加减号的次等级。在每个档内，分为最高级别＋＋、第二档＋、无＋，以及 -档的标注，比如"Alpha＋＋"就是第一档一线城市，"Alpha＋"是第一档二线城市。在 2018 年的排名中，超强一线的"Alpha＋＋"级城市只有两个，分别是伦敦和纽约。

企业项目，新落户的重点项目多达50个，该区2017年度新增5家上市企业。2015～2017年，累计有44家企业将其总部选址天河。2017年，深圳福田区总部企业达到了353家，这个数字相比于2015年，新增了11家。福田区对于外商投资也十分看重，据统计，世界500强企业有98家选择将地区总部设在福田区，同时2017年该区签约引进了招商局金融科技公司、中信网安有限公司、中以国际创新中心等一大批世界500强投资企业。另外该区新落户大型金融机构和高新技术千万元以上企业5095家，亿元以上大型企业630家。值得注意的是深圳福田区有4家企业上榜《财富》世界500强名单。

表3 2015年和2017年中国部分CBD所在城区企业总部情况

CBD所在城区	2017年企业总数(家)	2017年总部企业数(家)	2015年总部企业数(家)	世界500强总部企业数(家)
北京朝阳区	376304	428	260	160
上海浦东新区	316158	281	264(2016)	90
广州天河区	211738	149(跨国公司)	—	—
深圳福田区	289791	353	342	98
天津滨海新区	62579	167	—	145
重庆渝中区	25637	150	136	78
成都锦江区	30579	209	—	133
西安碑林区	30406	—	33	26(中国500强企业)

资料来源：2017年区域企业数据由量子聚数公司提供；2017年上海浦东新区总部企业数以及世界500强总部企业数来源于2018年浦东新区统计年鉴；北京朝阳区2017年总部企业数及世界500强总部企业数来源于北京市政府信息公开专栏（北京商务中心区管理委员会，2019年1月17日）；广州天河区、天津滨海新区、重庆渝中区、成都锦江区部分数据来源于政府工作报告，其余来自《中国商务中心区发展报告No.4（2018）》以及《中央商务区产业发展报告（2018）》。

在新一线城市中，重庆渝中区有总计150家总部企业和78家世界500强总部企业，2017年该区新增总部及重点企业50家，在新一线城市中脱颖而出。截至2017年底，杭州下城区累计共有118家世界500强总部企业投资了204个项目，总部经济实力可见一斑。2013～2017年，天津滨海新区总部经济加速集聚，5年内在该区投资的世界500强总部企业达到167家，国内500强总部企业224家，其城市竞争力和影响力进一步增强。武汉江汉区2017年引进世界500强投资项目和研发机构12个,新增注册资本千万元以上企业270余家。同年,深圳海王集团等中国民营500强企业在该区设立了区域性销售公司,华中科技金融中心、天鸽互动金融总部等签约落户。2017年成都锦江区新引进世界500强总部企业2家,总数达133家,新增奥地利驻蓉总领事馆,总数达10家,成功引进永辉"营销达人"等500强企业18家,总投资50亿元的能投建工集团等总部型企业31家。虽然新一线城市的整体经济实力与一线城市相比差距明显,但是新一线城市依托于总部经济的发展势头依然强劲。

(三)楼宇经济

由于楼宇经济在税收、就业、城市功能提升与形象建设等方面的作用巨大,楼宇建设受到我国地方政府的高度重视。如图1和表4所示,2015~

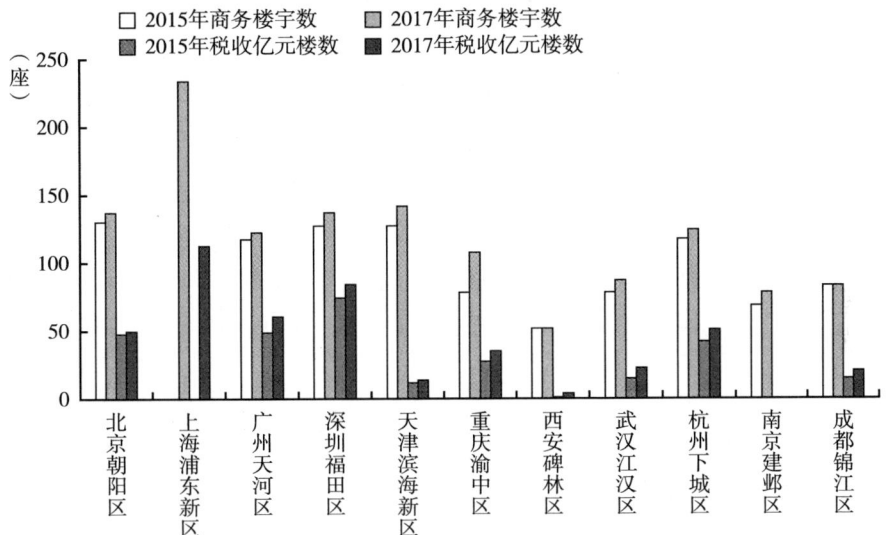

图1 2015年和2017年中国部分CBD所在城区楼宇情况

注:上海陆家嘴CBD楼宇数量为8层以上商务楼宇。北京朝阳区数据是北京CBD核心区楼宇数量。

数据来源:CBD发展研究基地、《中国商务中心区发展报告 No.4(2018)》以及《中央商务区产业发展报告(2018)》、北京市政府信息公开专栏、上海浦东新区统计年鉴、南京建邺区2018年政府工作报告、重庆渝中区2018年政府工作报告、成都锦江区2018年政府工作报告、天津滨海新区2018政府工作报告;部分CBD由于数据缺乏未纳入评价。

2017年，13个CBD所在城区楼宇数总体保持上升趋势。2017年，在一线城市中，深圳福田区新增商务楼宇数达到了10座，商务楼宇数达到140座；其次为北京CBD，2017年新增商务楼宇7座，北京CBD核心区楼宇总量和深圳福田CBD核心区持平，达到140座。广州天河区2017年有5座新增商务楼宇入市，商务楼宇数达125座。上海陆家嘴CBD有239座8层以上的商务楼宇。

在新一线城市中，天津滨海新区拥有商务楼宇145座，2015~2017年新增15座入市。杭州下城区新增7座商务楼宇投入使用，使商务楼宇总量增加至127座。重庆渝中区近3年商务楼宇数量增长值得关注，3年间新交付商务楼宇约30座，总量超过100座。南京建邺区2017年新增10座商务楼宇入市，总量增至80座。武汉江汉区2017年也有5座新增商务楼宇入市，总量升至85座。

表4 2015年和2017年中国部分CBD所在城区楼宇情况

单位：座

CBD所在城区	2015年商务楼宇数	2017年商务楼宇数	2015年税收亿元楼数	2017年税收亿元楼数
北京朝阳区	133	140	49	51
上海浦东新区	—	239	—	115
广州天河区	120	125	50	62
深圳福田区	130	140	76	86
天津滨海新区	130	145	12	14
重庆渝中区	80	110	28	36
西安碑林区	53	53	1	4
武汉汉江区	80	85	15	23
杭州下城区	120	127	43	52
南京建邺区	70	80	—	—
成都锦江区	85	85	15	16

但是，近三年来商务楼宇数并未出现大幅度增长现象，新增商务楼宇数较过去减少很多，2013~2015年井喷式增长的态势已不复存在。其中原因可能在于早期对于数量的追逐导致商务楼宇空置率上升。商务楼宇数量增长虽然放缓，但是税收亿元楼数依然在稳步上升，并且近期各地政府出台了一系列对老旧商务楼宇的整改升级措施，由此可见，各地政府已将商务楼宇发

展的重心从量的发展转为质的提升。

2015～2017年,各地CBD税收亿元楼数稳步上升,一线城市中广州天河区增加税收亿元楼12座,达到62座。而深圳福田区有10座楼宇加入新的税收亿元楼行列,总数创历史新高,达到86座。北京CBD核心区新增2座税收亿元楼,核心区税收亿元楼数达到51座,CBD功能区税收亿元楼数在2018年达到140座。在新一线城市中,重庆渝中区与杭州下城区税收亿元楼数均上涨明显,3年间重庆渝中区有8座楼宇步入税收亿元楼梯队,总数上升至36座。2017年,成都锦江区CBD核心区税收亿元楼达到9座,全区达到16座。武汉江汉区8座税收亿元楼的增量也十分显眼。

(四)重大项目情况分析

1. 北京CBD

2017年,北京CBD有10座新的甲级写字楼项目入市,建筑面积共计753344平方米,这使得北京市的甲级写字楼建筑面积总存量突破千万大关,达1005万平方米。2018年北京朝阳区有超过423000平方米写字楼入市(见表5)。除写字楼项目外,该区中信、泰康等5个项目结构封顶。中关村朝阳园融新科创中心等4个项目竣工,苹果中国研发中心、戴姆勒中国孵化器等项目落户,奥林匹克公园内的重点项目加快建设。

表5 北京朝阳区在建重大项目

写字楼	商圈	面积(平方米)	交付时间
中国人寿金融中心	商务中心区	113000	2018年第三季度
正大中心	商务中心区	160000	2018年第三季度
三星中国总部大厦	商务中心区	70000	2018年第四季度
中信大厦	商务中心区	80000	2018年第四季度

资料来源:戴德梁行中心:www.cushmanwakefield.com.cn/research-report/p1.html。

2. 上海浦东新区CBD

2017年,上海有24座新的甲级写字楼项目入市,新增供应量达到140

万平方米。其中,约17万平方米的甲级项目位于浦东新区的国寿金融中心和前滩世贸中心。在未来三年内,上海甲级写字楼市场有636000平方米竣工,其中部分新增优质写字楼项目(见表6)将在前滩(属于世博前滩板块)建成并投入使用,因此,前滩被定位为下一个陆家嘴,上海新的金融中心,将成为众多新项目争相入驻的区域。

表6 上海浦东中央商务区在建重大项目

写字楼	商圈	面积(平方米)	交付时间
前滩世贸中心Ⅱ	世博前滩	71600	2018年
晶耀前滩T1-35	世博前滩	117522	2018年
泰康金融中心	陆家嘴	90000	2018年
上海SK大厦	世博前滩	90000	2019年
前滩中心	世博前滩	168000	2019年

资料来源:戴德梁行中心:www.cushmanwakefield.com.cn/research-report/p1.html。

3. 广州天河CBD

2017年,天河区110个区重点项目完成年度投资190.5亿元,年度投资完成率达116.1%。该区甲级写字楼市场的新增供应暂时回落,2017年广州市有3个项目入市,另有1个项目完成扩建改造。广州全年新增供应165719平方米,其中位于天河区的天安人寿中心占比明显。此外,珠江新城商圈内的高德置地广场四期将服务式公寓改造为写字楼,为市场带来25000平方米的新增供应。在未来三年,甲级写字楼新增供应将主要位于珠江新城、琶洲和金融城商务区,金融城商务区被定位为广州的金融总部集聚区,约700000平方米的优质写字楼项目计划将于未来三年内竣工,包括平安金融大厦(见表7)、南岳银行金融大厦和长江中心等。

表7 广州天河中央商务区在建重大项目

写字楼	商圈	面积(平方米)	交付时间
广发证券大厦	珠江新城	106773	2018年
平安金融大厦	金融城	73575	2019年

资料来源:戴德梁行中心:www.cushmanwakefield.com.cn/research-report/p1.html。

4. 深圳福田CBD（福田为全域CBD）

2017年，深圳有8座新的甲级写字楼项目入市，全年新增供应达到85万平方米。在2017年8个新入市的项目中，福田区和南山区各占一半。坐落于福田区的平安金融中心、生命人寿大厦、皇庭中心和中国人寿大厦共计贡献59.6万平方米的新增供应，福田区的新增供应占整个深圳甲级写字楼市场新增供应总量的70%。未来核心区域与新兴商圈的新增供应量预计会有一个井喷式爆发，超过200000平方米的写字楼将投入使用，深圳福田CBD也将迎来许多优质项目入市，其作为深圳核心甲级写字楼板块的地位将进一步巩固加强。从板块未来发展的角度上看，受益于即将竣工入市的优质项目以及众多配套设施和逐渐浓厚的商业氛围，福田区作为深圳的CBD将继续发挥主导作用。深圳福田区在建重大项目见表8。

表8 深圳福田区在建重大项目

写字楼	商圈	面积(平方米)	交付时间
金地中心	福田区	50000	2018年
大百汇中心	福田区	150000	2020年

资料来源：戴德梁行中心：www.cushmanwakefield.com.cn/research-report/p1.html。

5. 重庆解放碑CBD

2017年，重庆渝中区甲级写字楼市场新增供应达44.9万平方米，但也有部分在建项目竣工时间推迟，有的商务用地调整用途，这在一定程度上缓解了新增供应连续入市带来的压力。但在未来三年渝中区新的甲级写字楼将占据新增供应的一半以上。未来三年渝中区预计交付的写字楼面积将超过105万平方米（见表9），库存压力依旧。

重庆渝中区2017年重大项目包括新加坡凯德项目5座塔楼封顶、洲际酒店和韩国CGV影院旗舰店落户，光控朝天门中心项目一期完工、二期启动建设，朝天门市场完成新重庆国际鞋都、圣名广场等6个商场、5万平方米业态调整升级。在下半城历史文化风貌带，十八梯传统风貌区项目首开区基本完成主体结构，协调区和基础设施建设有序推进，湖广会馆传统风貌区

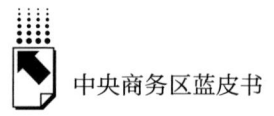

项目首开区3座建筑封顶、东水驿老街基本完工，白象街传统风貌区项目一期试营业、北区完成验收。

表9 重庆解放碑中央商务区在建重大项目

写字楼	商圈	面积（万平方米）	交付时间
瑞安企业天地3号、6号	渝中区	10	2018年
来福士广场、复地项目万豪二期、协和城	渝中区	45	2019年
日月光超高层、瑞安企业天地9~10号、瑞安企业天地1号	渝中区	50	2020年

资料来源：戴德梁行中心：www.cushmanwakefield.com.cn/research-report/p1.html。

6. 西安长安路CBD

2017年，全区127个重点建设项目完成投资181.26亿元，占年计划的116.94%，其中，75个在建重点项目中，26个项目已竣工；52个前期项目中，4个项目提前开工建设。随着长安国际E座、永利国际金融中心等写字楼入市，全市甲级写字楼总存量接近176万平方米，新增供应量达到历史峰值，写字楼市场库存压力加大，市场竞争进一步加剧，故未来3年内西安中心城区将无新的楼宇投入使用。

7. 武汉王家墩CBD

2017年，武汉有2座新的甲级写字楼项目入市，全年新增供应达到144146平方米，这使武汉甲级写字楼市场的存量在2017年底达到173万平方米；2017年新入市的重要项目是泛海民生金融中心和花样年喜年中心，两个项目均不在王家墩CBD。未来武汉甲级写字楼市场的新增供应将持续增加，但是王家墩CBD的新增供应量只有200000平方米左右（见表10），不占主导地位。

除写字楼外，武汉江汉区2017年全年实施重大建设项目51项，完成投资330亿元，约占全区投资总额的2/3。龙湖时代天街、太子汉府等11个项目开工，数量创近年新高，卓尔钰龙国际中心和远洋K1、K5竣工交付，

表10 武汉王家墩中央商务区在建重大项目

写字楼	商圈	面积(平方米)	交付时间
泛海国际中心B	王家墩CBD	200000	2018年
泛海财富中心	王家墩CBD		2018年
武汉中心	王家墩CBD		2018年

资料来源：戴德梁行中心：www.cushmanwakefield.com.cn/research-report/p1.html。

环贸中心一期、越秀国际金融汇二期等完成结构封顶。

8. 杭州下城CBD

2017年，该区没有新项目入市，全年杭州甲级写字楼市场总存量维持在215万平方米左右，新增供应面积19.8万平方米。未来杭州甲级写字楼市场预计将有超过36.6万平方米新增供应入市，主要集中在钱江新城和武林商圈。考虑到特色小镇、产业园区等规划建设的逐步推进，以及生态办公、绿色建筑等新型概念的全面普及，未来部分租户将被分流，市场竞争或将加剧。同时，受益于逐步完善的基础设施，快速增长的第三产业以及进一步扩大的城市影响力，杭州甲级写字楼的需求强劲，其后续发力可以预见。未来三年杭州下城区仅有约150000平方米写字楼投入市场（见表11）。

表11 杭州下城区在建重大项目

写字楼	商圈	面积(平方米)	交付时间
武林壹号、国大城市广场	武林	100000	2018年
杭州中心	武林	50000	2018年

资料来源：戴德梁行中心：www.cushmanwakefield.com.cn/research-report/p1.html。

9. 南京河西CBD

2017年，南京河西CBD市场总共迎来55000平方米的优质办公物业，全部来自中航科技城项目。而建邺区将在未来迎来井喷式增长，南京国金中心（见表12）、大拇指广场以及德基世贸中心先后竣工入市，总共会为市场

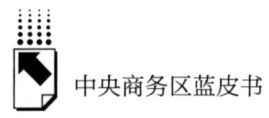

带来453650平方米新增供应。到2021年，南京甲级写字楼总存量将超过320万平方米。其中，建邺商圈优质写字楼存量将占到全市的50%以上。

表12 南京河西CBD在建重大项目

写字楼	商圈	面积(平方米)	交付时间
南京国金中心 德基世贸中心	建邺区	450000	2018年
南京河西金鹰天地	建邺区	350000	2019年
奥体苏宁广场、华新城	建邺区	250000	2020年
金融城Ⅱ	建邺区	300000	2021年

资料来源：戴德梁行中心：www.cushmanwakefield.com.cn/research-report/p1.html。

除此之外，2017年南京建邺区苏酒集团华东总部、云锦城2个项目成功摘牌，阿里巴巴江苏总部等18个项目相继开工，生态科技岛科创园等18个省市区重大项目全部竣工。全区55个重点项目全年完成投资213亿元。

10. 成都锦江CBD

2017年，成都有5个新的甲级写字楼项目入市，建筑面积总计305733平方米，2017年入市的三个最大体量的写字楼项目均坐落于天府新城，而且全年所有的新增写字楼项目都位于天府新城。未来成都甲级写字楼市场的新增供应预计将大幅提升，锦江CBD预计贡献约10%的新增供应量，项目情况见表13。

2017年除竣工的写字楼外，还有环球贸易广场等28个重大产业项目在建，华润时光绘等7个项目开工建设，新华之星等4个重点项目竣工投运，33个省市重点项目完成投资190亿元。同时，在策划上汽安吉等12个投资10亿元以上的重大项目。

11. 长沙芙蓉CBD

2017年，长沙芙蓉区实施重点项目172个，完成投资308亿元。湖南第二高楼世茂广场A座顺利封顶，宇成朝阳等商业综合体建成投产，东盈商业广场等项目稳步推进。同时梅溪湖板块迎来金茂广场北塔的入市，为市

表13　成都锦江中央商务区在建重大项目

写字楼	商圈	面积(平方米)	交付时间
华商金融中心 中海国际D座	中央商务区	180000	2018年
中海国际H座、I座	中央商务区	200000	2019年
保利国际广场	中央商务区	250000	2021年

资料来源：戴德梁行中心：www.cushmanwakefield.com.cn/research-report/p1.html。

场带来约10万平方米的新增供应；华创国际广场A座交付，为全市甲级写字楼市场带来约8.0万平方米的新增供应，推动全市甲级写字楼存量增至118.7万平方米。

未来长沙甲级写字楼市场将迎来供应井喷现象。值得注意的是，在2018年的新增供应中，超过六成面积（约110万平方米）将集中于芙蓉CBD，届时区域内标杆项目九龙仓国际金融中心也将入市并参与竞争（见表14）。

表14　长沙芙蓉CBD在建重大项目

写字楼	商圈	面积(平方米)	交付时间
绿地中心T1 九龙仓国际金融中心T1 新湖南大厦 富兴世界金融中心T2、T3、T4	长沙中央商务区	620000	2018年
世茂广场 新楚擎天广场 汇景发展环球中心	长沙中央商务区	450000	2019年
佳兆业广场	长沙中央商务区	30000	2020年

资料来源：戴德梁行中心：www.cushmanwakefield.com.cn/research-report/p1.html。

（五）楼宇租金及空置率

受住宅市场限购政策的影响，近年来，许多城市的甲级写字楼供需变化巨大，受其影响，中国几个主要城市的甲级写字楼市场迎来了新增供应高峰。并且在几年的转型尝试下，中国甲级写字楼市场的转型势头较好，将继续保持，加之人工智能、科技创新、云计算、节能环保、新能源等新动力加入，相信楼宇经济未来的发展趋势将稳中向好。

1. 北京市

受市场活跃的影响，2016～2017年北京甲级写字楼市场租金呈稳中有升的态势，如表15所示，2017年，五大核心商圈写字楼有效净租金按建筑面积计算达平均每月每平方米415.58元，同比上涨1.5%。2017年平均空置率为4.48%，同比下降了0.52个百分点。其中商务中心区商圈2017年平均空置率下降1.45个百分点，租金较去年上涨了4.7元/平方米/月。未来将有大量新项目入市，或将导致全市写字楼市场租金承受下行压力。随着北京市政府2017年底开始陆续搬迁，通州将受到更多国内外知名企业及投资者的关注，区域内物业资产价值也将继续提高。同时，2020年环球影城的建成也会带动通州文旅以及相关上下游产业迅速发展，届时周边写字楼租赁需求将得到明显提升。

表15 2016～2017年北京五大核心商圈楼宇租金与空置率

商圈	2016年平均租金（元/平方米/月）	2017年平均租金（元/平方米/月）	2016年平均空置率(%)	2017年平均空置率(%)
燕莎	351.6	357.43	8.4	6.5
东二环	344.9	349.05	3.4	3.65
商务中心区	380.2	384.9	7.3	5.85
金融街	664.5	675.38	0.6	2.625
中关村	358.9	361.3	2.6	1.85
全市平均	409.5	415.58	5.0	4.48

注：2017年平均租金及空置率取值为2017年四个季度平均数。
资料来源：戴德梁行中心：www.cushmanwakefield.com.cn/research-report/p1.html? area=大中华区&country=&language=中文&year=2016。

2. 上海市

2017年，上海市核心商圈共迎来48万平方米的优质办公物业，较2016年减少27万平方米。如表16所示，六大核心区全年平均空置率与去年同期相差不大，上升至10.73%，同比上升0.23个百分点。2017年黄浦区空置率降幅最大，相较去年下降了4.2个百分点。但陆家嘴商圈空置率稍有上浮，较去年上浮2.95个百分点。虽空置率稍有上浮，但对写字楼的需求依然强劲。

2017年，上海核心商圈甲级写字楼平均租金几乎持平，从316.5元/平方米/月降至316.48元/平方米/月。活跃的租赁市场需求以及高品质的新建办公物业助推部分核心商圈租金增长。徐汇核心区本年度平均租金上涨明显，涨幅达10.83%。但值得注意的是，陆家嘴核心商圈租金同比跌幅较大，达12.47元/平方米/月，空置率则比去年上升2.95个百分点。可见，核心商圈与非核心商圈楼宇租金差异近年来在逐步缩小，市场次中心化趋势有所减弱，这可能使跨国企业重新审视这两种办公选址的机会。近年来，国内各经济指标稳步向好，未来内资企业应会继续保持强劲的租赁需求，成为写字楼市场吸纳的主要动力源泉。

表16　2016~2017年上海六大核心商圈楼宇租金与空置率

商圈	2016年平均租金（元/平方米/月）	2017年平均租金（元/平方米/月）	2016年空置率（%）	2017年空置率（%）
静安核心	338.1	344.98	8	7.75
黄埔	305.3	304.28	16.8	12.6
陆家嘴	400.3	387.83	8.6	11.55
竹园	294.1	290.75	9.6	8.68
长宁	233	231.28	10.8	13.38
徐汇核心区	289.5	320.85	6	6.45
全市平均	316.5	316.48	10.5	10.73

注：2017年平均租金及空置率取值为2017年四个季度平均数。
资料来源：戴德梁行中心；www.cushmanwakefield.com.cn/research-report/p1.html?area=大中华区&country=南京市&language=中文&year=2016。

3. 深圳市

2017年，深圳市中国人寿大厦和生命人寿大厦投入使用，使得写字楼供应量上升，但是大量投入的新写字楼依然未对高位的租金产生影响，市场表现依旧活跃。如表17所示，2017年深圳市写字楼平均租金较上年上涨8.3%，至每月每平方米268.61元，其中福田区涨幅较为明显，达到12.7%。虽然租金上涨明显，新增供应量明显，但是空置率未产生明显变化，2017年平均空置率较上一年仅降低0.07个百分点，几乎与上年度持平。随着互联网行业的迅猛发展，电商、客服等科技相关企业在南山区扩租需求明显——科技园、后海等片区发展逐渐成熟，产业集聚度高，较低的租赁成本及丰富灵活的办公空间吸引了大量各类规模的科技企业入驻，部分初创型科技企业在选择办公空间时，更看重性价比、配套设施、物管以及区位等因素，故此2016年空置率较高的南山区，2017年空置率明显下降，下降了1.07个百分点，但是平均租金涨幅不大。未来短期内物业上调租金的可能性较小。除了各区域甲级写字楼本身要面对大量供应的挑战外，以科技园片区为代表的日渐成熟的研发办公楼也加剧了办公类物业的市场竞争，分流了大量科技及中小金融机构等传统写字楼客户，市场多方夹击对开发商对写字楼的招商以及运营能力提出更高的要求。

表17 2016~2017年深圳三大核心商圈楼宇租金与空置率

商圈	2016年平均租金（元/平方米/月）	2017年平均租金（元/平方米/月）	2016年空置率（%）	2017年空置率（%）
罗湖	223.42	219.98	5.7	6.75
福田	272.63	307.38	9.5	8.925
南山	203.98	206.64	26.9	25.83
全市平均	247.98	268.61	13.3	13.23

注：2017年平均租金及空置率取值为2017年四个季度平均数。
资料来源：戴德梁行中心：www.cushmanwakefield.com.cn/research-report/p1.html? area = 大中华区 &country = 南京市 &language = 中文。

4. 广州市

凭借高性价比的租金水平，广州市琶洲商务区继续吸引企业入驻，该商务区2017年空置率下降25.14个百分点，至20.76%（见表18）；越秀区表现活跃，得益于有限的可租赁面积及成熟的区位配套，该区年平均租金达到

130.6元/平方米/月，攀升3%。该区年平均空置率相较去年下降了4.9个百分点至3.5%。2017年广州核心商务区甲级写字楼市场平均租金为174.93元/平方米/月，同比上涨3.63%。2017年珠江新城商务区租金上涨明显，平均租金同比上升4.23%至187.3元/平方米/月。在全年供应有限的情况下，2017年广州写字楼租赁业务步入业主方市场，写字楼业主被赋予了更强的议价能力，并借此时机进行积极去化和租户优化工作。2017年全市空置率稳步下降，租金平稳上涨。

表18　2016～2017年广州四大核心商圈楼宇租金与空置率

商圈	2016年平均租金（元/平方米/月）	2017年平均租金（元/平方米/月）	2016年空置率（%）	2017年空置率（%）
天河体育中心	170.7	174.02	3.6	5.4
珠江新城	179.7	187.3	13.2	9.98
越秀	126.8	130.6	8.4	3.5
琶洲	112.5	123.11	45.9	20.76
全市平均	168.8	174.93	14.3	10.55

注：2017年平均租金及空置率取值为2017年四个季度平均数。
资料来源：戴德梁行中心：www.cushmanwakefield.com.cn/research-report/p1.html?area=大中华区&country=&language=中文&year=2016。

5. 重庆市

2017年重庆市甲级写字楼平均空置率与去年相比增长4.99个百分点。在开放型经济快速发展、营商环境不断改善、招商力度加大的背景下，市场需求在与供应洪峰的博弈中略胜一筹。但高空置率、存量巨大的局面短期内仍难扭转，竞争压力较大，2017年重庆市平均租金继续下探至每月每平方米85.62元（见表19），同比下降5.5%；空置率不断升高令租金面临较大压力，在整体市场较严峻的情况下，业主对于提升租金保持较谨慎态度。2017年重庆渝中商圈的平均租金与上年相比，略有下降，为85.3元/平方米/月，空置率相较上年平均也下降了1.1个百分点。市场仍面临去化压力，期望未来城市经济持续发展，或将为写字楼市场带来发展契机，促使写字楼市场走出胶着期。

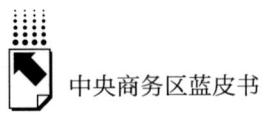

表19 2016~2017年重庆五大核心商圈楼宇租金与空置率

商圈	2016年平均租金（元/平方米/月）	2017年平均租金（元/平方米/月）	2016年空置率（%）	2017年空置率（%）
渝北区	100	96.19	63	62.3
江北区	97	95.27	56.84	55.06
渝中	87	85.3	36.45	35.35
南岸区	60	60.67	27.51	24.4
九龙坡	92	90.67	86.77	71.86
全市平均	90.6	85.62	44.8	49.79

注：2017年平均租金及空置率取值为2017年第一季度、第二季度与第四季度平均数。
资料来源：戴德梁行中心：www.cushmanwakefield.com.cn/research-report/p1.html? area = 大中华区 &country = &language = 中文 &year = 2016。

6. 西安市

如表20所示，2017年，西安市甲级写字楼平均租金按建筑面积计算升至每月每平方米95.07元，较上年增加了7.77元/平方米/月。分商圈来看，中心城区写字楼平均有效租金同比上涨4.7%至每月每平方米112.03元。大量的高品质写字楼集中在高新区和城北，这两个区域对初次入驻西安的高端客户均有较大吸引力。这两个商圈的平均租金分别为每月每平方米86.6元和92.27元。2017年空置率较上年稍有上升，平均空置率上升1.42个百分点，其中城北区空置率涨幅最为明显，主要是因为新增供应量比较大。未来，大量的新增供应使得西安写字楼市场竞争加剧，这将对西安地区写字楼市场造成较大冲击，也给各写字楼业主带来较大的挑战。这些项目在硬件设施、配套服务、生态环境等方面都相对较好，从而使市场竞争进一步加剧，但也将促使整体市场的写字楼品质得到进一步提升。

表20 2016~2017年西安五大核心商圈楼宇租金与空置率

商圈	2016年平均租金（元/平方米/月）	2017年平均租金（元/平方米/月）	2016年空置率（%）	2017年空置率（%）
城北	82.2	92.27	17	31.22
中心城区	107.0	112.03	13.7	18.82

续表

商圈	2016年平均租金（元/平方米/月）	2017年平均租金（元/平方米/月）	2016年空置率（%）	2017年空置率（%）
高新区	84.9	86.6	26.5	29.22
全市平均	87.3	95.07	25	26.42

注：2017年平均租金及空置率取值为2017年第一季度、第二季度与第四季度平均数。

资料来源：戴德梁行中心：www.cushmanwakefield.com.cn/research-report/p1.html?area=大中华区&country=&language=中文&year=2016。

7. 武汉市

如表21所示，受租赁市场整体需求回暖的影响，2017年武汉市大部分核心商务区平均空置率有所下降，全市核心商务区整体空置率为36.88%，与上一年几乎持平。2017年，武汉甲级写字楼市场处于对前期大量新增供应的消化期，全年租金走势平缓，有的轻微下降。全市甲级写字楼平均租金119.73元/平方米/月，较上年下降了3.5%。从当年武汉市的租赁表现来看，以招商引资为首的政策对写字楼租赁的积极影响在下半年渐显，随着经济的迅速发展及城市建设的推进，未来武汉甲级写字楼市场需求仍将保持活跃。但受限于大量新增供应的集中入市，短期内武汉核心商务区甲级写字楼市场的总体租金或将承受一定压力，空置率或将进一步升高。

表21 2016~2017年武汉五大核心商圈楼宇租金与空置率

商圈	2016年平均租金（元/平方米/月）	2017年平均租金（元/平方米/月）	2016年空置率（%）	2017年空置率（%）
建设大道	125.5	122.33	27.4	31.1
武广	111.8	103.9	43.0	42.73
汉口沿江&武昌滨江	132.1	135.1	28.3	16.53
中南中北	125.6	129.33	44.2	35.73
光谷	108	108	70	58.33
全市平均	124.1	119.73	36.2	36.88

注：2017年平均租金及空置率取值为2017年第一季度、第二季度与第四季度平均数。

资料来源：戴德梁行中心：www.cushmanwakefield.com.cn/research-report/p1.html?area=大中华区&country=&language=中文&year=2016。

8. 杭州市

2017年末，由于租赁需求的集中释放和品质项目的持续发力，杭州市甲级写字楼市场向业主方倾斜。2017年杭州市甲级写字楼整体租金持续上涨，达到157.5元/平方米/月（见表22），同比涨幅为7.1%。钱江新城得益于钱塘江金融港湾的政府规划，租金涨幅最为明显，比上年同期上涨8.2%。黄龙商圈虽受到城市功能东扩西进，以及长期缺少新增供应的影响，但是租金上涨不多，2017年平均租金仅比2016年上涨0.2元/平方米/月，高位滞涨迹象显现。随着城市版图的不断扩大，杭州多中心城市格局的雏形已经显现。武林商圈2017年租金相较上年几乎维持不变，但是该核心商圈空置率较去年下降了10.78个百分点，可见去库存效果明显。但近期楼宇新增供应量上涨，市场仍将持续处于供求失衡状态，空置率预计会保持走高态势，租金面临下行压力，年增长率或将出现负值。就中长期而言，一方面考虑到特色小镇、产业园区等规划建设的逐步推进，以及生态办公、绿色建筑等新型概念的全面普及，部分租户将被分流，市场竞争或将加剧；另一方面，受益于逐步完善的基础设施，快速增长的第三产业以及进一步扩大的城市影响力，杭州市甲级写字楼的需求强劲，其后续发力可以预见。

表22 2016～2017年杭州五大核心商圈楼宇租金与空置率

商圈	2016年平均租金（元/平方米/月）	2017年平均租金（元/平方米/月）	2016年空置率（%）	2017年空置率（%）
黄龙	172.6	172.8	9.9	7.1
武林	190.9	189.55	29.4	18.62
庆春	139.2	137.25	26.5	19.2
钱江新城	120.5	130.4	12.6	12.6
全市平均	147	157.5	17.1	14.38

注：2017年平均租金及空置率取值为2017年第一季度与第四季度平均数。
资料来源：戴德梁行中心：www.cushmanwakefield.com.cn/research-report/p1.html?area=大中华区&country=&language=中文&year=2016。

9. 南京市

2017年南京市整体空置率从上年度的11%上升到12.89%。受到有限的甲级写字楼供应的影响,建邺区平均空置率较上年下降6.6个百分点至9.9%,这使得南京成为新一线城市中空置率最低的写字楼市场。2017年南京市甲级写字楼平均租金为每平方米每月141.79元,同比上涨3.2%。从各区域看,玄武商圈平均租金为全市最高,达到每平方米每月158.1元。然而,商务园区优惠的租金价格和利好的政策也给甲级写字楼业主带来压力。建邺和鼓楼两个商圈的平均租金在2017年都进行了小幅回调,分别为每平方米每月120.58元和142.23元(见表23),跌幅分别为1.2%和2.8%。鉴于市场较低的空置水平和活跃的租赁需求,未来南京市甲级写字楼租金预计会继续上涨。

表23 2016~2017年南京四大核心商圈楼宇租金与空置率

商圈	2016年平均租金(元/平方米/月)	2017年平均租金(元/平方米/月)	2016年空置率(%)	2017年空置率(%)
鼓楼	146.35	142.23	9.6	9.55
建邺	122.03	120.58	16.5	9.9
玄武	147.44	158.1	10.9	14.75
秦淮	138.32	146.23	4.9	17.35
全市平均	137.43	141.79	11	12.89

注:2017年平均租金及空置率取值为2017年第一季度与第四季度平均数。
资料来源:戴德梁行中心:www.cushmanwakefield.com.cn/research-report/p1.html?area=大中华区&country=南京市&language=中文&year=2016。

10. 成都市

得益于成都市政府对楼宇经济的重视和推动,以及市场新增供应速度的放缓,成都甲级写字楼市场表现有所改观。2017年,全市甲级写字楼空置率比2016年同期下降明显,下降了5.25个百分点,至30.16%(见表24)。伴随城市影响力的不断提升以及城市形象的国际化,成都市写字楼市场日渐受到外来投资者和优质企业群的关注。2017年以来,活跃的市场需求促使成都甲级写字楼存量迅速去化,市场上诸多高端优质楼宇入住率显著提高。部分甲级写字楼随入住率的提高而抬高了租金门槛或缩短了免租优惠期。2017年,甲级写字楼平均租金较上年上涨约2%,达到每月每平方米106.96元。分区域来看,中央商务区位于全市核心区域,坐享全市优质商务资源、交通资源,且因近几年新增项目有限而现有高品质楼宇数量不多,在市场利好下该区域楼宇入住率显著提升,租金比上年同期上涨了3.5%,达到112.77元/平方米/月。城市地位的崛起,使成都已发展成为备受瞩目的"新一线城市"以及"最具投资潜力的热点城市之一",其写字楼市场则成为众多投资者青睐的对象。未来,成都甲级写字楼市场大宗资本交易活跃度仍将有所提升,平均租金也将稳步上升。

表24 2016~2017年成都四大核心商圈楼宇租金与空置率

商圈	2016年平均租金(元/平方米/月)	2017年平均租金(元/平方米/月)	2016年空置率(%)	2017年空置率(%)
中央商务区	108.91	112.77	36.08	24.68
东大街	116.88	114.51	40.4	38.51
科技商务区	100.66	98.98	20.54	18.24
天府新区	94.83	101.6	37.52	39.21
全市平均	104.88	106.96	35.41	30.16

注:2017年平均租金及空置率取值为2017年第一季度、第二季度与第四季度平均数。
资料来源:戴德梁行中心:www.cushmanwakefield.com.cn/research-report/p1.html?area=大中华区&country=南京市&language=中文&year=2016。

11. 长沙市

2017年,长沙甲级写字楼市场平均租金同比小幅下降0.1元,至每平方米每月109元(见表25)。平均空置率仍保持高位,市场供过于求态势明显,写字楼租金面临下行的压力。随着2018年供应高峰的来临,项目间的竞争将愈加激烈,预计未来写字楼租金承压的状况仍将延续。

表25 2016~2017年长沙核心商圈楼宇租金与空置率

商圈	2016年平均租金（元/平方米/月）	2017年平均租金（元/平方米/月）	2016年空置率（%）	2017年空置率（%）
五一商圈	108.4	109	25.2	28.1
全市平均	109.1	109	28.5	28.1

资料来源：戴德梁行中心：www.cushmanwakefield.com.cn/research‐report/p1.html?area=大中华区&country=南京市&language=中文&year=2016。

12. 沈阳市

2017年，沈阳市写字楼市场较为活跃。市场平均空置率同比下降3.23个百分点至36.67%（见表26）。随着沈阳经济逐渐回暖，第三产业占比逐渐加大，越来越多的金融业及专业服务业公司入驻沈阳。设施齐全、物业良好的甲级写字楼成为这些公司首选之地。2017年沈阳市甲级写字楼市场平均租金略有下跌，下跌了6.7%，维持在每月每平方米81.65元。分区域而言，金廊‐五里河表现活跃，租金较上年同期略有下降，为每月每平方米91.5元，但空置率下降了5个百分点。北站‐市府区域空置率同比下降4.15个百分点，至32.05%，租金水平较上年平均下降了1.4元/平方米/月，为每月每平方米90.8元。太原街区域空置率较上年下降约1.25个百分点至51.15%。未来几年，写字楼市场的大量供应将导致沈阳市场空置率上升，同时租金预计将呈下行趋势。企业租户可以利用这个机会对办公区域进行重新选址，搬迁到硬件设备更优越的写字楼中。

表26 2016~2017年沈阳三大核心商圈楼宇租金与空置率

商圈	2016年平均租金（元/平方米/月）	2017年平均租金（元/平方米/月）	2016年空置率（%）	2017年空置率（%）
北站‐市府	92.2	90.8	36.2	32.05
太原街	66.2	62.65	52.4	51.15
金廊‐五里河	94.3	91.5	37.8	32.8
全市平均	87.5	81.65	39.9	36.67

注：2017年平均租金及空置率取值为2017年第一季度、第二季度与第四季度平均数。

资料来源：戴德梁行中心：www.cushmanwakefield.com.cn/research‐report/p1.html?area=大中华区&country=南京市&language=中文&year=2016。

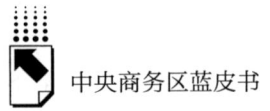

四 重点产业分析

（一）一线城市产业分析

一线城市CBD各行业企业续存量见图2～图5。

1. 批发和零售业

从2017年各行业续存企业量可见，一线城市中批发和零售业占比几乎为四个区域之首，其中深圳福田区占比为最高，达到了62%，这多归结于福田区的商贸鼓励政策。福田区鼓励商贸企业线上线下融合，培育消费新增长点，支持无人超市、O2O体验店、电商平台等新零售业态发展。广州天河区和上海浦东新区批发和零售业占比也超过了整体企业数量的一半，占比达52%。2018年上海政府工作报告显示，2017年，上海外贸进出口增速达到近六年来最好水平，高新技术产品出口、高端消费品进口快速增长。平台经济、共享经济等新模式广泛渗透，线上线下融合、跨境电商等新业态加快成长，迪士尼拉动新区社会消费品零售额增长1个百分点左右，成为推动经济增长的新动力。

2. 租赁和商务服务业

北京朝阳区租赁和商务服务业企业占比高达45.8%，企业数量超过88565家。上海浦东新区、深圳福田区、广州天河区租赁和商务服务业企业数量也很大，占比均超过了20%。上海浦东新区"一带一路"桥头堡建设加快步伐，建成7个国别（地区）商品中心，"一带一路"技术贸易措施企业服务中心挂牌成立。深圳福田区出台了专业服务业支持政策，积极发展人力资源服务、财税服务、法律服务等专业服务业态，引进法律科技企业和人工智能实验室，建立知识产权法律服务平台、企业法务云平台。

值得关注的是，随着近年来共享经济和高科技初创企业的快速发展，写字楼租金居高不下，使得专业服务业中的联合办公迅速发展。以北京为例，由于运营商想获得更高的利润，联合办公租赁成交主要集中在办公楼宇集聚区，如朝阳区和海淀区等市中心的乙级写字楼中。然而，随着联合办公逐渐被资本市场看好，运营商通过融资获得了更多的资金支持，联合办公也开始积极寻求高品质的甲级楼宇。上海浦东新区受到联合办公品牌迅速扩张的影响，专业服务类行业的租赁需求持续增长。在该行业范畴内，上海写字楼市场已经成为各大联合办公运营品牌的兵家必争之地。2017 年，内外资的联合办公运营商积极扩张其办公地点，持续吸纳写字楼面积。这个强劲的增长不仅反映在新开办公地点的数量上，也同样反映在租赁楼宇的品质上。深圳福田区的联合办公运营企业也开始大力拓展市场，不同于早期完全针对初创企业客户的联合办公空间，主要集中于科技园和其他成本较低的区域。2017 年以后，越来越多的联合办公运营商开始积极在成熟商务区布点，如寰图入驻金地中心及鼎和大厦，纳什空间落户卓越世纪中心等。在广州天河区，商务中心和联合办公空间企业的积极扩张成为专业服务类行业租赁成交的主要驱动力。商务中心和联合办公行业正处于抢占市场的高速发展阶段，入驻甲级写字楼成为运营商提高网点数量与质量的重要途径。

在一线城市的写字楼租赁市场中，联合办公是增长最快的行业之一，从几年前的几个共享办公地点扩张至在主要城市有将近 600 个联合办公运营点。未来，在一系列利好条件支持下，联合办公行业将继续扩张发展，其中包括：空间、设计、设施、技术、社区网络和服务的提升；企业和风投公司的资本投入；更多的跨国公司寻求灵活的租赁条约和成本节约的办公方案，以及先进的技术推动联合办公变革。

3. 信息传输、软件和信息技术服务业

在 4 个一线城市中，信息传输、软件和信息技术服务业企业占比皆排名第三，但 4 个城市该类型企业近年来一直处于持续增长的情况。结合戴德梁行 2017 年对大中华区写字楼核心趋势的分析可见，在《中国制造 2025》出台的大背景下，TMT（Telecommunication，电信；Media，传媒；Technology，科技）产业中的大数据、人工智能、物联网以及新媒体，正搭乘快速发展的列车迅速扩张。

北京 CBD 信息传输、软件和信息技术服务业企业占全区企业的 3.58%，总数达 6971 家。北京被定位为全国科技创新中心，虽一直受

TMT行业青睐，但是因望京－酒仙桥商圈科技商务创新区的定位和中关村的存在，因此，并未出现TMT企业扎堆现象。在上海浦东新区，TMT企业也占据很大的市场份额，达总企业数量的8%，数量多达16539家。随着深圳TMT行业的高速发展，投入资金及从业人员素质不断提高，TMT企业对办公环境的要求也越来越高。伴随当前互联网金融的火热发展，金融与科技的融合愈加紧密，互联网公司也多选择落户于金融公司扎堆的福田区，以便与金融企业进行深度协作与融合。广州天河区信息传输、软件和信息技术服务企业占比高达12%，达到16479家。产业结构的升级和招商引资的持续发力推动了TMT企业在广州的扩张。

在TMT领域，中国的科技行业拥有广阔的业务空间。近年来，中国蓬勃发展的科技行业取得了惊人的增长。未来，这一领域的成熟公司仍有巨大的发展空间，其中两个重要的原因是：第一，目前我国在线人数已经达到7.72亿人。但中国的网络普及率仍然很低，只有54.6%。随着越来越多的用户上网，必然会产生更多的客户、销售和数据，将促进科技公司的发展。第二，中国的科技公司正在不断创新，这一点只需要看看中国那些领先的科技公司和独角兽公司就可以证实。随着技术研发支出的增长和新技术相关产品和服务的生产，科技领域的业务将继续壮大；而且伴随着国家对科技创新的大力支持以及互联网金融行业发展的逐步规范，预计未来来自TMT企业的需求将对甲级写字楼市场形成有力的支撑。

4. 金融业

2017年一线城市的金融企业数量与上一年相比涨幅不大，北京朝阳区金融企业数量约占1.3%，达2533家。由于北京CBD楼宇租金相对于其他区更有竞争力，因此，该区是金融企业青睐之地。2017年，该区新增5家标志性金融机构，"独角兽"企业24家。上海浦东新区仍是央企总部、全球资产管理机构、国际性贸易平台的首选区域。2017年，该区吸引新增扩大开放项目400个，累计达到2390个。中央国债登记结算公司上海总部、中债金融估值中心、中债担保品业务中心落户，香港与内地债券市场互联互通合作正式上线，持牌类金融机构新增38家，累计超过1000家。上海将进一步扩大金融业对外开放，包括银行业、证券业和保险业，支持外国银行在上海同时设立分行和子行。同时，支持在沪设立外资控股证券公司、基金公司和期货公司。这些政策无疑将进一步刺激金融行业未来的发展。深圳金融业近年来得到迅猛发展。2017年，金融业增加值同比增长5.7%，占全年GDP的13.6%；福田区持牌金融机构超过430家，占全区企业数的2%，证券业营业收入居全国第二。在深圳金融业快速发展的同时，诸多外地金融机构也选择落户深圳，多方因素共同催生对深圳甲级写字楼市场的需求。2017年，广州天河区天河基金和天河一号、二号基金正式运行，累计投资创新创业项目8个，撬动社会创投资金近8亿元。设立全国首座风投大厦，出台专项扶持政策，全区集聚风投创投机构319家，占广州市的47.3%。但是受行业监管趋严、金融行业结构调整等影响，企业扩张非常谨慎，行业发展回归理性，与上一年度相比，金融企业数量仅有轻微上浮，为2016家。

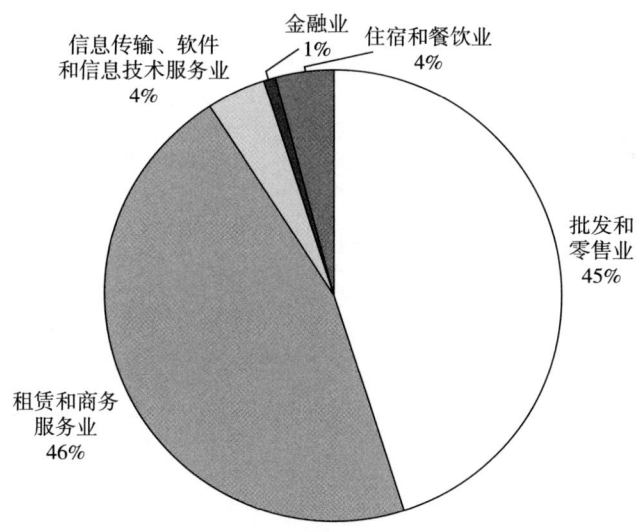

图2　北京朝阳区分行业企业续存量

资料来源：量子数聚公司。

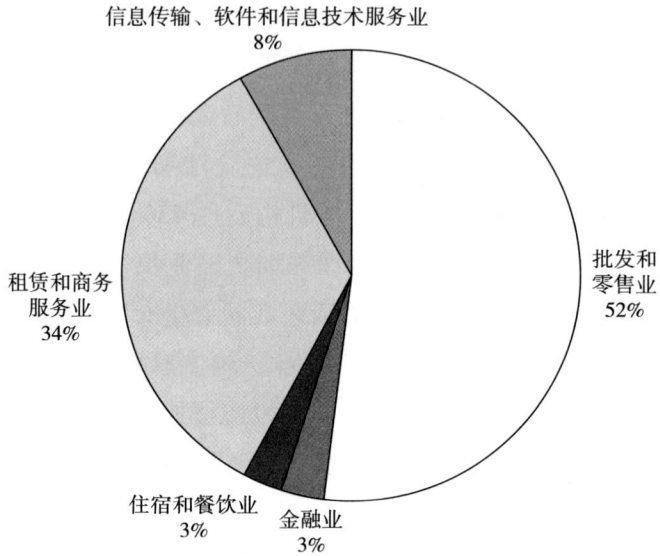

图 3　上海浦东新区分行业企业续存量

资料来源：量子数聚公司。

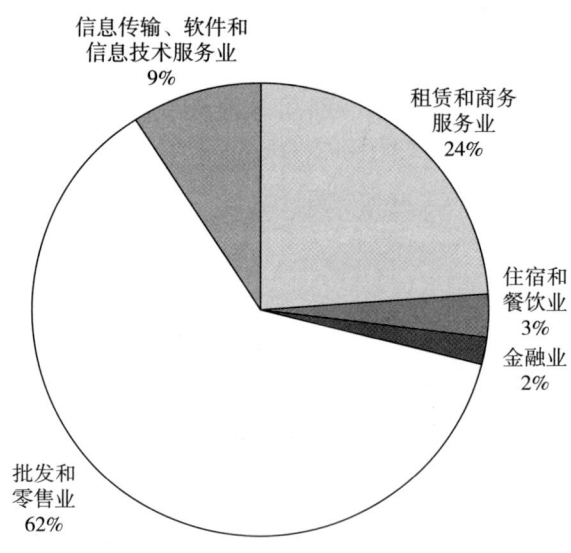

图 4　深圳福田区分行业企业续存量

资料来源：量子数聚公司。

中央商务区楼宇经济指数分析

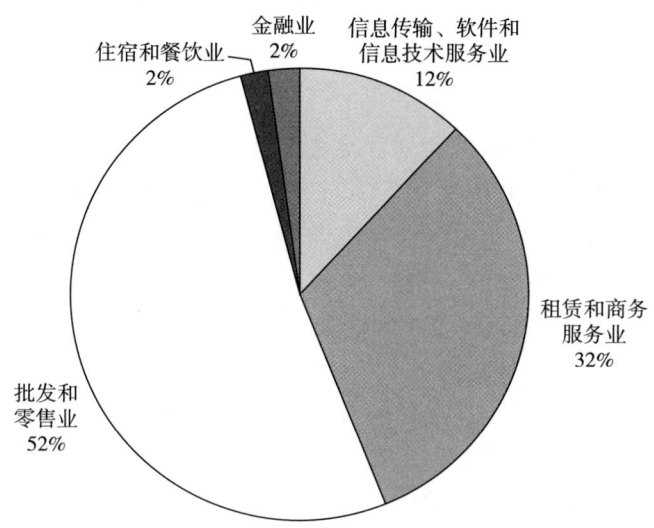

图 5　广州天河区分行业企业续存量

资料来源：量子数聚公司。

（二）新一线城市产业分析

新一线城市CBD各行业企业续存量见图6～图14。

1. 批发和零售业

与一线城市趋势相同，在新一线城市的多个中央商务区中，批发和零售业企业数量占比大多在50%左右。各地区政府工作报告披露，2017年全年，西安碑林区社会消费品零售总额完成551.88亿元，同比增长9.6%；重庆渝中区商品销售总额实现3390亿元，同比增长13%；武汉江汉区社会消费品零售总额1098亿元，同比增长10.2%；成都锦江区社会消费品零售总额达到1043.3亿元，增长9.8%；长沙芙蓉区社会消费品零售总额871亿元，同比增长10.4%。不难发现，各地社会消费品零售总额涨幅均接近10%，在互联网零售刺激下，各地企业通过运用大数据、人工智能等先进技术手段,对商品流通与销售过程进行升级改造,大力发展体验式、服务型消费模式和业态,发展新零售,带动更多的消费。消费正在成为经济增长的重要贡献力量。

2. 租赁和商务服务业

9个新一线城市CBD的租赁和商务服务业占比都超过20%。南京建邺区租赁和商务服务业占比达到83%,为所有新一线城市最高。2017年,南京建邺区全国首家法律服务产业园挂牌成立,集聚知名法律服务机构90余家。成都锦江区租赁和商务服务业占比高达43%,仅次于南京建邺区。联合办公对写字楼的需求大幅度增长,令专业服务业成为成都锦江区过去一年中需求占比排名第一的行业。重庆渝中区租赁和商务服务业企业占比也比较高,依托区域品牌机构集聚优势,该区打造了全市涉外法律服务的示范高地,从而推进法律、会计、咨询、评估、评级等行业专业化、规模化发展,同时新引进德勤审计全球交付中心等品牌专业服务机构10家、总数达121家,入驻沪江网、阿里巴巴新外贸本地化服务中心等企业220余家。

3. 信息传输、软件和信息技术服务业

信息传输、软件和信息技术服务业在重庆渝中区占比最高,达到18%。数量上,西安碑林区拥有4563家信息传输、软件和信息技术服务企业,占9个新一线城市之首。在行业需求快速发展的带动下,西安碑林区成为TMT企业集聚的主要区域。

4. 金融业

近年来,各城市中央商务区对金融业的重视并未因为监管升级和金融去杠杆减弱。在新一线城市中,天津滨海新区上市挂牌企业达到268家,较5年前增长4.8倍,科技金融、农业金融、绿色金融、普惠金融加快发展。南京建邺区积极推进基金街区建设,新引进落地金融及准金融机构60家,2家金融机构主板挂牌上市,2017年新增上市企业数居全市第一位,"数字经济总部"集聚效应明显。重庆渝中区新引进金交所、鈊渝金融租赁等市级以上金融机构10家,总数达166家,新兴金融业营业收入达23亿元,保险业保费收入达210亿元。2017年成都锦江区培育出四川普瑞照明等准"独角兽"企业4家,成都紫极伟业科技等"独角兽"种子企业14家,签约引进哈罗出行等新经济龙头企业4家。本土企业成长表现也十分抢眼,驹马物流完成15亿元C轮融资,成为实际上的"独角兽"企业;锦欣医疗集团实现国际并购,完成投融资10亿元,成为改制后成长并"走出去"的行业龙头。成功引进瓜子融资租赁等金融机构43家,万商云集、新威环境新三板挂牌,新希望乳业获批中小板上市。长沙芙蓉区2017年促使湖南担保、泰康人寿、潇湘支付等金融机构相继落户,引进私募股权基金7家。实现绝味食品A股主板上市、咖啡之翼新三板挂牌。

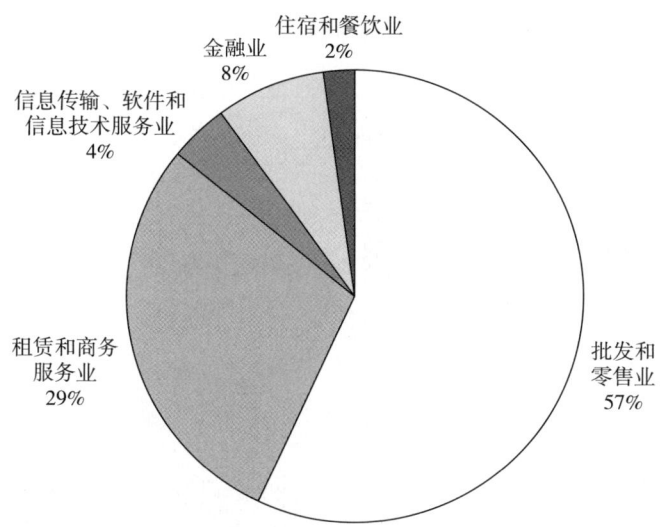

图6 天津滨海新区分行业企业续存量

资料来源:量子数聚公司提供。

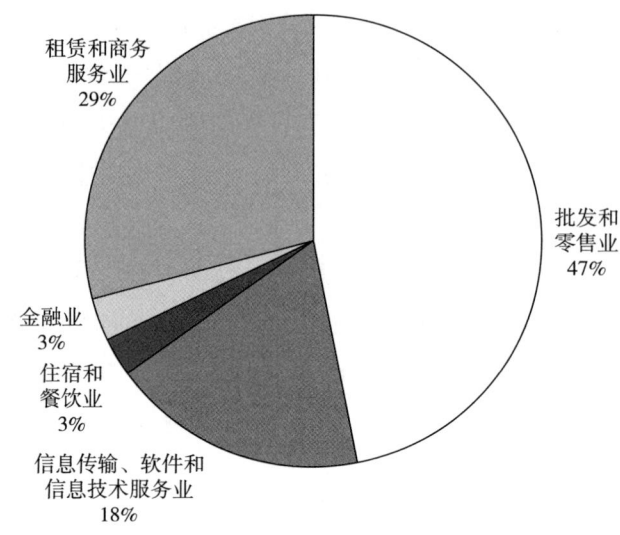

图 7　重庆渝中区分行业企业续存量

资料来源：量子数聚公司提供。

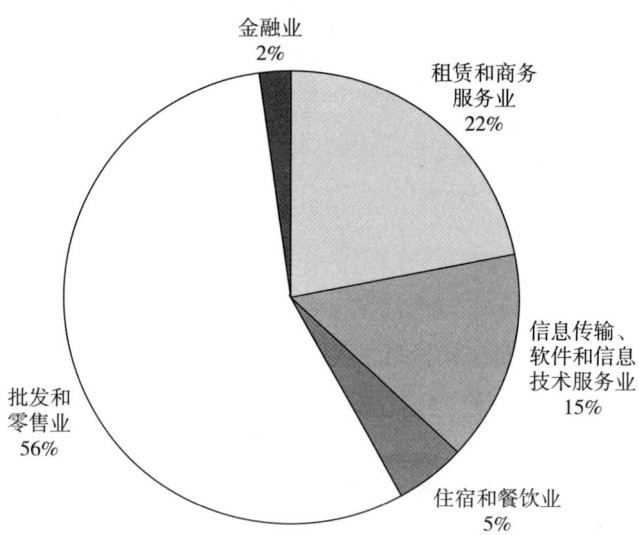

图 8　西安碑林区分行业企业续存量

资料来源：量子数聚公司提供。

中央商务区楼宇经济指数分析

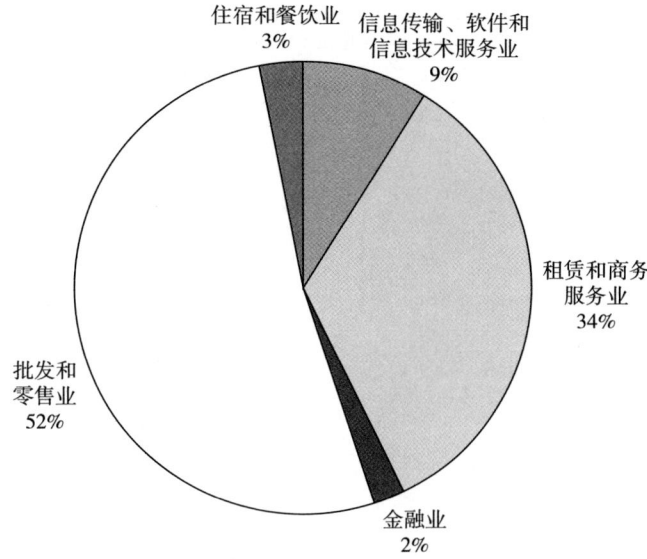

图9　武汉江汉区分行业企业续存量

资料来源：量子数聚公司提供。

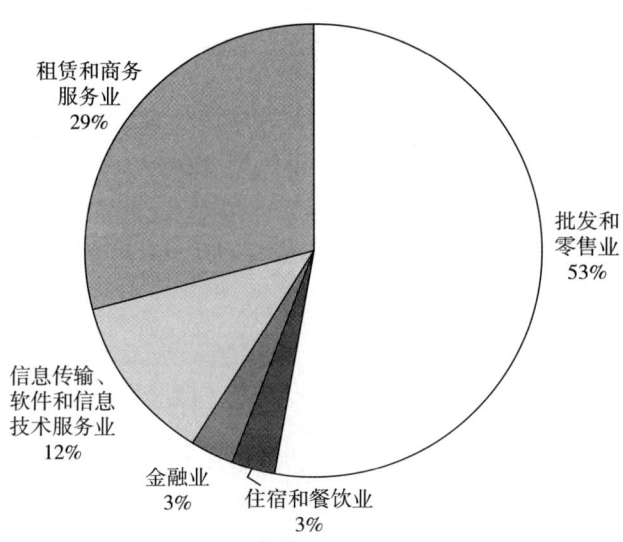

图10　杭州下城区分行业企业续存量

资料来源：量子数聚公司提供。

129

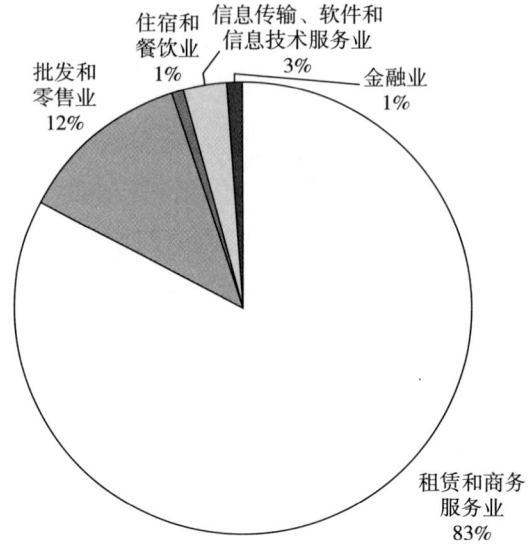

图 11　南京建邺区分行业企业续存量

资料来源：量子数聚公司提供。

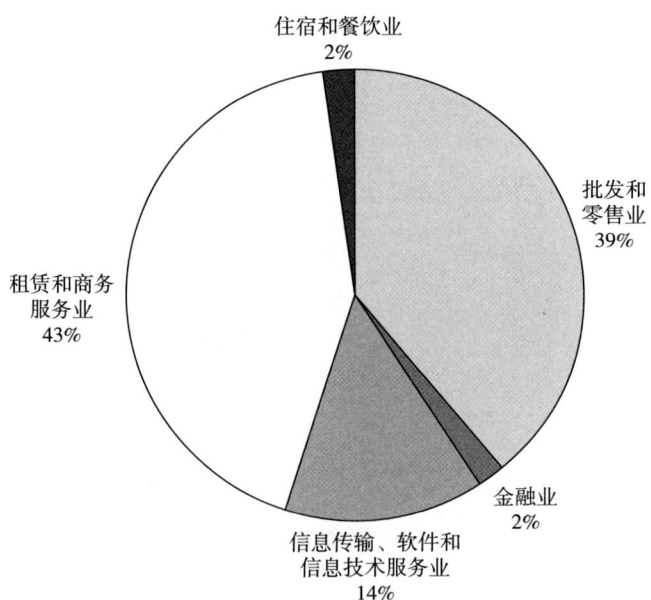

图 12　成都锦江区分行业企业续存量

资料来源：量子数聚公司提供。

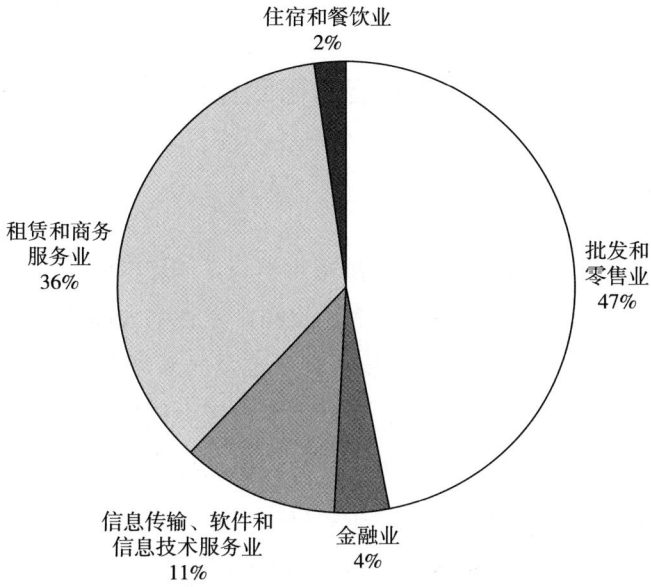

图 13　长沙芙蓉区分行业企业续存量

资料来源：量子数聚公司提供。

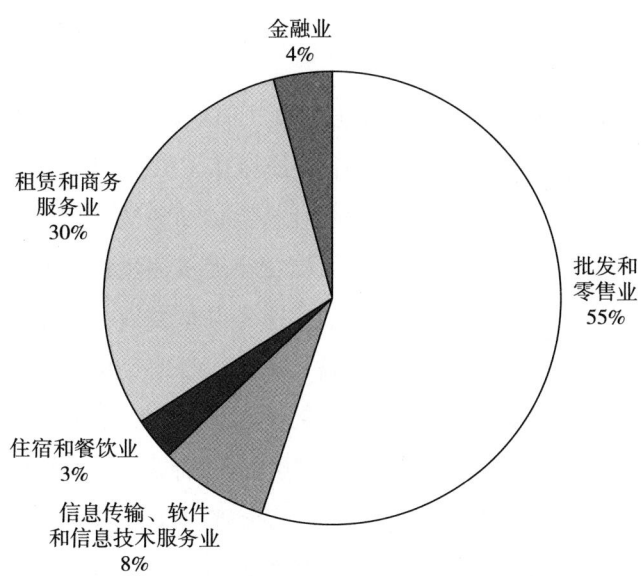

图 14　沈阳沈河区分行业企业续存量

资料来源：量子数聚公司提供。

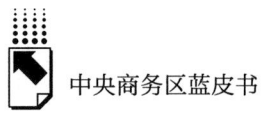
中央商务区蓝皮书

五 基本结论与政策建议

(一)基本结论

经过多年的发展,我国楼宇经济建设取得了重大的成绩。纳税贡献额、税收亿元楼数增加较多,楼宇租金有所提高,空置率大部分有一定程度的下降。而在未来三年,不少 CBD 依然还有一定量的新增写字楼入市,库存问题依然严峻。不过值得关注的是,虽然去库存压力依然存在,但是新一线城市未来三年即将交付的重大写字楼项目平均值已降到了 2 座,说明盲目跟风的楼宇建设步伐已经放缓,新的楼宇建设中更注重从功能的突出、客户的定位以及差异化中寻求突破以求得更好的发展。在对 CBD 的规划上,各级地方政府已不再单纯对量进行追逐,更多的是对公共设施、绿地建设的重视,使 CBD 更加具有活力、富有效率。

(二)政策建议

本报告通过采用北京市哲学社会科学 CBD 发展研究基地历年对城市 CBD 数据的搜集与整理,对全国 13 个一线城市 CBD 及新一线城市 CBD 的规模以上企业数、总部企业数、税收亿元楼数、商务楼宇数、重大项目数进行测度。发现城市化进程的加快促使我国楼宇经济逐步将发展方向转换为软件、环境、服务,使之与生产、生活、生态等并举发展,在提升经济效益的同时提升社会、人文、生态等多重效益。因此,楼宇经济的发展态势逐步转变为硬件智能化、软件个性化、诉求多元化;形成载体、功能、产业、要素、空间、模式、物业、管理效益等全方位的升级,步入发展的"2.0 时代"。虽然楼宇经济的发展方式取得了新的突破,并且态势良好,但是地区间的发展差异依然很大,所面临的问题依然值得讨论。因此,我们给出了以下政策建议。

1. 完善组织体制机制，精准发力楼宇经济

力推楼宇经济涉及方方面面，顶层设计科学与否直接影响楼宇经济的发展，为此，应当加快建设完善"三大系统"：一是建设组织推进系统。尽快建立市、区、街道三级楼宇经济发展推进工作机构，研究协调解决楼宇经济发展中遇到的重大问题。二是完善统计信息系统。将楼宇及入驻企业信息全部纳入系统，科学制定统计指标，定期发布，掌握运营情况。三是完善管理考核系统。将楼宇平均入驻率、企业注册率、税收贡献率、重点楼宇培育、信息平台建设等楼宇经济发展情况，以及招商、盘活、提升楼宇经济发展情况，培育重点楼宇、特色楼宇的服务指导情况纳入对市相关部门工作考核和年终考核的重点，以点评、排名、通报等形式，促使各部门关心楼宇经济发展。

2. 围绕主城转型发展，高点谋划空间布局

一要科学制定规划。本着集约节约土地的要求，编制区域性控制详规等专项规划，对楼宇群的布局规划、功能划分、产业导向、政策协调等做出长远安排。注重统筹考虑高点定位特色片区。二要优化空间布局。结合"十三五"规划和现代服务业发展规划，高起点超前规划商务楼宇和工业标准厂房的地块，以连片发展专业主题、现代服务业集聚区的思路，抓好布局定位，采取政府主导和市场化运作相结合的方式，推动一批有产业主题和实质内容的载体项目快速建设。三要引导错位发展。按照"有序分布、错位发展、互动关联、集聚集群"原则，加强规划布局的"硬约束"，确保规划的刚性实施，引导各区域错位发展，避免同质化竞争。四要创建发展特色。要走融合发展之路，努力形成"特色市场＋楼宇""特色园区＋楼宇""特色产业＋楼宇"同步发展。要集聚创新创业资源，快速建成运行一批楼宇产业示范项目，引导中小企业"上楼"集聚，培育"创客"创业的"孵化器"。

3. 强化招商优化业态，提高楼宇产出贡献

要把招商引资引导作为发展楼宇经济的重中之重，不断提高楼宇企业入驻率和贡献率。一是明确招商方向。积极通过委托招商、代理招商、联合招商的方式，深入金融、信息、研发、电商等重点领域企业进行"登门招商"，提高招商针对性和实效。积极引进专业化招商团队，引导成立专业招商机构，

鼓励招商外包，开展委托招商。二是鼓励主辅分离。在外引的同时，加大内部培育也很重要。鼓励本地民营企业进行主辅分离，将研发、设计、销售等从生产环节分离出来，进入商务楼宇。同时，鼓励入驻企业变租为买，将租金转化为分期付款，以更好地留住企业。三是积极推进总部经济。既要千方百计从市外引进企业总部，又要留住现有的大企业、好企业的总部，尽力避免"鱼养大了游别处"现象，鼓励这些企业将总部搬入商务楼宇中。

4. 改造完善软硬设施，拓展功能提升品质

要通过软硬设施的改造，植入功能平台，不断提升楼宇品质，增强企业吸附力。一是抓好楼宇品质。探索区、街道、楼宇物业（业主）三级改造联动机制，培育、引进高水平物管公司，对楼宇进行专业化、精品化管理。二是加强政府服务。政府要建立楼宇沟通联系制度，通过服务流程再造，将企业服务功能向楼宇延伸，与楼宇业主或物管团队建立常态化联系机制，积极帮助解决楼宇建设和招商过程中的困难和问题。

5. 融合"互联网+"楼宇经济，积极发展智能楼宇

楼宇行业智能、绿色建筑的蓬勃发展，昭示"互联网+"时代已经到来，成为一种趋势。"互联网+"将推动楼宇向系统高度集成、主动能源管理和云服务三大趋势发展。要树立大数据思维、共享经济思维、用户至上思维。有条件的中央商务区可把闲置的楼宇库存、企业中价值很低的碎片资源通过互联网汇聚起来，进行激活和赋能，使之转化为对闲置资源高效配置的效能经济，变成巨大的商业力量，使以前单纯地追求场地、租金到追求创意创新、资源对接、空间共享。打破传统写字楼相对封闭的圈层关系，实现资源、信息、人脉的共享，运用互联网推进楼宇经济发展。

参考文献

[1] 蒋三庚等：《中国特大城市中央商务区（CBD）经济社会发展研究》，首都经济贸易大学出版社，2017。

［2］蒋三庚主编《中央商务区产业发展报告（2018）》，社会科学文献出版社，2018。

［3］郭亮、单菁菁主编《中国商务中心区发展报告 No.4（2018）》，社会科学文献出版社，2018。

［4］王萍、王维安：《楼宇经济——都市商务的造厂运动》，世联地产顾问股份有限公司，2011。

［5］夏效鸿：《"e"时代楼宇经济新变革》，《浙江日报》2016年11月11日。

［6］张建：《关于打造天津楼宇经济的调查思考》，《生产力研究》2006年第5期。

［7］刘黎、徐逸伦、张敏：《中小城市楼宇经济发展的可行性分析——以浙江海宁市为例》，《现代城市研究》2009年第8期。

［8］杨丽、胡德斌、孔艳华：《中国楼宇经济发展的几个重要问题》，《经济问题探索》2004年第8期。

［9］毕波、吴晓雷：《城市楼宇经济空间布局的研究与思考》，《规划师》2006年第S2期。

［10］黄鹤群：《"互联网+"：楼宇经济转型升级的新空间——以南通市主城区楼宇经济发展为例》，《现代经济探讨》2017年第4期。

B.5
中央商务区营商环境指数分析

王雪祺*

摘　要： 中央商务区需要一个稳定的公平透明、可预期的营商环境。营商环境是反映一个地区内企业经营环境优劣的重要指标，很大程度上影响了该地区的经济发展。本报告以中央商务区营商环境作为研究对象，构建中央商务区经济与产业结构、人口与生活环境、商业运作环境指数体系并进行计算，分析表明各CBD营商环境总体表现良好，诸多CBD在人均GDP、人均可支配收入、林木绿化率、金融机构贷款余额、财政收入支持能力等方面表现突出，对CBD发展提供了很好的支撑。最后报告提出对标国际标准，提升营商环境品质；加强对外开放、减少贸易摩擦；加强知识产权创造、应用和保护；提高金融市场利用效率，严控金融风险；加强人才引进和储备；加强法治化、便利化建设，提升市场化水平等建议。

关键词： 营商环境　中央商务区　法治化发展　营商环境指数

2019年3月5日，李克强总理在政府工作报告中强调，要激发市场主体活力，着力优化营商环境。营造良好的营商环境，降低企业开办成本，促

---

* 王雪祺，河北金融学院讲师，首都经济贸易大学博士研究生，主要研究领域为区域金融、劳动关系。

进创新创业，是增加外商直接投资、吸引国内外资本流入的关键因素，也是在市场化条件下地区经济发展的重要推动力。影响营商环境的因素很多，本报告从经济与产业结构环境、人口与生活环境和商业运作环境三个方面，解析我国 13 个中央商务区的营商环境情况，并提出对策建议。

营商环境可以简单地概括为区域内企业开办、经营活动所面临的一系列制度、经济、政治等环境，对企业活动有关键性的影响。具体来说，营商环境指企业外部影响企业经营发展的各种因素的总称。从企业角度看，该地区的宏观经济环境必然对其经营产生影响，包括经济发展、产业结构环境和人口与生活环境。营商环境还可能从以下几个方面影响企业活动：一是对企业经营的便利程度的影响，包括企业开办、纳税、上市等发展环节及程序，最终影响该区域内企业的经营效率；二是金融资源获取和使用的便利程度的影响，包括借贷的便利程度，多层次资本市场的利用效率，天使投资、风险投资的引入程度，产业基金的发展程度等。企业发展离不开融资，发达完善的金融体系是营商环境中的重要方面。三是该地区的对外开放程度以及政府对改善营商环境的支持力度等。

由于营商环境的重要性，如何衡量和比较营商环境则成为学界、政府和企业家关心的话题。本报告就对中央商务区的营商环境进行分析。

一 中央商务区营商环境指数的构建

（一）样本选取

本报告确定了 13 个城市 CBD 作为营商指数构建的目标城市 CBD，包括 4 个一线城市 CBD、9 个新一线城市 CBD。

（二）数据来源和说明

如前文所示，为了保持数据的权威性和研究的科学性，本研究采用的数据主要来自 13 个城市的年度统计年鉴和《中国城市统计年鉴》，部分缺失数据通过13个城市的《国民经济和社会发展统计公报》进行补充，个别数据来源于该地区政府工作报告。本研究使用2016~2018年统计年鉴，其中的数据为2015~2017年。

（三）指标遴选

本报告选取了13个CBD，主要依靠统计数据而非调研数据进行指标的测算。某些数据由于获取困难，选取了CBD所在城市的数据进行测算。

兼顾13个CBD实际情况和数据的可得性，本文对《中央商务区产业发展报告（2018）》中《中央商务区营商环境指数研究》一文确定的指标进行补充和进一步修正，将营商环境指数分为经济与产业结构环境指标、人口与生活环境指标以及商业运作环境指标3个一级指标和12个二级指标，如表1所示。研究中除特别说明外，采取CBD所在城区指标。

下面是部分指标的相关说明。

1. 经济与产业结构环境指标

经济与产业结构环境指标是营商环境的重要衡量指标之一，主要包括反映该地区经济运行和产业结构情况的指标。

（1）GDP总量，是按市场价格计算的CBD所有常驻单位在一定时期内生产活动的最终成果。反映该地区的总体经济规模。该指标为正向指标。

（2）人均GDP，是生产总值与所属范围内常住人口的比。反映该地区人均GDP水平，也在一定程度上反映了社会公平状况。该指标为正向指标，指标越大，在一定程度上说明人均生产效率越高。

（3）第三产业产值占GDP的比重。CBD属于高端商务区，以前沿第三产业为特征，该指标能够较好地反映CBD所在城区的产业结构情况。该指标为正向指标，指标越大，产业结构越优化。

（4）每万人专利授权量。正向指标，在一定程度上反映技术要素市场的发育程度。每万人专利授权量越大，说明该地区科技创新潜力越大，产业结构进一步优化的潜力越大。

2. 人口与生活环境指标

人口与生活环境指标指该地区的人口环境和生活居住环境情况，包括常住人口、城镇居民人均可支配收入、林木绿化率、每千人医院床位数四个指标。对企业开展经营，尤其是企业员工日常生活有重要影响，进一步影响该区域的招商引资情况。

（1）常住人口。常住人口指全年经常在家或在家居住5个月以上的人口，也包括在所在城市居住的流动人口。常住人口在一定程度上能够反映该地区劳动力情况和消费潜力情况，为正向指标。

（2）城镇居民人均可支配收入。反映该地区的消费潜力指标，为正向指标。

（3）林木绿化率。一定程度上反映该地区生态环境以及政府提升生态环境的力度，为正向指标。

（4）每千人医院床位数。在一定程度上反映该地区的医疗条件，是企业员工生活环境的重要影响指标之一，为正向指标。

3. 商业运作环境指标

商业运作环境指标是反映地区整体商业运作环境的指标，包括对外资的利用环境、金融环境、财政收入支持环境、物流环境等。

（1）实际利用外资金额。实际利用外资金额，是指在和外商签订合同后，实际到达的外资款项。只有实际利用外资金额才能真正体现外资利用水平。这一指标为正向指标，指标越大，说明对外经贸合作度越高、国际化程度越高。需要说明的是，此处未选择进出口额进行核算，考虑到CBD所在城区第三产业较多，所以选择了实际利用外资金额。

（2）金融机构贷款余额。在一定程度上反映社会融资规模和企业融资难度，是表现资本要素市场的正向指标。

（3）财政收入支持能力。反映地区为提升营商环境能够使用的资金支持能力，为正向指标。

（4）城市货物运输量。正向指标，一定程度上反映地区的交通便利情况和物流情况，是CBD所在城区发展的重要指标之一。

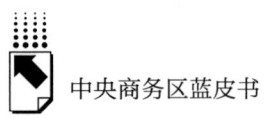

表1 中央商务区营商环境指数指标体系

一级指标	二级指标	指标解释
经济与产业结构环境指标	GDP总量	CBD所在城区生产总值,使用城区数据
	人均GDP	CBD所在城区生产总值/常住人口,使用城区数据
	第三产业产值占GDP的比重	第三产业产值/GDP,使用城区数据
	每万人专利授权量	专利授权量/常住人口,使用城区数据
人口与生活环境指标	常住人口	使用城区数据
	城镇居民人均可支配收入	使用城区数据
	林木绿化率	使用城区数据
	每千人医院床位数	医院床位数/常住人口,使用城区数据
商业运作环境指标	实际利用外资金额	使用城区数据
	金融机构贷款余额	使用城市数据
	财政收入支持能力	地方一般预算收入/GDP,使用城区数据
	城市货物运输量	使用城市数据

二 营商环境指数测度结果与分析

（一）指数测度结果分析

根据熵值法的原理,分别测度出2015~2017年13个城市CBD营商环境指数的分项指标和综合指标得分及排名,见表2。

表2 13个CBD所在城区营商环境指数分项指标指数及综合指数（2015~2017年）

单位：得分

年份	城市类别	CBD所在城区	经济与产业结构环境指数	人口与生活环境指数	商业运作环境指数	综合指数	排名
2017	一线城市	北京朝阳区	5.5793	5.6911	5.5378	16.8082	2
		上海浦东新区	5.6126	5.4900	5.8659	16.9685	1
		广州天河区	5.6940	5.3384	5.3953	16.4277	4
		深圳福田区	5.7923	5.4830	5.2211	16.4964	3

中央商务区营商环境指数分析

续表

年份	城市类别	CBD 所在城区	经济与产业结构环境指数	人口与生活环境指数	商业运作环境指数	综合指数	排名
2017	新一线城市	天津滨海新区	5.5311	5.2122	5.5503	16.2936	1
		西安碑林区	5.2492	5.2724	5.0611	15.5827	8
		成都锦江区	5.2986	5.3565	5.1780	15.8331	6
		杭州下城区	5.4634	5.3278	5.2108	16.0020	3
		南京建邺区	5.1976	5.3544	5.2659	15.8179	7
		沈阳沈河区	5.1773	5.2192	5.0918	15.4883	9
		武汉江汉区	5.3584	5.2299	5.2811	15.8694	5
		长沙芙蓉区	5.4420	5.4339	5.1022	15.9781	4
		重庆渝中区	5.3565	5.3211	5.3824	16.0600	2
2016	一线城市	北京朝阳区	5.5262	5.6832	5.6130	16.8224	1
		上海浦东新区	5.4510	5.4997	5.8287	16.7794	2
		广州天河区	5.6740	5.3513	5.3975	16.4228	4
		深圳福田区	5.8160	5.4912	5.2111	16.5183	3
	新一线城市	天津滨海新区	5.5850	5.2454	5.6492	16.4796	1
		西安碑林区	5.2718	5.3046	5.0617	15.6381	8
		成都锦江区	5.2739	5.3415	5.1737	15.7891	5
		杭州下城区	5.4612	5.3169	5.1761	15.9542	3
		南京建邺区	5.1660	5.3238	5.1973	15.6871	7
		沈阳沈河区	5.1833	5.2608	5.0759	15.5200	9
		武汉江汉区	5.3110	5.2305	5.2297	15.7712	6
		长沙芙蓉区	5.4308	5.4175	5.0942	15.9425	4
		重庆渝中区	5.3510	5.3283	5.3789	16.0582	2
2015	一线城市	北京朝阳区	5.4835	5.6725	5.5251	16.6811	1
		上海浦东新区	5.4381	5.4775	5.7400	16.6556	2
		广州天河区	5.5113	5.3432	5.3950	16.2495	4
		深圳福田区	5.6786	5.4645	5.2179	16.3610	3
	新一线城市	天津滨海新区	5.6734	5.2196	5.5976	16.4906	1
		西安碑林区	5.2390	5.3574	5.1682	15.7646	5
		成都锦江区	5.2780	5.3160	5.1636	15.7576	6

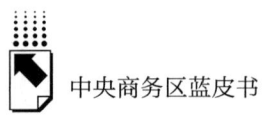

续表

年份	城市类别	CBD所在城区	经济与产业结构环境指数	人口与生活环境指数	商业运作环境指数	综合指数	排名
2015	新一线城市	杭州下城区	5.4523	5.3126	5.2324	15.9973	3
		南京建邺区	5.1723	5.3004	5.2593	15.7320	7
		沈阳沈河区	5.1965	5.2953	5.0848	15.5766	9
		武汉江汉区	5.2763	5.2198	5.2078	15.7039	8
		长沙芙蓉区	5.3300	5.4465	5.0878	15.8643	4
		重庆渝中区	5.2887	5.3321	5.4328	16.0536	2

注：本文数据来自各CBD所在城市2014~2018年的统计年鉴及各地区国民经济与社会发展统计公报。后文图表如无特殊说明，资料来源同此。

在一线城市中，各CBD营商环境总体表现良好，得分较高。2015~2016年，北京朝阳区表现最好，2017年，上海浦东新区超过北京朝阳区跃至第一位，深圳福田区、广州天河区紧随其后。就各分指数来看，在经济和产业结构环境指数中，深圳福田区一直处于领先地位，得益于其较高的人均GDP、第三产业产值占GDP的比重及每万人专利授权量，这些指标表现良好；在人口与生活环境指数中，北京朝阳区处于领先地位，尤其是林木绿化率在13个CBD中得分最高；在商业运作环境指数中，上海浦东新区处于领先地位，实际利用外资金额增长较快，金融机构贷款余额指标也表现良好。

在新一线城市中，9个CBD营商环境指数存在一定的差距。天津滨海新区综合指数得分较高，2015~2017年均处于领先地位，经济与产业结构环境指数与商业运作环境指数均表现良好，较为突出的是GDP总量指标、人均GDP指标、实际利用外资金额指标和财政收入支持能力指标。重庆渝中区、杭州下城区、长沙芙蓉区紧随其后。重庆渝中区三项一级指标表现较平均，无明显短板；杭州下城区在经济与产业结构环境指数上表现突出，尤其每万人专利授权量指标，2015~2016年仅低于深圳福田区，2017年低于深圳福田区和北京朝阳区，但与北京朝阳区相差不大；长沙芙蓉区在9个CBD中，人口与生活环境指数得分最高，林木绿化率、每千人医院床位数指标表现良好。

（二）经济与产业结构环境指数

2015~2017年13个CBD所在城区经济与产业结构环境指数见表3。

表3 13个CBD所在城区经济与产业结构环境指数（2015~2017年）

单位：得分

年份	城市类别	CBD所在城区	GDP总量	人均GDP	第三产业产值占GDP的比重	每万人专利授权量	经济与产业结构环境指数	排名
2017	一线城市	北京朝阳区	1.6104	1.4589	1.3512	1.1588	5.5793	4
		上海浦东新区	1.7400	1.5044	1.2673	1.1009	5.6126	3
		广州天河区	1.5668	1.6528	1.3491	1.1253	5.6940	2
		深圳福田区	1.5518	1.6472	1.3596	1.2338	5.7923	1
	新一线城市	天津滨海新区	1.6562	1.6222	1.1445	1.1083	5.5311	1
		西安碑林区	1.4566	1.4270	1.2900	1.0755	5.2492	7
		成都锦江区	1.4585	1.4320	1.3339	1.0741	5.2986	6
		杭州下城区	1.4562	1.4805	1.3682	1.1586	5.4634	2
		南京建邺区	1.4500	1.4415	1.1905	1.1155	5.1976	8
		沈阳沈河区	1.4580	1.3773	1.3118	1.0301	5.1773	9
		武汉江汉区	1.4653	1.4701	1.3558	1.0672	5.3584	4
		长沙芙蓉区	1.4705	1.5883	1.3218	1.0615	5.4420	3
		重庆渝中区	1.4641	1.4909	1.3734	1.0281	5.3565	5
2016	一线城市	北京朝阳区	1.4867	1.6481	1.2510	1.1404	5.5262	3
		上海浦东新区	1.6103	1.6077	1.1635	1.0695	5.4510	4
		广州天河区	1.4469	1.9072	1.2252	1.0947	5.6740	2
		深圳福田区	1.4389	1.9292	1.2416	1.2063	5.8160	1
	新一线城市	天津滨海新区	1.5415	1.8801	1.0451	1.1183	5.5850	1
		西安碑林区	1.3456	1.6140	1.1826	1.1295	5.2718	7
		成都锦江区	1.3487	1.6439	1.2197	1.0616	5.2739	6
		杭州下城区	1.3485	1.7118	1.2485	1.1524	5.4612	2
		南京建邺区	1.3419	1.6419	1.0859	1.0962	5.1660	9
		沈阳沈河区	1.3493	1.6241	1.2047	1.0053	5.1833	8
		武汉江汉区	1.3553	1.6784	1.2336	1.0437	5.3110	5
		长沙芙蓉区	1.3594	1.8279	1.2066	1.0368	5.4308	3
		重庆渝中区	1.3558	1.7259	1.2541	1.0151	5.3510	4

续表

年份	城市类别	CBD所在城区	GDP总量	人均GDP	第三产业产值占GDP的比重	每万人专利授权量	经济与产业结构环境指数	排名
2015	一线城市	北京朝阳区	1.6753	1.3100	1.2480	1.2503	5.4835	3
		上海浦东新区	1.7893	1.2926	1.1761	1.1800	5.4381	4
		广州天河区	1.6332	1.4435	1.2323	1.2023	5.5113	2
		深圳福田区	1.6268	1.4527	1.2518	1.3472	5.6786	1
	新一线城市	天津滨海新区	1.8374	1.5511	1.0535	1.2314	5.6734	1
		西安碑林区	1.5366	1.2977	1.2053	1.1995	5.2390	7
		成都锦江区	1.5397	1.3001	1.2311	1.2070	5.2780	5
		杭州下城区	1.5395	1.3407	1.2557	1.3165	5.4523	2
		南京建邺区	1.5311	1.3104	1.1086	1.2221	5.1723	9
		沈阳沈河区	1.5454	1.3007	1.2276	1.1227	5.1965	8
		武汉江汉区	1.5452	1.3220	1.2454	1.1638	5.2763	6
		长沙芙蓉区	1.5490	1.4000	1.2207	1.1603	5.3300	3
		重庆渝中区	1.5464	1.3467	1.2643	1.1313	5.2887	4

从经济与产业结构环境指数总体来看，2015~2017年三年排名变化较小。在一线城市中，深圳福田区在人均GDP、第三产业产值占GDP的比重、每万人专利授权量指标上表现优异，处于领跑地位。这反映出深圳福田区经济环境较优，产业结构合理。从2017年指标值看，上海浦东新区GDP总量最大，广州天河区人均GDP最高，深圳福田区在第三产业产值占GDP的比重、每万人专利授权量上得分最高，表现出良好的经济与产业结构环境和创新环境。

2015~2017年，在新一线城市中，天津滨海新区是唯一一个三年总分均在5.5以上的新一线城市CBD，得益于较大的GDP总量和较高的人均GDP，经济环境较好。杭州下城区和长沙芙蓉区排名第二、第三。2017年，武汉江汉区经济与产业结构环境有所提升，排名上升至第四位。

1. GDP总量

GDP总量是反映一个地区经济规模的重要指标，直接或间接对地区营商环境产生重要影响。

中央商务区营商环境指数分析

从2014~2017年13个CBD所在城区GDP总量的比较（见图1）来看，各商务区基本保持逐年增长趋势，天津滨海新区GDP总量2016年经过调整，为6554亿元人民币，2017年保持上升趋势。北京朝阳区、上海浦东新区和天津滨海新区的GDP总量基本高于5000亿元，深圳福田区和广州天河区也基本保持在3000亿元以上，与其他CBD所在城区相比存在较大差异。2017年，上海浦东新区GDP总量第一，为9561.39亿元（见表4），占上海市GDP总量的约31%，较2016年上升8个百分点。新一线城市除天津滨海新区和长沙芙蓉区外，GDP总量均在1300亿元以下。

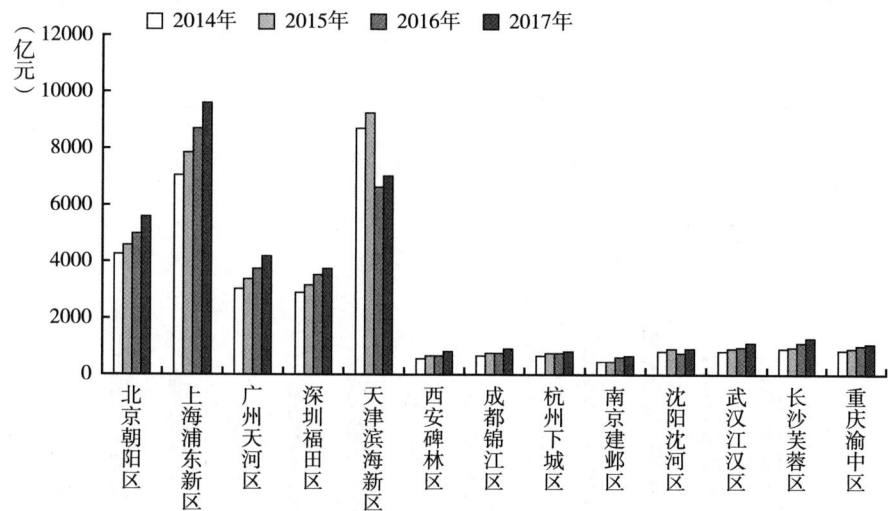

图1　CBD所在城区GDP总量（2014~2017年）

表4　2014~2017年一线城市各CBD所在城区的GDP总量

单位：亿元

CBD所在城区	2014年	2015年	2016年	2017年
北京朝阳区	4337.33	4640.17	5001.60	5635.48
上海浦东新区	7109.74	7898.35	8731.84	9561.39
广州天河区	3109.71	3438.65	3800.82	4285.62
深圳福田区	2959.04	3256.15	3557.29	3820.57

2. 人均GDP

从人均GDP情况来分析（见图2），广州天河区、深圳福田区、天津滨海新区、长沙芙蓉区处于前列，2017年均达到20万元以上。尤其是深圳福田区和广州天河区，增速稳定且规模较大。北京朝阳区和上海浦东新区由于人口基数大，人均GDP落后于武汉江汉区、长沙芙蓉区、重庆渝中区、杭州下城区等中央商务区，但上海浦东新区2017年人均GDP有较大增长。同时，除天津滨海新区于2016年调整GDP后人均GDP下降外，其发展趋势基本与GDP总量一致，呈逐年增长趋势。人均GDP这一指标本身具有社会公平和平等的含义，构成了一国居民人均收入和生活水平的主要物质基础，是提高居民人均收入水平、生活水平的重要参照指标。从这一角度看，广州天河区、深圳福田区、天津滨海新区、长沙芙蓉区处于较优地位。

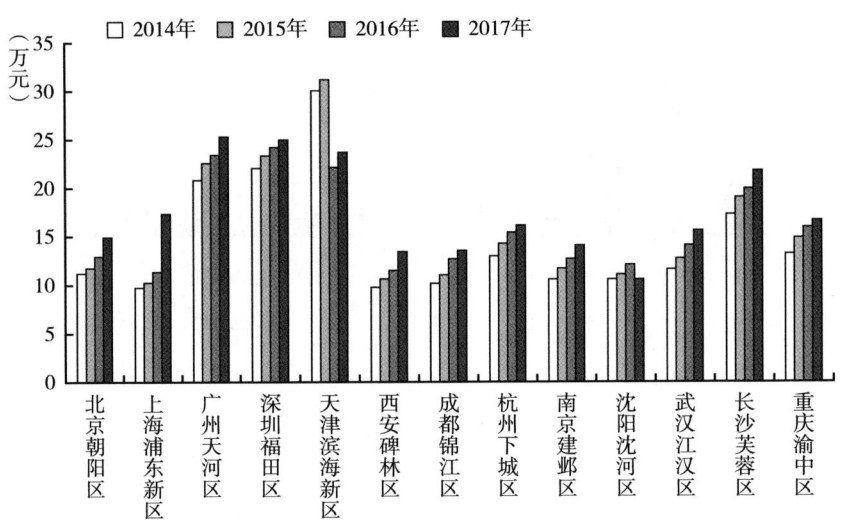

图2　各CBD所在城区人均GDP（2014～2017年）

3. 第三产业产值占GDP的比重

一国或者地区产业结构由第一产业向第二产业和第三产业逐步转移的过程，往往是产业结构优化的过程。2017年，中国第三产业产值占GDP的比重为51.6%，而美国第三产业产值占GDP的比重为80.05%，存在较大差距。中央商务区以第三产业为主导是其核心产业特征，主要包括金融服务、计算机服务和软件业等较为先进发达的第三产业。

就13个中央商务区统计数据分析，第三产业产值（见图3）从2014年至2017年基本呈逐年增长趋势，其中上海浦东新区、北京朝阳区总规模突出，北上广深津领跑。就第三产业产值占GDP的比重来看，2014～2017年呈逐年上升趋势。2017年，北京朝阳区、广州天河区、深圳福田区、重庆渝中区、杭州下城区、武汉江汉区都超过了90%（见图4）。第三产业产值规模较大的天津滨海新区第三产业产值占GDP的比重在50%以下，与其他地区形成较大差距。南京建邺区第三产业产值规模最小，且所占比重较低。

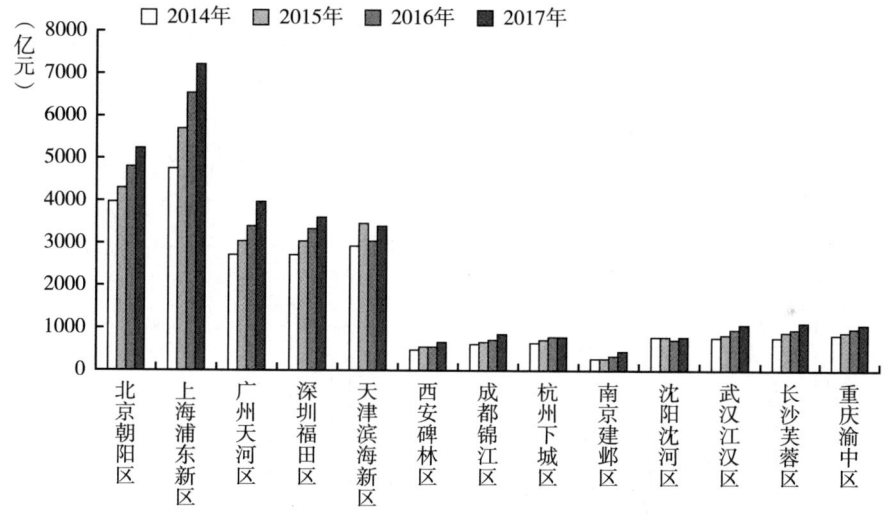

图3 CBD所在城区第三产业产值（2014～2017年）

4. 每万人专利授权量

每万人专利授权量是指每万人拥有经国内外知识产权行政部门授权且在有效期内的发明专利件数，是衡量一个国家或地区科研产出质量和市场应用水平的综合指标。如图5所示，杭州下城区和深圳福田区的该指标明显优于其他CBD所在城区。尤其是深圳福田区，2017年每万人专利授权量总量和

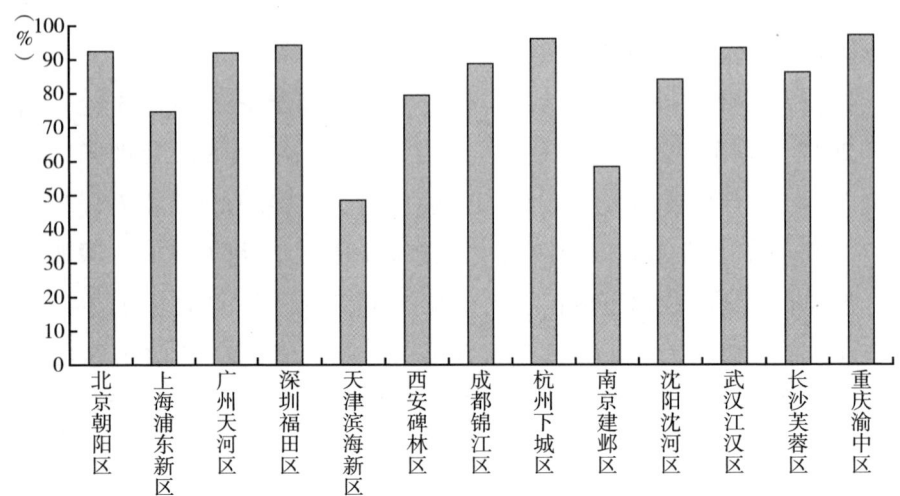

图 4　2017 年 13 个 CBD 所在城区第三产业产值占 GDP 的比重

增速都较为突出，总量达到 75.23 件（见表 5）。北京朝阳区、上海浦东新区、广州天河区等增速稳定。沈阳沈河区、重庆渝中区有待提高。

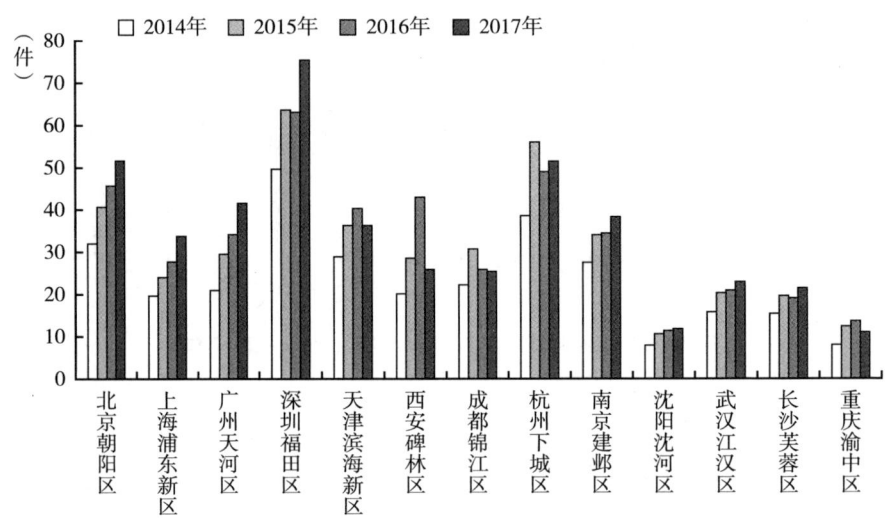

图 5　各 CBD 所在城区每万人专利授权量（2014～2017 年）

注：其中成都锦江区、长沙芙蓉区由于数据缺失，使用城市数据替代。

表5 各CBD所在城区每万人专利授权量（2014~2017年）

单位：件

CBD所在城区	2014年	2015年	2016年	2017年
深圳福田区	49.81	63.38	63.02	75.23
杭州下城区	38.42	56.19	49.19	51.85
北京朝阳区	32.16	40.71	46.11	51.93
天津滨海新区	28.96	36.30	40.45	36.22
上海浦东新区	19.99	24.29	27.95	33.92

（三）人口与生活环境指数

常住人口和城镇居民人均可支配收入从某种角度上反映该地区人力资源和消费环境，而随着生活条件的提升和人民对生活质量要求的提高，城市绿化率、医疗条件等成为影响居民生活的重要指标，也直接影响企业开办后员工的积极性与工作的可持续性。这四个指标从人口与生活环境方面影响着中央商务区的持续发展和后续动力。

2015~2017年，一线城市的人口与生活环境指数得分排名较为固定（见表6）。北京朝阳区以无短板的指标得分和突出的林木绿化率，排名第一。四个CBD总分均在5.3以上。指标显示，上海浦东新区在林木绿化率、每千人医院床位数上与其他三地区存在差距，反映了居民生活环境存在一定的改进空间。深圳福田区的常住人口指标排名稍落后，而广州天河区的城镇居民人均可支配收入指标得分有待提高。

2015~2017年，新一线城市CBD的人口与生活环境指数得分排名变化较大。长沙芙蓉区各项指标得分大多居前列，总分三年均居第一位，得分在5.4以上，表现了长沙芙蓉区良好的人口与生活环境。2017年，成都锦江区林木绿化率指标得分排名第一，常住人口指标得分排名也比较靠前，总分居第二位。南京建邺区、杭州下城区、重庆渝中区处于中游。西安碑林区由于城镇居民人均可支配收入指标得分下降，排名下降。排名下游的是武汉江汉区、沈阳沈河区、天津滨海新区。天津滨海新区林木绿化率、每千人医院床位数均有提升的空间。

表6 13个CBD所在城区人口与生活环境指数（2015～2017年）

单位：得分

年份	城市类别	CBD所在城区	常住人口	城镇居民人均可支配收入	林木绿化率	每千人医院床位数	人口与生活环境指数	排名
2017	一线城市	北京朝阳区	1.5830	1.4528	1.4973	1.1580	5.6911	1
		上海浦东新区	1.6822	1.4208	1.2562	1.1307	5.4900	2
		广州天河区	1.4698	1.3795	1.3187	1.1704	5.3384	4
		深圳福田区	1.4622	1.4855	1.3906	1.1446	5.4830	3
	新一线城市	天津滨海新区	1.5412	1.3108	1.2477	1.1125	5.2122	9
		西安碑林区	1.4118	1.2648	1.3435	1.2523	5.2724	6
		成都锦江区	1.4135	1.2713	1.4439	1.2277	5.3565	2
		杭州下城区	1.4051	1.3863	1.3258	1.2106	5.3278	4
		南京建邺区	1.4019	1.3625	1.4311	1.1588	5.3544	3
		沈阳沈河区	1.4227	1.3101	1.3027	1.1836	5.2192	8
		武汉江汉区	1.4161	1.3258	1.3170	1.1709	5.2299	7
		长沙芙蓉区	1.4087	1.3390	1.4185	1.2676	5.4339	1
		重庆渝中区	1.4122	1.2379	1.3360	1.3350	5.3211	5
2016	一线城市	北京朝阳区	1.6858	1.4866	1.3205	1.1902	5.6832	1
		上海浦东新区	1.7848	1.4501	1.1004	1.1643	5.4997	2
		广州天河区	1.5558	1.4089	1.1734	1.2132	5.3513	4
		深圳福田区	1.5482	1.5199	1.2288	1.1942	5.4912	3
	新一线城市	天津滨海新区	1.6355	1.3400	1.1243	1.1456	5.2454	8
		西安碑林区	1.4978	1.2945	1.2209	1.2914	5.3046	6
		成都锦江区	1.4986	1.3007	1.2692	1.2731	5.3415	2
		杭州下城区	1.4918	1.4195	1.1866	1.2190	5.3169	5
		南京建邺区	1.4874	1.3904	1.2609	1.1852	5.3238	4
		沈阳沈河区	1.5020	1.3477	1.1701	1.2410	5.2608	7
		武汉江汉区	1.5031	1.3530	1.1674	1.2071	5.2305	9
		长沙芙蓉区	1.4941	1.3700	1.2486	1.3048	5.4175	1
		重庆渝中区	1.4989	1.2666	1.1881	1.3747	5.3283	3
2015	一线城市	北京朝阳区	1.6724	1.3704	1.3279	1.3019	5.6725	1
		上海浦东新区	1.7613	1.3299	1.1066	1.2798	5.4775	2
		广州天河区	1.5315	1.3437	1.1440	1.3241	5.3432	4
		深圳福田区	1.5254	1.3992	1.2257	1.3143	5.4645	3
	新一线城市	天津滨海新区	1.6148	1.2317	1.1134	1.2597	5.2196	9
		西安碑林区	1.4779	1.2448	1.2094	1.4253	5.3574	2

续表

年份	城市类别	CBD所在城区	常住人口	城镇居民人均可支配收入	林木绿化率	每千人医院床位数	人口与生活环境指数	排名
2015	新一线城市	成都锦江区	1.4820	1.1993	1.2598	1.3750	5.3160	4
		杭州下城区	1.4724	1.3092	1.1820	1.3490	5.3126	5
		南京建邺区	1.4677	1.2806	1.2507	1.3013	5.3004	6
		沈阳沈河区	1.4828	1.2463	1.1800	1.3862	5.2953	7
		武汉江汉区	1.4836	1.2424	1.1687	1.3251	5.2198	8
		长沙芙蓉区	1.4729	1.2611	1.2410	1.4715	5.4465	1
		重庆渝中区	1.4791	1.1660	1.1753	1.5117	5.3321	3

1. 常住人口

从常住人口看（见图6），人口规模较大的是北上广深津五城市的CBD所在城区，均高于100万人。其中，上海浦东新区和北京朝阳区常住人口在2017年达到552.84万人和373.9万人（见表7），较2016年有较小幅度的下降。各CBD所在城区的常住人口变动较小，2014年至2017年基本处于稳定状态。常住人口不仅能够在一定程度上反映该地区的劳动力情况，同时也是拉动地区消费的主要因素。

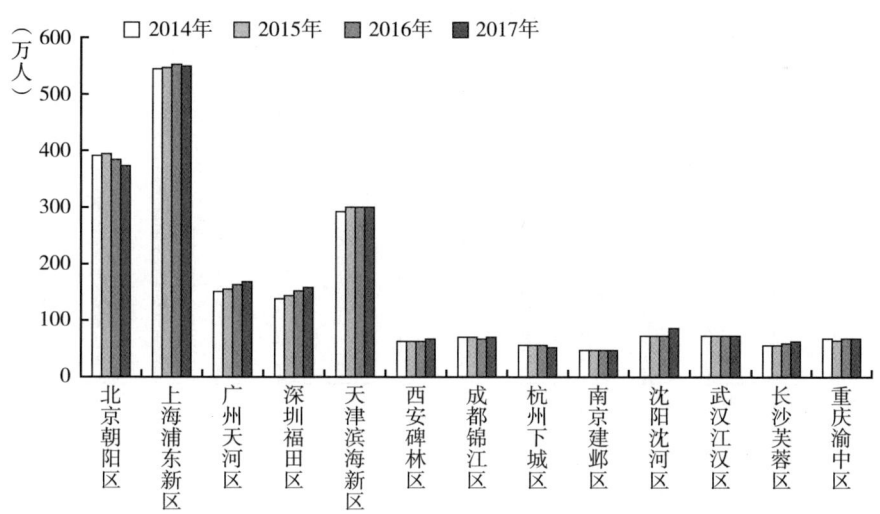

图6 各CBD所在城区常住人口（2014~2017年）

注：2017年成都锦江区常住人口数据缺失，由增长率测算而得。

表7 2014~2017年各CBD所在城区常住人口

单位：万人

CBD所在城区	2014年	2015年	2016年	2017年
上海浦东新区	545.12	547.49	555.02	552.84
北京朝阳区	392.20	395.50	385.60	373.90
广州天河区	150.61	154.57	163.10	169.79
深圳福田区	135.71	144.06	150.17	156.12
天津滨海新区	291.43	297.01	299.42	298.42

2. 城镇居民人均可支配收入

城镇居民人均可支配收入是指居民家庭全部现金收入中能用于安排家庭日常生活的那部分收入。它是家庭总收入扣除缴纳的所得税、个人缴纳的社会保障费以及调查户的记账补贴后的收入。包括城镇居民的工资性收入、经营性收入、财产性收入、转移性收入等。2014~2017年，13个CBD所在城区城镇居民人均可支配收入基本呈逐年增长趋势。2017年，深圳福田区、北京朝阳区、上海浦东新区、广州天河区、杭州下城区、南京建邺区、长沙芙蓉区城镇居民人均可支配收入都突破50000元（见图7）。其中，深圳福田

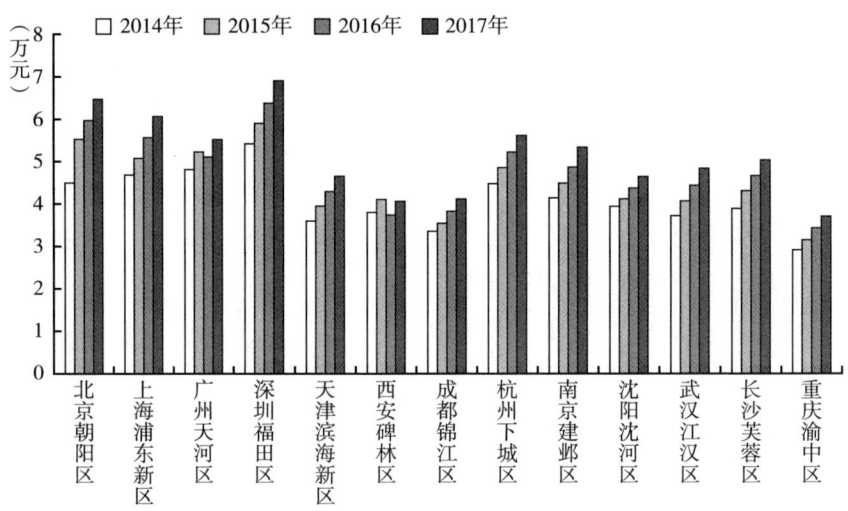

图7 2014~2017年各CBD所在城区城镇居民人均可支配收入

注：天津滨海新区2017年数据缺失，由2014~2016年增长率测算得出。

区城镇居民人均可支配收入接近70000元（见表8）。13个CBD所在城区之间差距较为明显，深圳福田区城镇居民人均可支配收入将近重庆渝中区的两倍。

表8　2014~2017年CBD所在城区城镇居民人均可支配收入

单位：元

CBD所在城区	2014年	2015年	2016年	2017年
北京朝阳区	44646.00	55450.00	60056.00	64841.00
上海浦东新区	46709.00	50726.00	55776.00	60715.00
广州天河区	47877.00	52330.00	50941.00	55400.00
深圳福田区	54092.00	58807.00	63956.00	69049.00
杭州下城区	44632.00	48316.00	52185.00	56276.00
南京建邺区	41481.00	44980.00	48776.00	53215.00

3. 林木绿化率

林木绿化率是衡量一个行政区域林木绿化状况的经济技术指标，中央商务区集中于大城市，林木绿化率能够反映该地区政府对环境保护的重视程度。从2014~2017年13个中央商务区的数据来看（见图8），各区4年间林木绿化率基本稳定，总体规模来看，北京朝阳区领跑，接近50%。上海浦东新区、天津滨海新区有一定的差距，2017年分别为36.7%和36.3%。

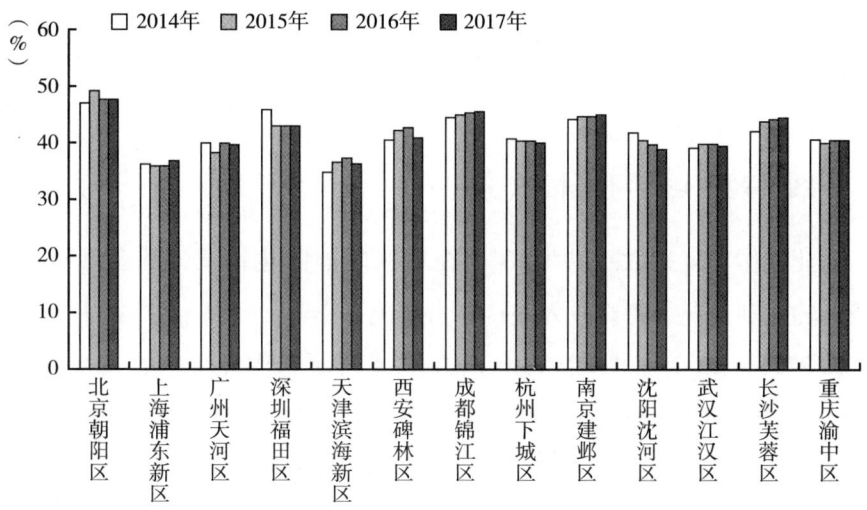

图8　2014~2017年各CBD所在城区林木绿化率

注：沈阳沈河区缺失2015年、2016年数据，由2014年、2017年数据增长率按照几何平均法估算。

4. 每千人医院床位数

每千人医院床位数等于该地区医院床位数与常住人口的比值，其大小受到地区常住人口的影响。从4年数据观察（见图9），北上广深津数据表现较为落后，2017年西安碑林区、长沙芙蓉区、重庆渝中区、成都锦江区、杭州下城区每千人医院床位数均大于10张。

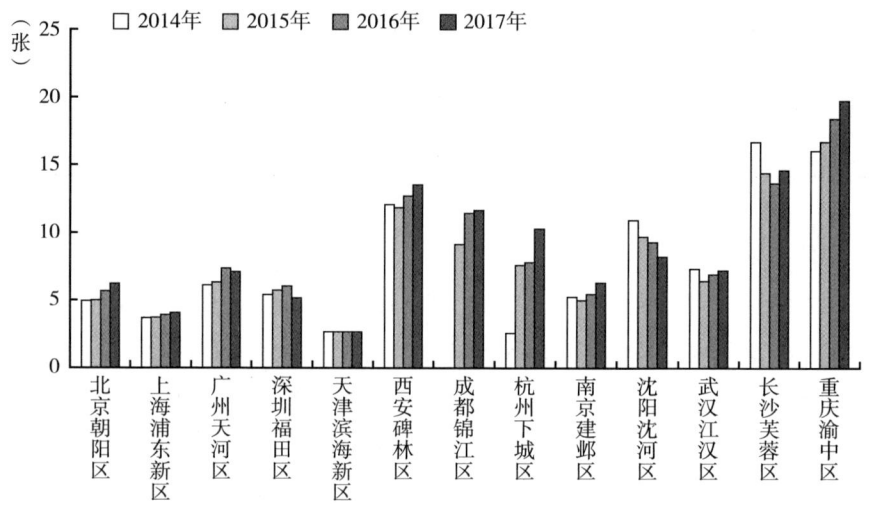

图9 2014~2017年各CBD所在城区每千人医院床位数

注：武汉江汉区、南京建邺区使用城市数据。

（四）商业运作环境指数

商业运作环境指数反映CBD所在城区的国际化情况、社会融资情况、交通运输便利情况、财政收入支持能力情况。

从2015~2017年13个CBD所在城区商业运作环境指数观察（见表10），一线城市CBD排名无变化。上海浦东新区四项指标得分大多处于领先地位，商业运作环境指数强势领跑。2017年，上海浦东新区金融机构贷款余额指标、实际利用外资金额指标得分排名第一。北京朝阳区商业运作环境指数得分排名第二。广州天河区在城市货物运输量指标上表现突出，但在财政收入支持能力指标、金融机构贷款余额指标上表现落后。深圳福田区各项指标较为平均。

从9个新一线城市CBD看,三年间排名变化较小。2017年,天津滨海新区以其较高的实际利用外资金额和金融机构贷款余额,排名第一(见表9)。重庆渝中区城市货物运输量突出,排名第二。武汉汉江区城市货运量指标也表现良好。南京建邺区财政收入支持能力在新一线城市中排名较高,但实际利用外资情况有待提高。杭州下城区金融机构贷款余额指标表现相对突出。

表9 13个CBD所在城区商业运作环境指数(2015~2017年)

单位:得分

年份	城市类别	CBD所在城区	金融机构贷款余额	城市货物运输量	实际利用外资金额	财政收入支持能力	商业运作环境指数	排名
2017	一线城市	北京朝阳区	1.2631	1.4339	1.8725	0.9683	5.5378	2
		上海浦东新区	1.2781	1.6485	1.9545	0.9848	5.8659	1
		广州天河区	1.1445	1.7172	1.6584	0.8751	5.3953	3
		深圳福田区	1.1959	1.4585	1.6582	0.9086	5.2211	4
	新一线城市	天津滨海新区	1.1319	1.5191	1.9502	0.9492	5.5503	1
		西安碑林区	1.0800	1.4386	1.6288	0.9136	5.0611	9
		成都锦江区	1.1250	1.4434	1.6872	0.9224	5.1780	6
		杭州下城区	1.1286	1.4658	1.6415	0.9748	5.2108	5
		南京建邺区	1.1124	1.4678	1.6356	1.0502	5.2659	4
		沈阳沈河区	1.0651	1.4310	1.6293	0.9664	5.0918	8
		武汉江汉区	1.1076	1.5316	1.6421	0.9997	5.2811	3
		长沙芙蓉区	1.0764	1.4855	1.6535	0.8868	5.1022	7
		重庆渝中区	1.1231	1.7015	1.6465	0.9114	5.3824	2
2016	一线城市	北京朝阳区	1.2864	1.3931	2.0576	0.8759	5.6130	2
		上海浦东新区	1.3019	1.5993	2.0385	0.8891	5.8287	1
		广州天河区	1.1589	1.6717	1.7595	0.8073	5.3975	3
		深圳福田区	1.2124	1.4244	1.7459	0.8284	5.2111	4

续表

年份	城市类别	CBD所在城市	金融机构贷款余额	城市货物运输量	实际利用外资金额	财政收入支持能力	商业运作环境指数	排名
2016	新一线城市	天津滨海新区	1.1519	1.4865	2.0420	0.9688	5.6492	1
		西安碑林区	1.0963	1.4023	1.7176	0.8454	5.0617	9
		成都锦江区	1.1411	1.4072	1.7719	0.8535	5.1737	6
		杭州下城区	1.1464	1.4214	1.7322	0.8761	5.1761	5
		南京建邺区	1.1285	1.4256	1.7248	0.9184	5.1973	4
		沈阳沈河区	1.0849	1.3968	1.7147	0.8796	5.0759	8
		武汉江汉区	1.1215	1.4816	1.7296	0.8970	5.2297	3
		长沙芙蓉区	1.0898	1.4415	1.7427	0.8201	5.0942	7
		重庆渝中区	1.1400	1.6575	1.7466	0.8347	5.3789	2
2015	一线城市	北京朝阳区	1.4703	1.5776	1.4581	1.0190	5.5251	2
		上海浦东新区	1.4865	1.8258	1.4044	1.0233	5.7400	1
		广州天河区	1.3205	1.8595	1.2997	0.9153	5.3950	3
		深圳福田区	1.3562	1.6031	1.3093	0.9493	5.2179	4
	新一线城市	天津滨海新区	1.3141	1.6816	1.5419	1.0600	5.5976	1
		西安碑林区	1.2480	1.6554	1.2849	0.9799	5.1682	6
		成都锦江区	1.3014	1.5809	1.3052	0.9762	5.1636	7
		杭州下城区	1.3115	1.5914	1.2896	1.0400	5.2324	4
		南京建邺区	1.2794	1.5930	1.2884	1.0984	5.2593	3
		沈阳沈河区	1.2388	1.5610	1.2857	0.9994	5.0848	9
		武汉江汉区	1.2664	1.6626	1.2892	0.9896	5.2078	5
		长沙芙蓉区	1.2417	1.6086	1.2949	0.9426	5.0878	8
		重庆渝中区	1.3029	1.8732	1.2932	0.9636	5.4328	2

1. 金融机构贷款余额

金融机构贷款余额反映该地区的融资规模，也从一定程度上反映该地区的融资便利程度。各CBD所在城市在该指标上存在较大差异。排在前列的是上海市和北京市（见图10），2017年金融机构贷款余额达67182.01亿元和63382.50亿元（见表10）。2014~2017年各个城市金融机构贷款余额均呈增长趋势。但除北上广深津五市外，其余均未超过3万亿元。

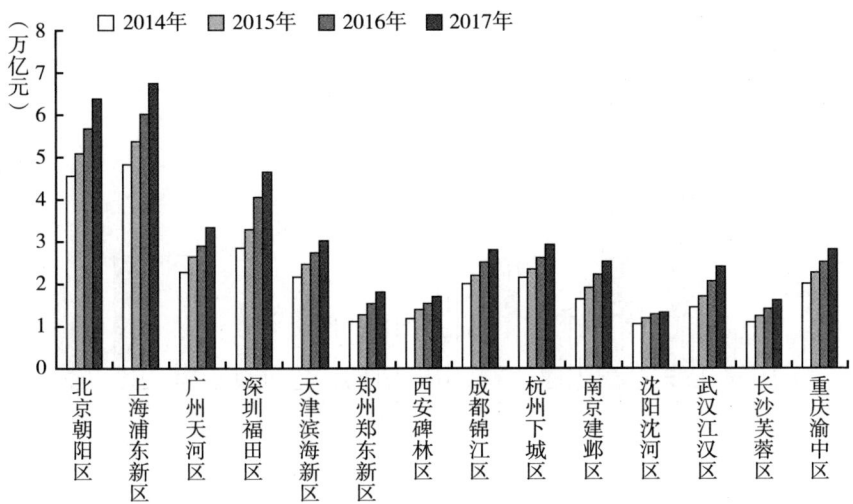

图 10　2014～2017 年各 CBD 所在城市金融机构贷款余额

表 10　2014～2017 年各 CBD 所在城市金融机构贷款余额

单位：亿元

CBD 所在城区	2014 年	2015 年	2016 年	2017 年
北京朝阳区	45458.70	50559.50	56618.90	63382.50
上海浦东新区	47915.81	53387.21	59982.25	67182.01
广州天河区	22688.33	26136.95	28885.54	33312.73
深圳福田区	28114.22	32449.04	40526.90	46329.33
天津滨海新区	21715.99	24500.91	27367.97	30103.05

2. CBD 所在城市货物运输量

中央商务区所在城市货物运输量反映该商务区所在城市的货物运输能力，是商业运作环境指数中反映物流和交通能力的指标。从该指标情况来看（见图 11），重庆、广州、上海三市货物运输量遥遥领先，其特征是都为沿海或者港口城市；内陆城市货物运输量较差。

3. 实际利用外资金额

从实际利用外资金额这一指标看，各 CBD 差异较大。天津滨海新区、上海浦东新区、北京朝阳区利用外资情况较为突出（见图 12）。天津滨海新

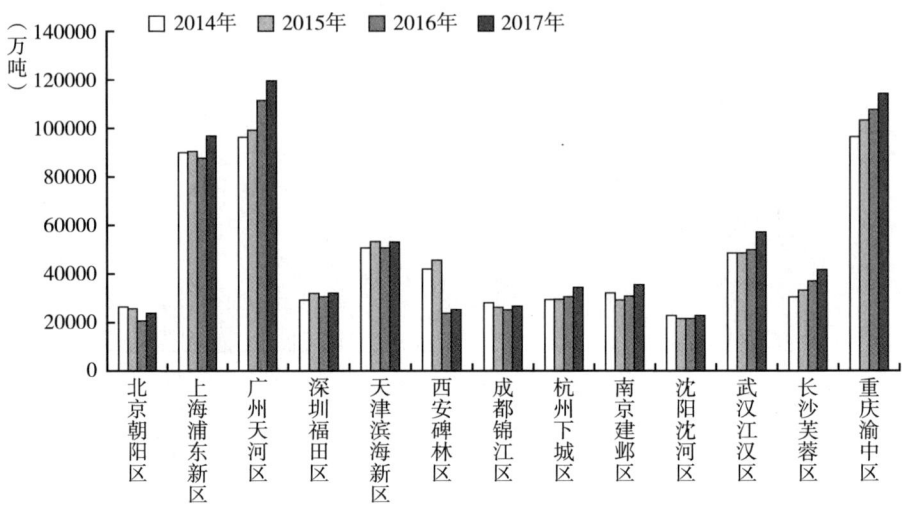

图11　各CBD所在城市货物运输量（2014~2017年）

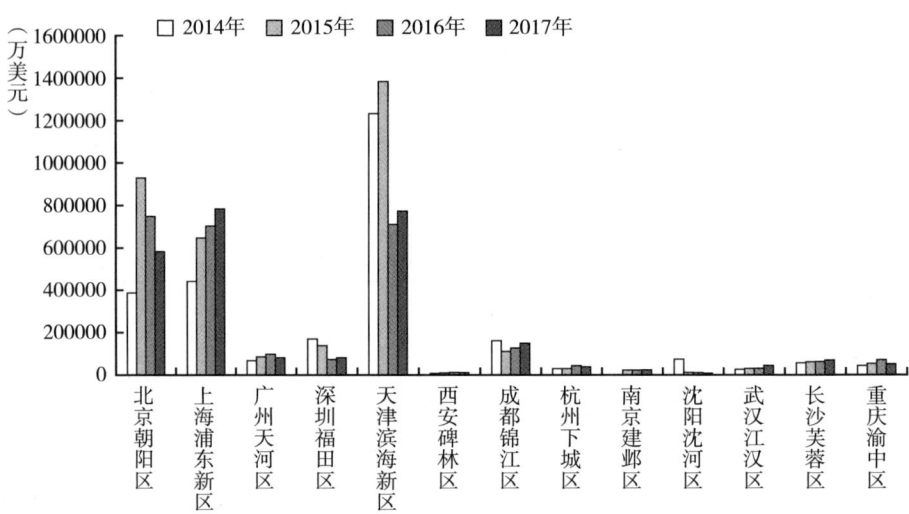

图12　各CBD所在城区实际利用外资金额（2014~2017年）

数据来源：各区2014~2017年国民经济和社会发展统计公报、2015~2018年各区政府工作报告；其中，武汉江汉区仅有2017年数据，其余年份按照其政府工作报告中陈述的"年均增长率18.4%"进行估算。2014年南京建邺区数据缺失。

区 2014 年已经突破百亿美元，但在 2016 年、2017 年有较大程度的下降。北京朝阳区在 2015 年后出现了跳跃式的大规模增长，2015 年达到 93.39 亿美元（见表 11），但 2016 年、2017 年有所下降。成都锦江区也达到 10 亿美元以上。除此以外，2017 年其余区都未能突破 10 亿美元。深圳福田区呈下降趋势。西安碑林区、沈阳沈河区情况一般。

表 11 各 CBD 所在城区实际利用外资情况（2014~2017 年）

单位：万美元

CBD 所在城区	2014 年	2015 年	2016 年	2017 年
北京朝阳区	390011.00	933873.00	745000.00	587979.00
上海浦东新区	447577.00	646002.00	703600.00	782600.00
天津滨海新区	1230000.00	1382300.00	711300.00	772400.00
成都锦江区	160000.00	115225.00	126780.00	148631.00

4. 财政收入支持能力

该指标采用地方一般预算收入/GDP 计算，反映政府提升城市营商环境质量的资金支持能力。从 13 个 CBD 地方一般预算收入的规模来看（见表 12），2014~2016 年，天津滨海新区规模超过千亿元，2017 年有较大程度的下降。上海浦东新区在 2016 年有了较大程度的增长，达到 900 亿元以上。北京朝阳区 2017 年达到 508 亿元。深圳福田区、南京建邺区、武汉江汉区达到百亿元以上。其余 CBD 均未达到百亿元。

表 12 2014~2017 年 13 个 CBD 所在城区地方一般预算收入规模

单位：亿元

城市类别	CBD 所在城区	2014 年	2015 年	2016 年	2017 年
一线城市	北京朝阳区	411.80	448.00	477.10	508.20
	上海浦东新区	684.51	788.19	963.75	996.26
	广州天河区	59.35	61.85	65.96	70.04
	深圳福田区	120.58	142.47	147.13	163.71

续表

城市类别	CBD所在城区	2014年	2015年	2016年	2017年
新一线城市	天津滨海新区	1028.19	1182.93	1338.05	528.97
	西安碑林区	43.23	45.33	45.01	40.93
	成都锦江区	47.61	49.27	58.35	50.11
	杭州下城区	80.17	85.64	79.41	82.04
	南京建邺区	70.39	81.91	90.84	103.75
	沈阳沈河区	102.18	76.09	85.00	81.26
	武汉江汉区	61.38	68.74	123.50	131.48
	长沙芙蓉区	38.76	39.96	37.06	33.30
	重庆渝中区	48.31	52.28	50.97	49.74

从地方一般预算收入占当地GDP的比重来看（见图13），一线城市中，广州天河区、深圳福田区数值较小，上海浦东新区、北京朝阳区表现领先。新一线城市中，天津滨海新区四年中变化较大，2017年下降明显。南京建邺区、武汉江汉区等排名靠前。

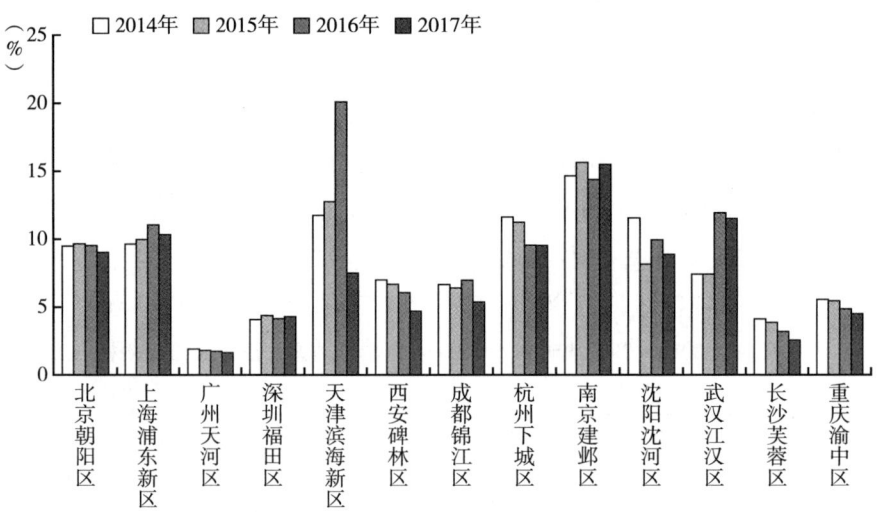

图13 2014~2017年各CBD所在城区财政收入支持能力指标

三 营商环境的法治化和便利化建设

实际上,营商环境除上述指标体系内容外,还包含了更广泛的其他方面。其中重要的方面就是对一个地区法治化建设和政府办公的便利化的考察。但这些方面难以使用宏观统计数据进行量化,相关统计数据也较难获取。本部分仅就典型CBD所在城区进行分析。

(一)营商环境的法治化建设

构建法治化营商环境是国务院明确提出的要求。国务院总理李克强2018年1月3日主持召开国务院常务会议,部署进一步优化营商环境,持续激发市场活力和社会创造力。会议明确,将进一步简政、减税、减费,加大知识产权保护力度,抓紧建立营商环境评价机制,并向全国推广。此次国务院常务会议还提出,不断打造国际化、法治化营商环境,为企业和民众提供办事便利。

本部分选取第三部分中指标得分排名较靠前的天津滨海新区、上海浦东新区、北京朝阳区、广州天河区、深圳福田区进行分析,分析这五个中央商务区所在城市的法治建设情况,选取法院受理案件数量、审结案件数量、结案率三个指标进行比较。

1. 受理案件数量

我国法律规定人民法院应当保障当事人依照法律规定享有的起诉权利。对符合法律规定的起诉案件,人民法院必须受理。本部分统计了北京市法院、上海市法院、天津市法院、广州市法院、深圳市法院的受理案件数量(见图14),在一定程度上反映了该地区的普法情况与司法效率。5个地区的受理案件数量均呈现逐年增长趋势。2017年,北京市法院受理案件数量较上年增长较猛,总量达到89.52万件。上海市法院受理案件数量为80.4万件。受经济规模和人口数量等因素的影响,上海、北京的受理案件数量遥遥领先。

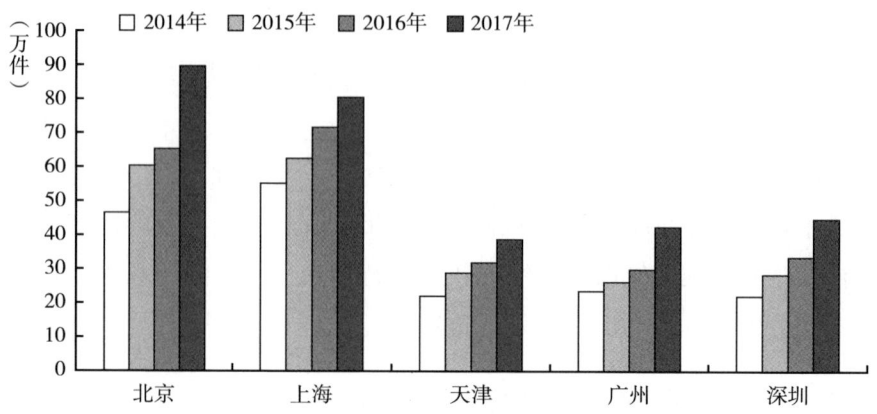

图14 5个CBD所在城市2014~2017年受理案件数量

注：受理案件数量为全市各级人民法院受理案件数量之和。
资料来源：2014~2018年北京市高级人民法院工作报告、天津市高级人民法院工作报告、上海市高级人民法院工作报告、广州市中级人民法院工作报告、深圳市中级人民法院工作报告。

2. 审结案件数量

结案是指法院在执行程序中，已经实际执行完毕或者依照法律规定做结案处理的情况。五个城市的审结案件数量四年内呈逐年上涨趋势。2017年，北京市法院审结案件数量最高，为89.36万件，增长速度较快。上海市法院紧随其后，为80.2万件。天津市法院达到35.5万件。广州市法院和深圳市法院分别为35.59万件和37.69万件（见图15）。

3. 结案率

结案率为报告期内审结案件数量/报告期内受理案件数量×100%，能够比较准确地反映法院的司法效率。

如图16所示，从结案率上看，2014~2017年，北京市法院司法效率改善幅度较大。2016年，北京市法院案件审结数量超过受理案件数量，结案率超过100%；2017年结案率为99.82%。2017年，上海市法院结案率为99.75%，也保持在较高水平。2017年，天津市法院结案率和广州市法院结案率均有所下降，为90.79%与83.53%。从历年趋势看，深圳市法院结案率最低，但2017年超过广州市法院，为83.94%。

中央商务区营商环境指数分析

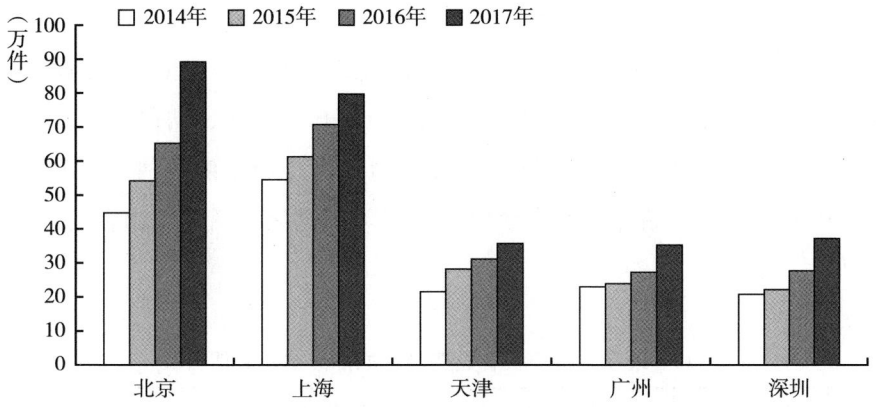

图15　5个CBD所在城市2014~2017年审结案件数量

注：审结案件数量为全市各级人民法院审结案件数量之和。
资料来源：2014~2018年北京市高级人民法院工作报告、天津市高级人民法院工作报告、上海市高级人民法院工作报告、广州市中级人民法院工作报告、深圳市中级人民法院工作报告。

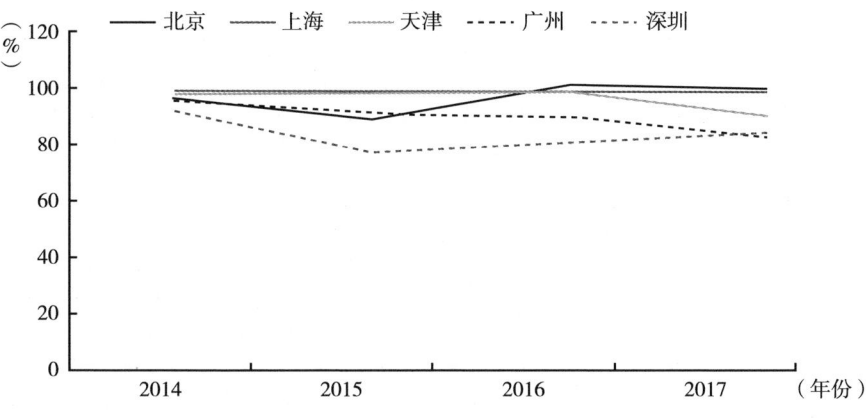

图16　5个CBD所在城市2014~2017年结案率

资料来源：根据以上数据计算。

（二）营商环境的便利化建设

2018年第一次国务院常务会议的首个议题，就是进一步优化营商环境。李克强总理提出，"优化营商环境就是解放生产力"。根据中央会议精神，各省市政府积极出台优化营商环境的政策。主要政策集中于简政、减税和减

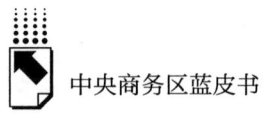

费等方面。

各CBD所在城区积极深化行政审批制度改革，进一步推进政府职能转变。例如，北京市政府聚焦办理施工许可证、开办企业、纳税、获得电力、跨境贸易、获得信贷、登记财产等重点环节，为企业提供便利。表13列出了从2017年9月开始，北京市政府各部门关于优化营商环境出台的部分相关文件。

表13　北京市关于优化营商环境的部分相关文件列表

发布时间	文件名称	内容	发布单位
2017年9月	《关于率先行动改革优化营商环境实施方案》	贯彻习总书记指示，营造更加开放的投资环境、更加便利的贸易环境、更加良好的生产经营环境、服务更加精细的人才发展环境、更加公平的法治环境	中共北京市委
2018年3月	《关于进一步优化营商环境深化建设项目行政审批流程改革的意见》	实施分类管理；精简审批前置条件；推进建设项目行政审批与互联网深度融合；建立全市统一的项目竣工联合验收机制等	北京市规划和国土资源管理委员会、北京市发展和改革委员会等
2018年3月	《关于进一步优化金融信贷营商环境的意见》	降低金融信贷成本；压缩金融信贷审批时间；创新绿色金融信贷模式；实现动产抵押登记"一次办结"服务等	北京市金融工作局、中国人民银行营业管理部、银监会北京监管局
2018年3月	《关于进一步优化营商环境提升京津跨境贸易便利化若干措施》	对京津跨境贸易的相关措施进行优化，简化流程	北京市商务委员会（北京市人民政府口岸办公室）、天津市人民政府口岸服务办公室、中华人民共和国北京海关等
2018年3月	《关于进一步优化营商环境提高企业开办效率的通知》	将企业开办的必备流程精简至4个，开办天数压缩至5天。包括建设区级企业开办大厅、市级开办企业网上服务平台等	北京市工商行政管理局、北京市国家税务局、北京市地方税务局、北京市公安局

续表

发布时间	文件名称	内容	发布单位
2018年3月	《进一步提升纳税等便利度优化营商环境的工作措施》	减税降费、提升纳税准备便利度、提升税费办理便利度、提升税费缴纳便利度等相关措施	北京市财政局、北京市国家税务局等
2018年7月	《北京市进一步优化营商环境行动计划（2018—2020年）》	从总体目标、主要任务、实施保障等方面，部署北京市2018~2020年进一步优化营商环境的行动计划	中共北京市委、北京市人民政府
2019年2月	《关于深化营商环境改革推进全程网上办理提高企业开办效率的通知》	发布新版"e窗通"市级企业开办网上服务平台，实现"一窗办理、一次填报、一个环节、三天办完"，企业只需网上一次填报即可申办所有业务，3个工作日内可具备一般经营条件，实现"准入又准营"	北京市市场监督管理局、国家税务总局北京市税务局、北京市公安局、北京市人力资源和社会保障局、中国人民银行营业管理部、北京住房公积金管理中心

上海市的目标是建立超一流营商环境。2018年2月至3月，上海市按照世界银行《全球营商环境报告（2019）：强化培训，促进改革》中的七个方面，发布了一系列文件措施，加大力度推进营商环境建设。表14列出了上海市关于优化营商环境的部分相关文件。

表14 上海市关于优化营商环境的部分相关文件列表

营商环境提升领域	发布时间	文件名称	发布单位
开办企业	2018年2月	《关于加快企业登记流程再造推行开办企业"一窗通"服务平台的意见》	上海市工商行政管理局、上海市公安局、上海市国家税务局、上海市地方税务局

续表

营商环境提升领域	发布时间	文件名称	发布单位
施工许可审批	2018年3月	关于印发《关于进一步优化营商环境深化供排水接入改革的意见》的通知	上海市水务局
	2018年1月	关于印发《进一步深化本市社会投资项目审批改革实施办法》的通知	上海市人民政府办公厅
	2018年2月	关于成立上海市社会投资项目审批改革工作领导小组的通知	上海市人民政府办公厅
获得电力	2018年3月	关于印发《上海市进一步优化电力接入营商环境实施办法(试行)》的通知	上海市发展和改革委员会、上海市经济和信息化委员会、上海市公安局、上海市规划和国土资源管理局、上海市交通委员会、上海市绿化和市容管理局
财产登记	2018年3月	关于印发《不动产登记综合业务工作流程(试行)》的通知	上海市不动产登记局
跨境贸易	2018年3月	《上海口岸优化跨境贸易营商环境若干措施》	上海市口岸服务办公室、上海市发展和改革委员会、上海市商务委员会、上海市交通委员会、上海市财政局、上海海关、上海出入境检验检疫局
纳税	2018年2月	关于制发《提升纳税便利度 优化营商环境的若干措施》的通知	上海市国家税务局、上海市地方税务局、上海市人力资源和社会保障局、上海市住房和城乡建设管理委员会
获得信贷	2018年3月	《关于提升金融信贷服务水平优化营商环境的意见》	上海市金融服务办公室、中国人民银行上海分行、中国银行业监督管理委员会上海监管局

四 结论及对策建议

从各中央商务区营商环境2014~2017年的指标分析来看，广州、北京、深圳、上海、天津等一线城市中央商务区营商环境较优，地区经济活跃，投资创业需求旺盛，社会对开办企业便利化要求更高。同时，从法治化和便利化建设来看，这些第一梯队城市CBD主动性更高、执行力更强。营商环境优化的根本目的就在于降低企业外部经营环境的风险和不确定性，改善市场化程度、对外开放程度、科技创新环境和区域物流辐射程度是改善地区营商环境的根本途径。

（一）提升中央商务区营商环境品质，对标国际标准

中央商务区作为城市高端商务区和城市商务名片，代表着该城市最优的产业结构和高质量的投资环境。应该积极对标国际先进标准，借鉴国际先进经验，成为城市优化营商环境的先行兵和示范区，带动整个城市营商环境的提升。

（二）加强对外开放，减少贸易摩擦

中央商务区应进一步加强本地区对外开放程度，便利外商直接投资。这就需要深入研究国际通行法律、公约等，积极与国际通行做法接轨。针对本地企业和外商企业，进行国际及本地相关法律法规政策的普及；重视国际规则的学习和应用，更好地适应国际规则的各项要求，减少贸易摩擦；进一步提高政府主体、企业主体在多变的国际环境下的应对能力，做好风险控制，减少损失。

（三）进一步加强知识产权创造、应用和保护

改善科技创新环境的关键环节是对知识产权的创造、应用和保护。从CBD角度来讲，要加大力度、加强措施鼓励科技创新，促进成果转化。加强和落实知识产权保护的各项方针政策，明确知识产权保护的重要性，建设

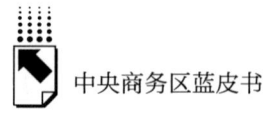

知识产权保护体系。对侵犯知识产权行为进行及时、有效的严厉惩罚。进一步完善和执行商标法律制度，加强商标知识产权保护。

（四）提高金融市场利用效率，严控金融风险

加强对多层次资本市场的利用效率，提高中央商务区内部企业借贷、上市、发债的便利程度；引入天使投资、风险投资基金，加快新兴产业发展；积极发挥金融机构的作用，鼓励和引导金融产品创新、服务创新；建设和完善金融体系，加强对P2P、小额贷款公司等机构的监管力度，严控金融风险。

（五）加强人才引进和储备

中央商务区应进一步制定和加强人才引进政策。针对专业性人才，做好人才服务、家属安置等措施，建立人才引进绿色通道，不拘一格降人才。区域内可建立人才智库，做好人才信息收集、统计工作，完善专业技术资格职称评定体系，科学合理地建立人才激励机制，建立人才引进和激励的长效机制。

（六）加强法治化、便利化建设，提升市场化水平

中央商务区内行政部门应从便利各经济主体角度出发，进一步深化"放管服"改革，简化手续和流程，精简行政审批事项，缩短审批时限，进一步提高行政审批效率，加强各部门协作，减少重复性工作，降低企业开办、上市等成本；做好信息化建设工作，进一步推进审批、登记、申报等流程的网络化办公，提高微博、微信等公共平台的利用效率，提高政府透明度。各级基层法院提高收案、结案效率，做好案件数据收集和统计工作，进一步提高对知识产权纠纷、土地纠纷等案件的处理能力。

参考文献

［1］蒋三庚等：《中国特大城市中央商务区（CBD）经济社会发展研究》，首都经济

贸易大学出版社，2017。

［2］蒋三庚等：《北京商务中心区（CBD）发展指数研究》，首都经济贸易大学出版社，2016。

［3］郭亮、单菁菁主编《中国商务中心区发展报告 No.3（2016~2017）》，社会科学文献出版社，2017。

［4］祝合良等：《京津冀发展报告（2017）》，社会科学出版社，2017。

［5］董志强、魏下海、汤灿晴：《制度环境与经济发展——基于 30 个大城市营商环境的经验研究》，《管理世界》2012 年第 4 期。

［6］孙丽燕：《企业营商环境的研究现状及政策建议》，《全球化》2016 年第 8 期。

［7］钟飞腾、凡帅帅：《投资环境评估、东亚发展与新自由主义的大衰退——以世界银行营商环境报告为例》，《当代亚太》2016 年第 12 期。

［8］张景华、刘畅：《全球化视角下中国企业纳税营商环境的优化》，《经济学家》2018 年第 2 期。

［9］宋林霖、何成祥：《优化营商环境视阈下放管服改革的逻辑与推进路径——基于世界银行营商环境指标体系的分析》，《中国行政管理》2018 年第 4 期。

［10］世界银行：《全球营商环境报告（2019）：强化培训，促进改革》，http：//chinese.doingbusiness.org。

［11］普华永道、财新智库、数联铭品、新经济发展研究院：《2018 中国城市营商环境质量报告》，http：//www.199it.com/archives/794577.html。

专题篇

Special Topics

B.6 京津冀一体化背景下北京CBD产业融合发展分析

张 弘[*]

摘 要： 随着信息技术的发展与应用，北京CBD内传统产业边界逐渐模糊，产业间的融合发展日益明显。在京津冀一体化的背景下，探究北京CBD产业融合的发展对于统筹对接津冀两地的发展诉求和发展方向，实现三地协同发展具有重要的意义。本文首先计算北京CBD"文化创意+金融""文化创意+现代服务业""金融+现代服务业"三种类型的产业融合度，再运用灰色关联度法计算出北京CBD产业融合度与京津冀产业结构升级关联度和产业结构绩效关联度，探究京津冀一体

---

[*] 张弘，首都经济贸易大学教授，博士，博士生导师，北京市哲学社会科学CBD发展研究基地副主任，主要研究领域为产业经济、CBD理论与政策。

化下北京 CBD 的产业融合效应。结果显示，北京 CBD 三种类型的产业融合度对津冀两地产业结构升级具有较为明显的带动作用，对北京的辐射带动作用较弱。天津与河北的第三产业尚处于快速增长阶段，CBD 产业融合对第三产业发展存在很大的提升空间；而北京第三产业发展得较为充分，产业融合的带动促进作用明显较强。最后，针对北京 CBD 发展中存在的问题提出发展思路与对策。北京 CBD 应通过构筑多层级开放式 CBD 网络、打破区域条块分割、协调资源优势、促进产业合作和要素流动等方式促进京津冀的协同合作，提高产业发展的经济效应。

关键词： 京津冀一体化　北京 CBD　产业融合　京津冀协同发展

一　引言

产业融合是指发生在产业边界处的技术融合，经过相互渗透和相互交叉，使市场边界和产业边界逐渐模糊化，原本独立的产业间竞争关系改变，逐步融合产生新产业的动态过程。它是现代社会经济不断发展所必然出现的新经济现象，已逐渐发展成为现代经济生活中的重要组成部分。

随着信息技术的发展与应用，北京 CBD 内传统产业边界逐渐模糊，高端服务业不断集聚，文化创意产业、金融业和现代服务业等产业相互渗透、交叉和延伸，CBD 因而成为现代服务业融合发展的重要载体。北京 CBD 产业融合涉及的产业部门众多，而且很多产业部门之间有着紧密的联系。在京津冀一体化背景下，要实现带动京津冀地区的整体实力进一步提升、结构调整取得重要进展、协同发展取得阶段性成效的目标，需要深入剖析北京 CBD 产业融合的动力机制、成长路径与复合经济效应、融合模式，完善北京CBD产业融合的过程机制，找到京津冀一体化背景下更适合北京CBD的产业融合类型，联动天津CBD、河北CBD，发挥CBD在国家和区域经济转型升级中的示范带头作用，实现京津冀协同发展。

二 理论依据

（一）分工理论

亚当·斯密是古典分工理论的集大成者，他认为"凡能采用分工制的工艺，一经采用分工制，便相应地增进劳动的生产力"。① 但是，亚当·斯密没有说明企业与市场的界限问题，也未将分工与经济组织联系起来分析，没有说明企业存在的必要性。马克思批判吸收了亚当·斯密的分工理论，根据分工形态的差异将一般的和特殊的分工称为社会内部的分工，个别的分工是工场手工业内部的分工。马克思认为工场手工业的分工在质和量两方面都得到了发展。马歇尔是新古典经济学的集大成者，他将组织算作一个独立的生产要素，认为工业组织有效率的第一个条件就是根据能力和资历分工。他认为，如果工业操作变得千篇一律，必须重复做完全相同的事，则这种操作迟早要被机械所替代。20世纪80年代，以罗森、贝克尔、杨小凯等为代表的新兴古典经济学家，对新古典经济学理论进行扬弃，用超边际分析的方法将新古典经济学分工与专业化理论结合现代数学工具实现模型化，提出"消费者－生产者"这一概念，抛弃规模经济而改用专业化经济，在分工专业化内生的基础上重新组织了经济学的基本框架，解释了如企业的出现、贸易问题、货币及城市的出现、失业和景气循环等宏观、微观经济现象。

（二）产业集群理论

意大利学者巴格纳斯科于1977年首次提出新产业区的概念，经过不断

---

① 亚当·斯密：《国民财富的性质和原因的研究》，郭大力、王亚南译，商务印书馆，2008，第7页。

发展，直到1996年，美国学者马库森总结了四种典型产业区类型：马歇尔式产业区、轮轴式产业区、卫星平台式产业区、国家力量依赖型产业区（见图1）。20世纪90年代，以克鲁格曼为代表的新经济地理学派以规模报酬递增、不完全市场竞争为假设前提，在迪克西特－斯蒂格利茨垄断竞争模型的基础上，认为产业集聚是由企业规模报酬递增、运输成本和生产要素移动通过市场传导的相互作用而产生的。以科斯和威廉姆森为代表的新制度经济学派运用交易费用理论对产业集聚进行了解释，并界定了交易费用分析方法。国家竞争优势理论的代表人物是迈克尔·波特，首次提出"产业集群"概念和"钻石模型"（见图2）。

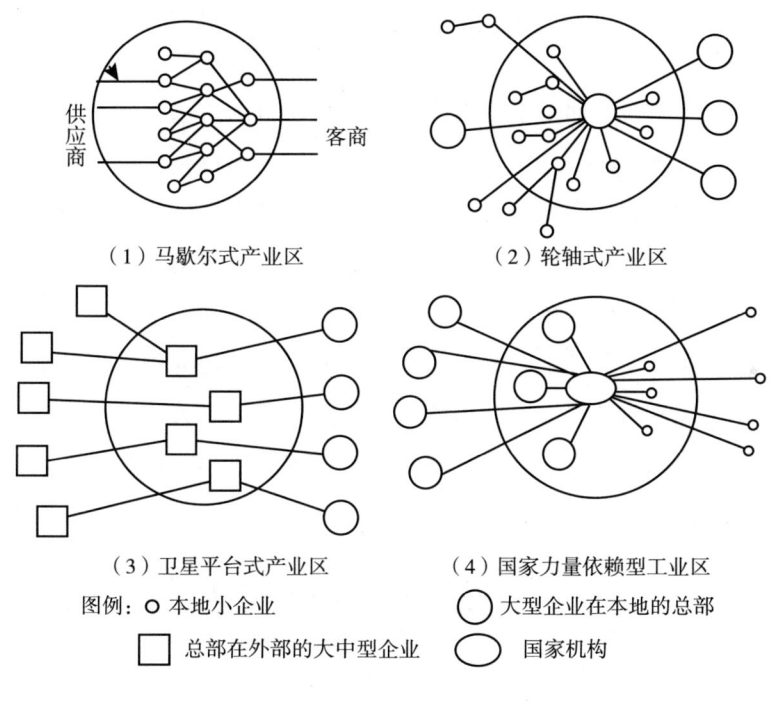

图1 马库森的产业区分类

（三）产业组织理论

以梅森、贝恩、谢勒等为代表的哈佛学派搭建了现代产业组织理论体系

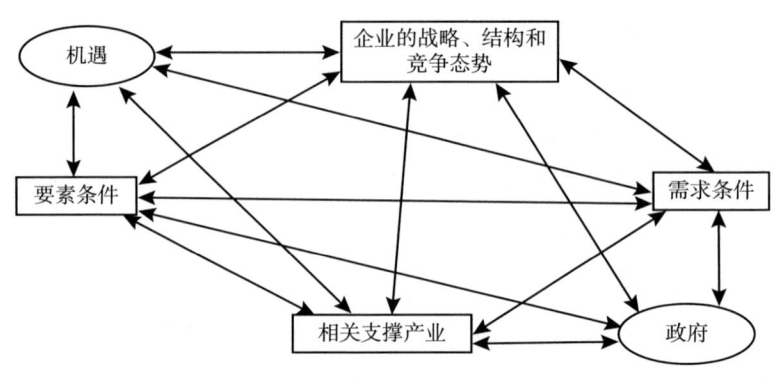

图2 "钻石"模型

的分析框架,即SCP范式(见图3)——市场结构、市场行为、市场绩效。他们认为三者之间存在单向线性因果关系。以施蒂格勒、德姆塞茨、波斯纳、布罗曾为代表的芝加哥学派重视竞争机制在自由市场中的作用,强调将价格理论运用到产业活动分析中,并对哈佛学派提出批判。以沃特森、梯若尔、鲍莫尔、考林等学者为代表的新产业组织理论学派强调从企业角度研究问题,注重企业行为与市场环境的循环与反馈关系;将博弈论作为主要研究手段重新阐述寡占理论和企业行为,弥补了传统产业组织理论来源于经验研究、缺乏模型分析和理论基础的不足。以米塞斯、哈耶克为代表的新奥地利学派注重市场竞争的过程性、行为性,理解市场竞争时关注过程分析,将竞争性的市场过程看作发现、利用分散知识与信息的过程,认为企业家行为可以引导资源流动从而最大化满足消费者偏好。

图3 SCP范式

三 本报告研究的数据选择与模型分析方法

本报告首先立足于理论,分别对北京CBD产业融合度、产业融合效应、产业融合机制、产业成长路径、产业融合模式和产业融合对策进行了测算和分析。

1. 赫芬达尔指数法（Herfindhal index,HI）

本报告结合北京 CBD 功能区文化创意产业、现代服务业和金融业部门的收入和资产等相关数据，主要测算"文化创意+金融"融合度、"文化创意+现代服务业"融合度、"金融+现代服务业"融合度。数据来源于 2011~2018 年朝阳区统计年鉴，以 2005 年北京市统计局统计标准定义现代服务业。公式为：

$$HI = \sum_{i=1}^{n} \left(\frac{X_i}{X}\right)^2$$

HI 代表融合度，X_i 是企业 i 的指标值（利润、专利、市场规模等），X 是所有企业指标值之和，n 是企业总数。HI 所指代的融合类型与 X_i 紧密相关：当 X_i 表示企业 i 专利数时，HI 指技术融合度；当 X_i 表示企业 i 投资总额时，HI 指业务融合度；当 X_i 表示企业 i 融合型产品的销售额时，HI 指市场融合度。一般而言，HI 值越小，说明技术或业务在不同企业分布得越分散，不再集中于某一企业，融合度越高；反之，融合度越低。按照划分标准，HI 指数可分成高融合区（0.20~0.36）、中高融合区（0.36~0.52）、中融合区（0.52~0.68）、中低融合区（0.68~0.84）、低融合区（0.84~1）五个区间。

2. 灰色关联分析法

本报告利用灰色关联分析法分别计算"文化创意+金融"融合度、"文化创意+现代服务业"融合度、"金融+现代服务业"融合度与京津冀产业结构升级、京津冀第三产业绩效的关联度。

考虑到京津冀三地在产业分类标准上的差异（如河北缺少现代服务业的统计标准）、部分产业数据缺失等因素，选取 2010~2017 年京津冀第三产业增加值占 GDP 的比重作为产业结构升级指标。将产业结构升级指标作为参考序列，"文化创意+金融"融合度、"文化创意+现代服务业"融合度、"金融+现代服务业"融合度作为比较序列，其中，本报告从市场和企业财务两个方面出发，构造第三产业绩效指标（T_i）：

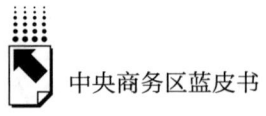

$$T_i = \frac{第三产业增加值 / GDP}{第三产业就业人数 / 总就业人数}$$

该指标表示第三产业1%的劳动力创造的产值在生产总值中所占的比重，即第三产业的生产效率，以衡量第三产业的产业绩效水平。该指标越大，说明第三产业的生产效率越高，产业绩效水平越高，产业结构越合理、越趋向于高级。

四 京津冀一体化背景下北京 CBD 产业融合效应

（一）北京 CBD 产业融合度

1. "文化创意 + 金融" 融合度

整体来看（见图4），2010～2017年北京 CBD "文化创意 + 金融" *HI* 指数主要分布在0.50～0.64，说明文化创意产业与金融业二者处于中融合区和中高融合区。

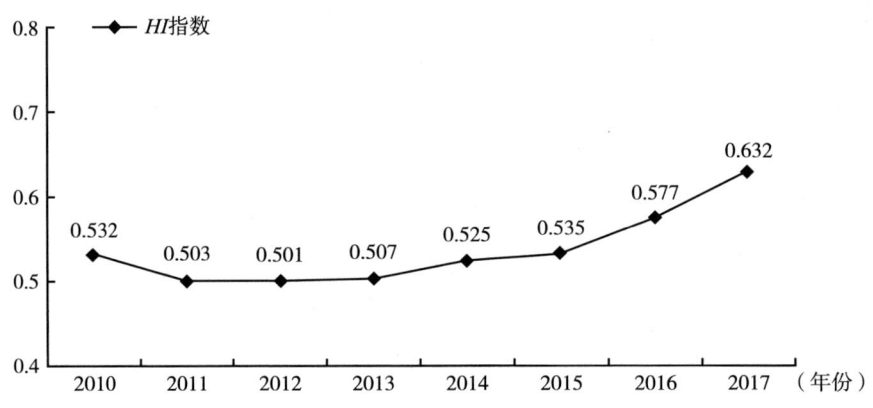

图4　2010～2017 年北京 CBD "文化创意 + 金融" 融合度

2. "文化创意 + 现代服务业" 融合度

整体来看，北京 CBD 文化创意产业与现代服务业的融合度普遍不高，*HI* 指数分布在 0.63～0.74（见图5）。

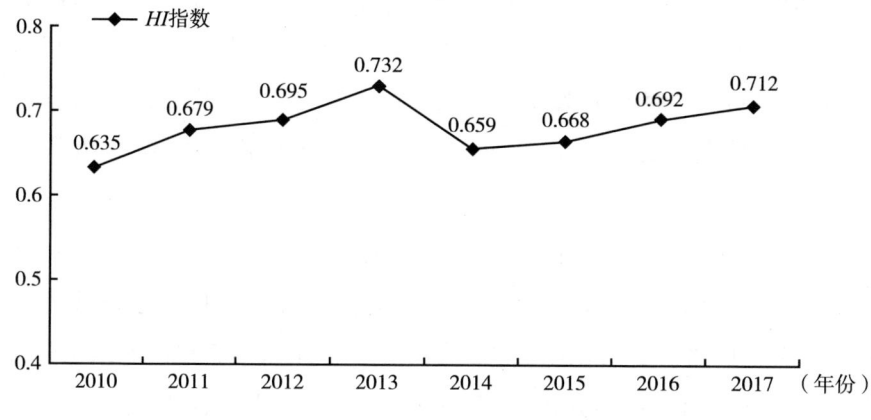

图5 2010～2017年"文化创意+现代服务业"融合度

3. "金融+现代服务业"融合度

整体来看，北京CBD金融业与现代服务业的融合程度普遍不高，HI指数分布在0.52～0.74（见图6）。

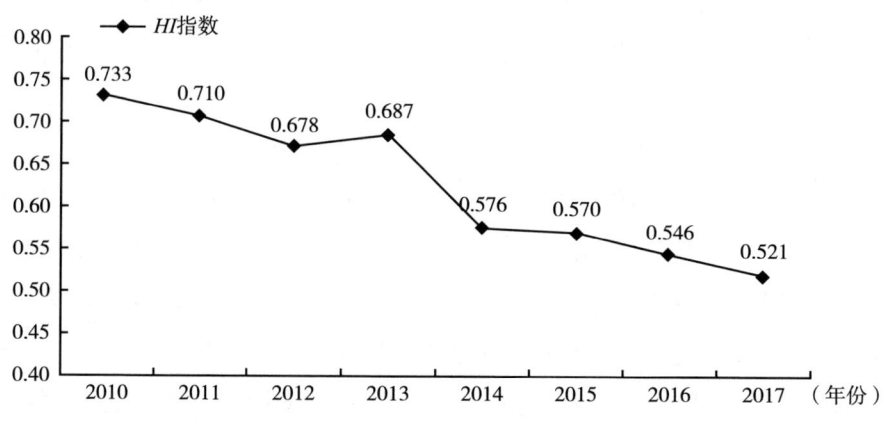

图6 2010～2017年"金融+现代服务业"融合度

（二）北京CBD产业融合效应

1. 北京CBD产业融合对京津冀经济结构的影响

从表1中可以看出，北京"文化创意+金融"融合度与产业结构升

177

级的关联度最高（0.4209），说明CBD文化创意产业与金融业的融合对于北京产业结构升级具有较大促进作用；其次是"文化创意＋现代服务业"（0.3809）、"金融＋现代服务业"（0.2854），文化创意与现代服务业的融合、金融与现代服务业的融合对推动北京产业结构升级的作用较小。

对于天津而言，"文化创意＋现代服务业"融合度、"文化创意＋金融"融合度与产业结构升级关联度都在0.7以上，说明北京CBD文化创意产业与现代服务业的融合、文化创意产业与金融业的融合对天津产业结构升级具有较强的推动作用，效果明显；"金融＋现代服务业"融合度与产业结构升级的关联度（0.5576）相对较低，促进作用相对较弱。

对于河北而言，"文化创意＋现代服务业""文化创意＋金融"融合度与产业结构升级关联度都在0.7以上，说明北京CBD文化创意产业与现代服务业的融合、文化创意产业与金融业的融合对河北产业结构升级具有重要的推动作用；其次是"金融＋现代服务业"融合度与产业结构升级的关联度，为0.6236，对促进河北产业结构升级也具有一定的作用。

总体来看，北京CBD"文化创意＋金融""文化创意＋现代服务业""金融＋现代服务业"的融合对于京津冀产业结构升级都具有重要的促进作用，其中对北京的带动作用相对较弱，对天津、河北的辐射带动作用较为明显。主要原因在于：首先，北京第三产业发展较为充分，2010~2017年北京市第三产业增加值占GDP的比重保持在70%以上，2017年第一产业、第二产业、第三产业的比重分别为0.4%、19.0%、80.6%，和发达国家的产业结构相似。相比北京，天津第二、第三产业齐头并进，河北第三产业发展滞后，津冀产业结构优化的空间很大。其次，北京作为科技创新中心，集聚着大量高技术企业和高等学府，人才优势、技术优势、资金优势在全国都是独一无二的，"信息技术＋产业"的融合对于推动北京产业结构的重要影响力不可小觑。

表1 北京CBD产业融合度与京津冀产业结构升级关联度

年份	地区	"文化创意+金融"融合度	"文化创意+现代服务业"融合度	"金融+现代服务业"融合度
2010	北京	1	1	1
	天津	1	1	1
	河北	1	1	1
2011	北京	0.1206	0.1425	0.1722
	天津	0.7520	0.7332	0.8332
	河北	0.8030	0.7061	0.8915
2012	北京	0.2914	0.6539	0.1274
	天津	0.6905	0.7105	0.6484
	河北	0.7285	0.6926	0.6839
2013	北京	0.3176	0.3041	0.3323
	天津	0.6479	0.6347	0.6129
	河北	0.6969	0.6125	0.6582
2014	北京	0.8393	0.0636	0.0447
	天津	0.6613	0.8152	0.3790
	河北	0.6955	0.8580	0.3980
2015	北京	0.1806	0.1635	0.1149
	天津	0.5802	0.6831	0.3332
	河北	0.5613	0.6519	0.3333
2016	北京	0.2063	0.4134	0.1721
	天津	0.6600	0.8910	0.3561
	河北	0.6871	0.9381	0.8474
2017	北京	0.4120	0.3060	0.3198
	天津	0.6692	0.6726	0.2977
	河北	0.6962	0.7353	0.4109
关联度	北京	0.4209	0.3809	0.2854
	天津	0.7076	0.7675	0.5576
	河北	0.7336	0.7743	0.6236

2. 北京CBD产业融合对京津冀产业绩效的影响

从表2可以看出，北京CBD"文化创意+金融""文化创意+现代服务业""金融+现代服务业"融合度与北京第三产业绩效的关联度均超过0.7，说明CBD内部文化创意、金融、现代服务业三大产业的融合大大提升了北京第三产业的生产效率，有效推动第三产业的发展。其中，文化创意产业与金融业融合的关联度（0.8682）最大，推动力最明显；金融业与现代服务业融合的关联度（0.7004）最小，推动作用相对较小。

对天津而言，"文化创意+金融"融合的关联度（0.7504）最大，表明北京CBD文化创意产业与金融业的融合提高天津第三产业的生产效率和产业绩效，推动天津第三产业的发展。北京"文化创意+现代服务业""金融+现代服务业"融合度与天津第三产业绩效的关联度均低于0.7，说明CBD文化创意产业与现代服务业、金融业与现代服务业的融合对于天津第三产业的影响相对有限。

对于河北而言，"文化创意+金融""金融+现代服务业"融合的关联度均超过0.7，说明北京CBD文化创意产业与金融业的融合、金融业与现代服务业的融合对河北第三产业的发展具有明显的促进作用。而文化创意产业与现代服务业融合的关联度（0.6630）较小，推动作用相对较弱。

总体来讲，天津、河北与北京相比，关联度高于0.7的产业数量明显低于北京。这主要是因为北京第三产业发展得较为充分，CBD又位于北京朝阳区内，产业融合的带动促进作用较强；天津与河北的第三产业尚处于快速发展阶段，劳动力数量、质量和技术水平还在不断提高，CBD产业融合对其第三产业发展存在很大的提升空间。

表2 北京CBD产业融合度与京津冀产业结构绩效关联度

年份	地区	"文化创意+金融"融合度	"文化创意+现代服务业"融合度	"金融+现代服务业"融合度
2010	北京	1	1	1
	天津	1	1	1
	河北	1	1	1
2011	北京	0.7312	0.7991	0.7988
	天津	0.6767	0.5528	0.8082
	河北	0.8340	0.5741	0.9773

续表

年份	地区	"文化创意+金融"融合度	"文化创意+现代服务业"融合度	"金融+现代服务业"融合度
2012	北京	0.7681	0.6841	0.7216
	天津	0.6662	0.4792	0.5969
	河北	0.7889	0.5282	0.7169
2013	北京	0.8048	0.5694	0.7568
	天津	0.6129	0.4091	0.5569
	河北	0.9494	0.4058	0.8525
2014	北京	0.9469	0.8342	0.4852
	天津	0.9185	0.6179	0.3332
	河北	0.9398	0.6891	0.4059
2015	北京	0.9802	0.7988	0.4717
	天津	0.7001	0.5236	0.3399
	河北	0.7893	0.9215	0.3334
2016	北京	0.8387	0.9135	0.7081
	天津	0.6632	0.5937	0.6036
	河北	0.8576	0.6382	0.6444
2017	北京	0.8759	0.7018	0.6610
	天津	0.7657	0.5135	0.4451
	河北	0.7891	0.5475	0.6787
关联度	北京	0.8682	0.7876	0.7004
	天津	0.7504	0.5862	0.5855
	河北	0.8685	0.6630	0.7011

五 京津冀一体化背景下北京CBD产业融合机制、成长路径、融合模式和融合对策

（一）北京CBD产业融合机制

1. 北京CBD产业融合的外在激励

（1）技术创新

信息技术的发展带来的技术创新是产业融合得以发生的外在条件，它在

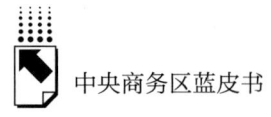

不同产业间扩散的结果是技术融合,技术融合为不同产业提供了相同的技术基础;相同的技术基础模糊了产业边界,为产业融合的形成创造了条件。近年来,信息技术革命引发的技术融合已经渗透到各个产业,技术融合孕育了业务融合、市场融合,为产业融合奠定了基础。北京CBD的信息服务类企业数从2010年以来一直保持增长,如新媒体业务从移动传媒、网络传媒、大数据到户外媒体,方式多种多样。

(2) 模块化分工

以信息的数字化为典型代表的技术创新是模块化发展的前提基础,对相对独立子系统的模块进行重组、改进、整合,能够快速生产出满足消费者个性化市场需求的产品。这种协调生产的规模化与需求的个性化之间的矛盾,以及为解决针对性需求而采用的生产方式,共同促进了产业融合的完成。以模块为载体和核心,形成了一系列充满活力、具有强劲创新力的融合化生产方式,塑造了能够有效地利用信息处理能力的生产结构,实现真正意义上的产业融合。

2. 北京CBD产业融合的内在发展

(1) 政府规制放松

以商业地产和投资与资产管理业为主的北京CBD功能区2017年完成投资489.1亿元,比上年增长51.6%,占全区投资总量的36.1%。但京津冀地区发展不平衡,结构有待进一步调整;首都"大城市病"问题没有得到解决;生态环境和生产生活方式的绿色环保水平堪忧。因此,北京CBD产业融合需要政府放松管制,对企业实行奖惩管理,推动金融等服务业逐步融合。

(2) 市场需求拉动

北京CBD核心区集聚了大量国际金融总部、标志性金融机构、国际金融组织、高端要素市场;CBD东扩区将重点发展国内外传统金融机构和新兴金融机构;CBD功能区将加快集聚银行、证券、保险、股权投资基金等金融机构以及中介机构,这些多样化的机构能为满足市场需求提供各种针对性服务,从而促进产业融合。

(3) 企业协同效应

例如,北京CBD所在地北京朝阳区注册登记的广告公司共有2000多家,媒体单位 248 家,各类媒介 337 种。仅 CBD 核心区内就有来自 27 个国家的 50 多家新闻机构集聚在朝外使馆区外交公寓,这种独特的地理优势不仅为新闻的采集、传播提供了便利,也对国内媒体的运作起到了一定的促进作用,它们的运作能够推进传媒产业之间的竞合发展关系。

(二)北京 CBD 产业融合的成长路径

从北京 CBD 产业融合发展的现状来看,围绕商务、金融、文化、科技四个要素,北京 CBD 的产业融合主要表现为产业渗透与产业间交叉延伸。CBD 作为北京高端服务业的集聚区,现代服务业占到了 80% 以上,是服务业融合发展的重要载体。在探究 CBD 产业融合模式时,产业融合更多的以现代服务业融合为主,四个要素之间也在以不同程度、不同范围进行融合发展。

1. 产业渗透

北京 CBD 区域内信息化渗透融合表现为与现代服务业的融合发展,主要包括两方面:信息服务业和服务业信息化。随着进一步的技术创新与产业渗透,传统产业体系发生根本性改变,产业重构已渗透到各个产业群,实现了产业大融合。主要包括:信息技术与商务服务业、金融业的融合,形成互联网金融;科技与文化融合带来文化创意产业的发展;信息技术与传媒行业的融合,形成以数字电视、网络、移动互联网为媒介的新传媒互联网,打破阻碍各行业发展的信息不对称,促进自身与商务服务业、传媒行业和金融业等的融合。

2. 产业间交叉延伸

北京 CBD 产业间延伸融合主要发生在第三产业如商务服务业、金融业、文化创意产业之间。例如,商务服务业与文化创意产业融合,形成广告业、咨询业等,丰富现代服务业内涵;商务服务业与金融业融合,形成投资与基金管理业;文化与金融、科技与金融延伸融合,建立良好互动发展关系;房地产业跨领域融合发展,为房地产业发展提供创新空间。

（三）北京 CBD 产业融合模式（见图7）

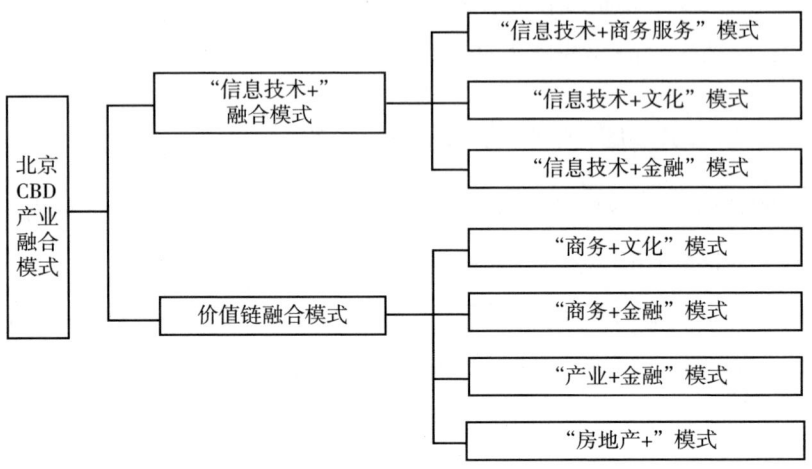

图 7　北京 CBD 产业融合模式

1."信息技术 +"融合模式

（1）"信息技术 + 商务服务"模式

信息技术的迅速发展不断打破各产业边界，与 CBD 中的主导产业商务服务业相融合，形成了互联网和相关服务、软件和信息技术服务业两大类产业。"十一五""十二五"期间，信息服务业发展平稳；至 2017 年，信息服务业企业数量从最初的 524 个增加至 1174 个，成效显著。

（2）"信息技术 + 文化"模式

文创产业融科技、创意和文化内涵为一体，以科技为支撑，文化内涵越深厚、科技含量越高，产业的生产力和渗透力越强。新媒体主要以移动、互联网及社交媒体为主，人民日报、中央电视台等传统传媒企业创新开拓网络（数字）传媒、大数据、微博、微信等形式的新媒体业务，搜狐、网易、雅虎、分众传媒等新兴网络媒体也为产业发展积聚了力量。2009 年底，朝阳区政府推出 CBD－定福庄国际传媒产业走廊规划，2014 年发展成为我国首个年收入超过千亿元的文化传媒产业功能区①；2018年，传媒产业走廊的文化企业单位突破3万家，总营收超过5000亿元，充分发挥了北京作为文化中心的作用。

(3)"信息技术+金融"模式

以CBD为核心的朝阳区目前是北京国际金融机构集中度最高、外资金融机构最完备的区域，除银行、证券等业态外，小额贷款、股权投资基金、第三方支付、大数据金融等新兴金融业态发展迅猛。

2.价值链融合模式

(1)"商务+文化"模式

普华永道、麦肯锡、世邦魏理仕、奥美广告、仲量联行等200余家世界级高端服务业企业集聚于北京CBD内，企业服务中带有不同的文化特色，是文化与现代服务业融合的典范。除此之外，广告、会展、旅游等行业带有明显的文化特征，其文化深意与服务定位相互联系，文化的内涵影响着服务质量，并最终影响消费市场。

(2)"商务+金融"模式

CBD已经形成一套完整的现代金融体系，在银行、证券、保险等传统行业不断完善的同时，还涌现了资金评估公司、汽车金融公司、投资基金公司、信用卡公司等一批新型金融公司。金融业与商务服务业的融合，可以缓解中小企业的融资问题。

(3)"产业+金融"模式

北京CBD文创产业众筹模式不断发酵，特别是BAT的介入打破了原有的融资圈子。众筹平台通过高效的机制对项目审核，及时与企业家沟通，提高投资决策过程的合理化，能给风投公司带来更多的项目；还能提升信息分享、谈判和融资的效率。在BAT资本与多重资金渠道的支持下，文创产业内部竞争加剧，迫使企业进行转型升级，同时也给消费者带来音乐、电影、

---

① 张弘、蒋三庚：《北京中央商务区（CBD）产业布局与发展研究》，首都经济贸易大学出版社，2015。

文艺演出等优秀文化产品。

(4)"房地产+"模式

北京CBD"房地产+"融合模式是以万达集团为代表的城市综合体，是商服、高端商贸、房地产等产业的融合载体；另一种是以SOHO为代表的集家居办公为一体的地产，是文创产业与房地产业的融合载体，主要服务于广告制作、平面制作等中小文创企业以及自由工作者。

(四)北京CBD产业融合的对策

1. 京津冀一体化背景下北京CBD存在的问题

(1) 产业发展基础不完善，增长水平差距大

首先，文创、金融和现代服务业存在阶段差异。从目前发展水平来看，文化产业对经济的贡献力较低，2017年文化产业收入占北京CBD重点产业总收入的12.99%，金融业和现代服务业收入占比分别为18.74%和68.27%。文创产业作为创新产业，由于受到产业基础水平和阶段水平的限制，对CBD整体产业经济的促进作用较低。其次，金融业、现代服务业体系不完善。金融业作为龙头产业在产业发展中的引领作用不明显，金融体系建设仍不完善，对产业经济升级的支撑作用不强。现代服务业的数据统计有待完善，缺乏一致性标准和定位。另外，文创、金融和现代服务业收入水平差异大。与其他产业相比，文化创意产业收入水平较低，增长幅度小，自2012年之后，文创产业收入明显低于金融业和现代服务业，至2017年，限额以上文创产业收入低于金融业1817亿元，低于现代服务业3207亿元，与现代服务业的收入水平差距最大（见图8）。金融业单位收入增长率保持在相对较高的水平，增长率为正，从2011年至2017年增长率变动中，2012年增长率最高，为52.7%（见图9），2015年增长率最低，为15.0%，平均增长率水平为32.3%。

(2) 区域布局定位重叠，产业发展不平衡

京津冀产业发展处于不同阶段。2017年，京津冀产业结构表现为：河北省第一产业比重为9.75%（见图10），明显高于天津和北京第一产业比

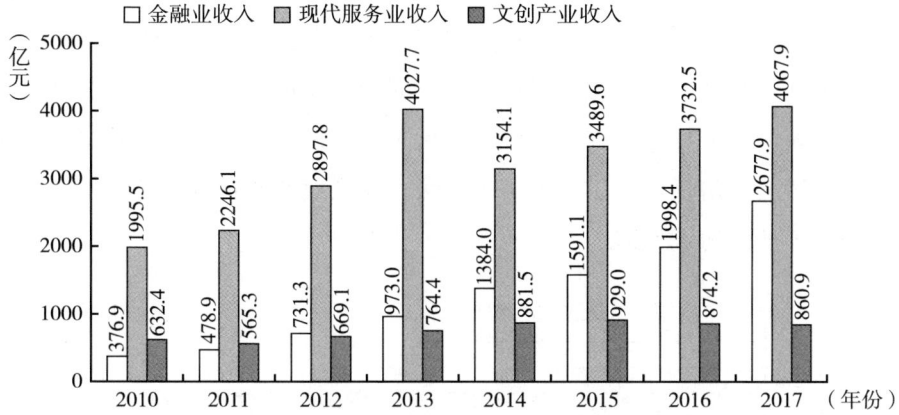

图 8　2010~2017 年 CBD 规模以上文创产业、现代服务业、金融业收入对比

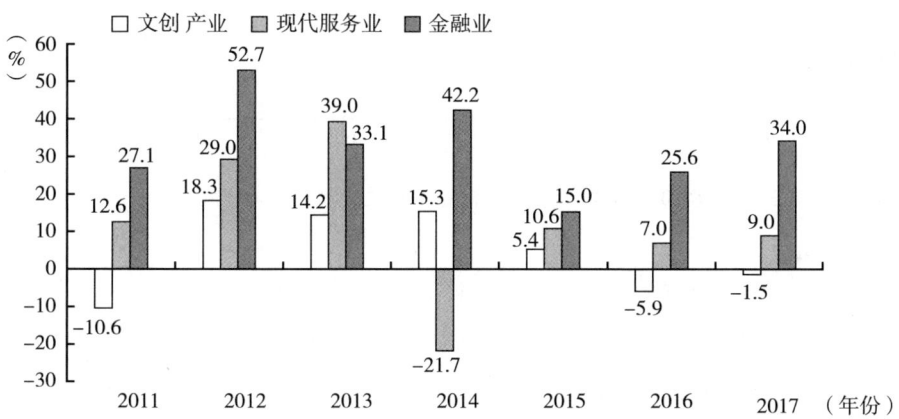

图 9　2011~2017 年北京 CBD 规模以上文创产业、金融业和现代服务业收入增长率对比

重；河北省第二产业比重为 48.43%，相对于天津第二产业比重 40.9%，差距较小，与北京第二产业比重 19.0% 差距较大；北京产业结构以第三产业为主，比重为 80.6%，而天津和河北第三产业占比为 58.2%、41.82%。总体而言，北京产业结构为"三、二、一"结构，天津产业结构虽然也为"三、二、一"结构，但是第二产业在地区生产总值中所占比重较大，说明天津第三产业发展水平虽然较高,但第二产业仍有重要地位;河北产业结构表现为"二、三、一",明显以第二产业为主。综上,京津冀产业结构具有较大差异性。从产业所占比重得出,京津冀产业发展阶段不同,根据郭克莎对产业阶段的划分标准:京津两地进入后工业化阶段,而河北仍停留在工业化中期阶段,经济发展阶段相差两个等级,使三地产业难以有效对接,不利于京津冀产业的协调发展。

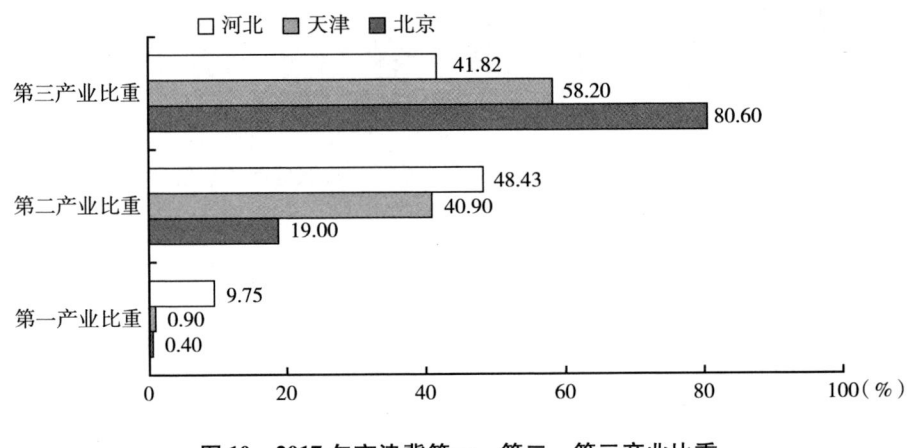

图10 2017年京津冀第一、第二、第三产业比重

2. 京津冀一体化背景下北京CBD的发展思路

面对建设首都服务业开放综合承载区、国家文化融合创新示范区、国际商务交往核心引领区、国际一流的现代化高端商务中心区的新需求,北京CBD的具体发展思路如下。

第一,强化CBD的经济引领功能,促进海淀区中关村、西城金融街、丰台总部基地、东城交通商务区协调发展,促进京津冀产业链延伸;重点发展现代金融业、文化创意产业和高端商务服务业,以文化引领创新,促进产业融合发展。

第二,以发展总部经济为特征,吸引跨国公司总部和地区总部为重点,以发展现代服务业为主导,协调发展国际金融产业和高端商务服务业,把北京商务中心区培育建设成为北京重要的国际金融功能区和现代服务业集聚地；以文化传媒为重点发展文化创意产业，促进中国文化创意产业的输出，完善文化创意产业内部协调机制和产业链；在加快高端商务服务业发展的同时重视零售业发展，引导 CBD 商业布局和多业态发展，完善服务业配套体系。

第三，应更加注重依托互联网、大数据和云共享等技术手段，推进信息互联互通和资源共享，带领京津冀区域形成分工合理、协作共享的网络化发展格局。

3. 京津冀一体化背景下北京 CBD 的发展对策

为了提高 CBD 产业融合对京津冀区域经济整体的服务效应，北京 CBD 在发展过程中应打破京津冀条块分割和地域限制，协调三地资源优势，促进要素在区域之间的流动，进一步完善京津冀管理体系，促进京津冀的协同合作，提高产业发展的经济效应。

（1）构筑多层级开放式 CBD 网络

北京 CBD 具有涉外资源密集、商务环境与国际接轨、市场环境相对成熟、高端人才富集和创新性环境好的优势；而天津河西商务中心区、滨海新区商务中心区、石家庄中央商务区等 CBD 也是各自区域范围内的发展制高点，市场条件相对成熟，资源要素配置能力相对较强。因此，应结合京津冀整体战略，以中心城市北京 CBD 为主核，以其他各级城市 CBD 为节点，以方便快捷的城际交通为纽带，构建多层级、开放式的 CBD 网络，进一步强化 CBD 对京津冀经济发展的服务功能和支撑作用，辐射带动京津冀协同发展。

（2）打破区域条块分割

要打破京津冀条块分割，就要打破京津冀产业、指导思想的条块分割，建立协调京津冀内产业发展的总体思想，建立产业协同发展规划，以统一、有序、互利、共赢的原则规范区域内各省市发展规划的关系，形成核心城市和外围区域互相支持的发展关系，保持整个地区的可持续发展。应利用京津冀的地理位置优势和产业结构优势，从整体上协调产业指导思想，对京津冀产业进行总体规划，北京以第三产业为主，突出总部经济特征，促进天津产业升级，促进河北的产业结构调整和对京津产业的承接，完善整体布局。

(3) 立足功能定位，协调资源优势

根据《京津冀协同发展规划纲要》对京津冀三省市的功能定位，北京市定位为"全国政治中心、文化中心、国际交往中心、科技创新中心"，天津市定位为"全国先进制造研发基地、北方国际航运核心区、金融创新运营示范区、改革开放先行区"，河北省定位为"全国现代商贸物流重要基地、产业转型升级试验区、新型城镇化与城乡统筹示范区、京津冀生态环境支撑区"，体现了三省市各具特色的资源优势，应综合京津冀区域的功能定位和区位优势来布局规划，结合京津冀产业布局完善整体产业链的构建，以增强CBD产业融合的辐射效应。

北京作为京津冀空间布局的核心，在产业引领、资本辐射、科技辐射等方面对天津、河北具有带动作用；北京CBD是高端人才和现代服务业的集聚地，具有丰富的创新资源和强大的创新驱动力，在北京建设中具有引领和示范作用，将引领首都经济向高精尖化方向发展。北京以CBD经济为引领，发展人才和技术优势，促进产业升级；将天津构建为物流运输网络的枢纽，巩固京津冀的产业联系；河北具有劳动资源丰富和物价低的优势，应着力打造京津冀制造基地。

(4) 促进产业合作和要素流动

北京作为京津冀的核心城市，在经济发展和资源方面具有优势，应在京津冀范围内努力打造一个开放、规范的市场环境，同时加强政府职能的发挥，充分利用市场协调手段调节资源在区域内的配置，促进区域内资源和要素的自由流动。为了促进CBD对京津冀的经济影响，提高现代服务业领域企业之间的要素流动和技术合作，应制定京津冀经济交流政策，引导京津冀产业交流平台的发展，设计科技展览活动，推动京津冀产业内和产业间的交流，从而促进京津冀产业资源的流动；另外，可以设立京津冀资源共享平台。通过建设京津冀共享和合作平台，惠及京津冀区域的不同产业，促进京津冀产业之间的合作，从而促进北京CBD产业融合对河北、天津的经济效应。如2017年北京国际设计周的"京津冀文创+"活动，为京津冀创建了高效、专业的文化艺术交流平台，有利于促进区域文化产业对接，推动京津冀文创产业融合发展。

参考文献

［1］安树伟、肖金成：《京津冀协同发展：北京的"困境"与河北的"角色"》，《广东社会科学》2015 年第 4 期。

［2］白永秀、惠宁：《产业经济学基本问题研究》，中国经济出版社，2008。

［3］程李梅、庄晋财、李楚、陈聪：《产业链空间演化与西部承接产业转移的"陷阱"突破》，《中国工业经济》2013 年第 8 期。

［4］付承伟：《大都市经济区内政府间竞争与合作研究——以京津冀为例》，东南大学出版社，2012。

［5］郭克莎：《中国工业化的进程、问题与出路》，《中国社会科学》2000 年第 3 期。

［6］黄志基、贺灿飞：《制造业创新投入与中国城市经济增长质量研究》，《中国软科学》2013 年第 3 期。

［7］李国平、张杰斐：《京津冀制造业空间格局变化特征及其影响因素》，《南开学报》（哲学社会科学版）2015 年第 1 期。

［8］陆铭：《大国大城》，上海人民出版社，2016。

［9］马海龙：《京津冀区域治理——协调机制与模式》，东南大学出版社，2014。

［10］芮明杰、李想：《网络状产业链构造与运行》，格致出版社、上海人民出版社，2009。

［11］唐浩、蒋永穆：《基于转变经济发展方式的产业链动态演进》，《中国工业经济》2008 年第 5 期。

［12］文魁、祝尔娟主编《首席专家论京津冀协同发展的战略重点》，首都经济贸易大学出版社，2015。

［13］文魁、祝尔娟主编《京津冀发展报告（2014）》，社会科学文献出版社，2014。

B.7
新区与老区中央商务区协调发展

蒋三庚 刘建新*

摘 要： 近年来，越来越多的城市提出CBD发展规划。部分城市综合考虑地理位置、发展空间、人口密度等，将CBD建在新区；还有部分城市的CBD没有经过具体设计，而是在原有区域上自发形成。因此，新区与老区由于资源竞争、定位趋同、产业分离等原因，发展很容易出现不协调性。本报告结合新区CBD与老区发展现状，详细分析新区和老区各自发展的优劣势、布局结构的几种模式、发展过程中存在的问题等，并提出合理定位，突出特色、防止新区空城化、建设"产城一体"的城市功能区等建议。

关键词： 新区中央商务区 老区中央商务区 区域发展理论 产城融合

城市化的快速推进，客观上需要更大的城市空间作载体，而新区CBD建设是城市空间扩张的一种新形式。有计划地推进新区建设，对解决人口居住、引导城市转型、拉动区域发展、缓解城市病、提升城市竞争力均有重要的现实意义。据统计，我国已有40多个城市提出建设CBD的规划。其中，一部分城市的CBD是在原有城市商贸中心区逐渐形成的，如福州鼓楼区

---

* 蒋三庚，首都经济贸易大学教授，博士，博士生导师，北京市哲学社会科学CBD发展研究基地主任，主要研究领域为CBD理论、金融理论与政策；刘建新，硕士，中国工商银行股份有限公司北京市分行。

CBD 和杭州下城区 CBD 等；还有部分城市经过综合考虑将 CBD 建在新区，进行整体的规划开发建设，如上海陆家嘴、郑州郑东新区、贵阳观山湖区、南昌红谷滩新区和西安浐灞生态区等。一方面，新区 CBD 是老区的继承与发展，它们拥有共同的文化基础和外部优势；另一方面，新区在一定程度上摒弃了老区发展的制约，促使城市向国际化大都市迈进。但由于新区建设时间紧促、资金紧张等问题，我国新区建设也暴露出不少现实问题。《国家新型城镇化规划（2014~2020年）》明确提出，要统筹中心城区改造和新城新区建设，防止新区建设空心化，因此在建设新区 CBD 时应警惕"新城新区热"背后存在的配套设施欠缺、债务风险增加等问题，努力引导新区科学、有序、适度、理性发展。

一　城市新区与老区 CBD 现状研究

（一）城市新区与老区 CBD 建设现状

新区 CBD 建设是国际上大城市疏导老城区人口与产业、解决"城市病"的成功模式。CBD 是一个城市的经济中心区，选址至关重要，需要有得天独厚的地理位置、足够的区域影响力、发达的交通设施和良好的市场基础。对于在原有区域建设 CBD 的特大城市而言，只存在规模的设定和空间扩展方向的选择问题。但是对于新区 CBD 而言，选址的合理与否直接关系到整个 CBD 区域开发建设的成败。因此，在新区 CBD 选址时，需要注意历史延续性、现实发展条件和未来发展趋势的协调，注意 CBD 自然景观和人文景观的和谐，并满足四个条件：一是具有充足的土地资源供未来进行弹性开发；二是能够满足人流、物流的迅速集聚与分散；三是能够在较短时间内成为交易平台，并为国内外投资者认可；四是具有最高的可达性的潜力。我国城市受历史和现实条件的影响，大部分将 CBD 建设在新区，而国外新区 CBD 与老区的分布并没有明显的规律。

将城市的 CBD 建在新区是有一定的难度和风险的。新区 CBD 投资大，建设周期长，且新区的选址一般较为偏远，远离原有的城市中心，基础设施不完善，交通不便，也需要大量的前期投入，给政府和地区带来巨大的财政压力。同时，新区在建设初期时人口流动量小，商业不发达，会有一段时间的空置期，如何汇聚人流和物流是一个难题。若老区CBD在商务、零售业等方面已具有一定的规模和知名度，且完全具备建设CBD的条件，建设新区反而会削弱老区原有的优势，同时会分散政府资金，形成城市"双CBD"或"多CBD"的窘状。因此，建设CBD不能盲目选址，需要根据城市的整体规划，合理确定CBD规模和具体地址。表1为国内外著名城市CBD所在城区域。

表1 国内外著名城市CBD所在城区域

城市	CBD区域	CBD位置
纽约曼哈顿	建成区	曼哈顿岛南端
北京	建成区	北京国贸地区
东京新宿	新区	东京都西部地区
巴黎拉德芳斯	新区	巴黎西郊
上海	新区	上海陆家嘴
广州	新区	广州珠江新城
深圳	新区	深圳福田区

（二）城市CBD选在新区的原因

1. 缓解中心城区压力，拓展城市发展空间

随着经济的快速发展，一些城市的中心城区已不能满足城市整体发展的需要。在计划经济时期，传统的中央商务区发展层次较低，功能混杂，在某种程度上只是零售中心区的代表，而现代化的中央商务区更加注重第三产业的发展，以金融、保险、信息咨询为核心的现代服务业迅速发展，客观上要求更宽广的地域发展空间，所以，许多地方政府积极规划新区CBD。另外，现在"大城市病"越来越严重，尤其是中央商务区，显现出交通拥挤、地价高涨、人口密集、住房紧张的状况。同时，政府机关、公司总部在商业中

心区高度集中，中心区域已高度负荷。为了缓解中心城区的压力，部分城市将CBD建在新区。新区CBD建设在吸纳人口、增加就业、疏解功能、提升质量的同时，还拓展了城市发展空间，优化了城市生态空间、生产空间和生活空间，使城市生态空间更加优美秀丽，生产空间更加集约高效，生活空间更加宜居舒适。例如，日本新宿就是东京市政府为了减少东京都中心区密集度而建设的城市副中心之一，并利用地下空间的开发有效缓解了地上设施的压力。

2. 推动城市产业升级，提升城市发展效益

多数新区CBD是城市经济发展和空间布局的新增长点，不少新区在国家和城市经济社会发展中担当了"排头兵"的作用。如上海浦东新区、天津滨海新区、郑州郑东新区等新区CBD，是国家战略性新兴产业、高科技产业、先进制造业和现代服务业集中区、自主创新示范区和自由贸易试验区，已成为国家和城市经济发展的新门户、新基地和新引擎，对推动国家经济发展和城市经济转型做出了重要贡献。近年来，上海浦东新区经济保持健康增长，经济发展的质量、结构、效益持续改善，产业转型升级取得明显成效。

3. 吸纳人口居住就业，改善城市人居环境

新区CBD的建设吸引了大量的人口就业，增加了城市住房面积，缓解了城市居住压力。相对于老城而言，这些新城新区由于建设起点高、标准优，显著地改善了城市人居环境。以天津滨海新区为例，借助京津冀协同发展机遇，天津滨海新区综合运用城市规划、政策引导和市场激励等手段引导人口合理流动和布局，大大提高了人口分布与就业分布的适宜度。2018年，天津滨海新区迎来新一轮人口增长，约有6.2万外省市人口落户天津滨海新区，较2017年增加一倍，缓解了天津人口居住密度和通勤交通压力。

4. 保护原有历史建筑，展现特色城市风貌

一些老城区极具文化特色与历史内涵，如果对老城区进行改造，很可能破坏原有的文化底蕴，得不偿失。同时，老城区古建筑的拆迁改造涉及一系

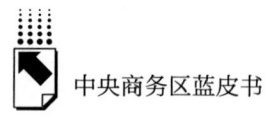

列行政审批、补偿安置问题，也会给 CBD 的建设带来一定的麻烦。例如，巴黎拉德芳斯就是为了保护古城风貌，而另辟新城用于建设现代化的巴黎，且与巴黎的传统风貌形成鲜明的对比。巴黎的老城区空间较为狭窄，且高楼林立，但有许多有价值的文物古迹，不宜拆除。建造新区不仅能完好地保护巴黎老城，而且能更好地体现现代主义的设计理念。

5. 减少初期资金投入，节省开发建设成本

老区 CBD 是原有的城市中心，一般商业繁荣、人口集中、地价高涨。如果进行拆迁，需要大量的初始启动资金。而地方政府财力有限，在进行初始预算时，启动资金相对较少。例如，上海 CBD 的启动资金只有 3000 万元，不足以维持偌大的 CBD 项目，而将 CBD 选在新区，有利于减少高昂的土地成本，节省的资金可以对 CBD 基础设施和项目的建设做出进一步的规划，保障整个 CBD 项目的平稳开发。

6. 打造城市宣传亮点，不断吸引资金流入

随着特大城市参与区域性、国际性活动的不断增多，商务性活动也日渐频繁，特大城市需要以全新的姿态在国际上亮相。而 CBD 由于汇聚了诸多国际性机构和跨国企业的总部，自然也成为城市的焦点，新区 CBD 的建设应运而生。在新区的规划建设中，可依据城市的国际需求，致力于打造城市新名片。另外，如今每个城市都在努力塑造自身的特色，通过各种宣传活动大力招商引资，以便在激烈的竞争中占得一席之地，新区 CBD 的开发建设可谓城市非常"出彩"的宣传亮点。

（三）城市新区 CBD 的几种类型

随着我国城市化进程的深入，越来越多的城市逐渐意识到新区功能单一，新区和老区功能割裂，自身功能难以完善，很难成为独立的新城区。因此，在开拓新区时综合规划和考虑了产业布局、交通、旅游、文化传播等诸多功能，着力突出新区特色。

1. 产业集聚型新区 CBD

许多城市新区 CBD 都是在原城市外围区域划定一定范围，以集聚有关

产业和拓展城市空间而发展起来的。改革开放后，早期阶段城市新区的扩展多以此类型为主，这类新区的优点是产业优势明显，不足是社会服务功能略微薄弱，上海陆家嘴 CBD、武汉王家墩 CBD 就是产业集聚型新区 CBD 的代表之一。

2. 交通先导型新区 CBD

高铁的飞速发展，使交通成为带动新区 CBD 发展的关键因素之一，许多新区 CBD 在建设初期首先考虑的也是交通问题。交通职能带动产业集聚，进而促进整个城市快速发展是这一模式的核心所在。如郑州郑东新区、长沙芙蓉 CBD 在建设的过程中就着重突出了对交通枢纽的规划。

3. 区域一体化新区 CBD

从空间层次上看，区域一体化推动下的新城新区开发模式分为内部空间发展模式和外部空间发展模式两种。内部空间发展模式，以新城的核心为基础，联动区域旅游，承接中心城区的功能，带动产业的发展，包括积极发展区域商贸、集散和物流功能，进而依托交通优势带动经济发展。外部空间发展模式，一般依托土地资源丰富和外部效应较好等优势，实现城市基础经济部类扩张。城市的外部空间跨越式发展地区，包括城市中心区外围的卫星城、科技园区、产业基地、大型居住社区乃至综合性新城新区，其开发与成长最能反映城市新型功能的培育与演化的方向，将成为新城新区发展研究的主体。福田 CBD 就是区域一体化新区 CBD 的代表。

4. 生态特色型新区 CBD

此发展模式是在新型城镇化国家战略下提出来的，旨在注入生态产业，展示生态特色，建设活力新区。如广西南宁市新区 CBD 开发建设的五象新区就是在此背景下提出来的。

自 2006 年广西提出开发建设五象新区战略以来，南宁市把五象新区开发建设作为引领南宁现代化建设的"一号工程"，举全市之力乘势而上加快新区建设发展，将五象新区建成广西科学发展的先行先试区、具有壮乡首府特色和亚热带风情的宜居生态新城。2015 年，南宁市委、市政府提出将五象新区建设成为南宁市产业发展和城市建设的改革试验区，具有壮乡首府特

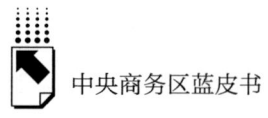

色和亚热带风情的宜居生态新城。几年来，五象新区不断加大投入，快速推进基础设施建设，积极引进产业项目，取得了良好的成效。

5. 文化传导型新区CBD

这种模式是在中国新型城镇化背景下，根据中国城市发展特点及未来趋势，提出的一种新型城市发展路径，即通过文化、旅游产业的发展拉动区域经济发展、提升区域形象、推进区域产业转型、提升区域生活品质。西安长安路CBD就着重突出其丰厚的文化底蕴。

长安路CBD按照"集中、集约、集群"发展理念，以长安路为轴心，不断拓展发展空间，强化综合功能，突出产业特色，集聚发展能量，使其成为产业高端化、充分国际化、城市现代化、文化特色化、综合性更强的高端商务集聚区。文化特色化，就是要区别于一般商圈和金融商务区的概念，立足于自身文化底蕴和产业基础，创新特色战略，走差异化发展之路，打造具有文化特色的CBD模式。

（四）新区与老区CBD布局结构的几种模式

根据国内外新区建设的实践，目前许多城市政府在新区CBD建设时一般追求以下三个目标：一是新区CBD产业发展与城市功能完善同步，成为功能完整的城市新区；二是新区CBD产业的甄选和布局与整个城市未来的发展定位相吻合，符合城市发展规划的性质或者代表国内未来一定时期的优势产业；三是城市新区与老城区CBD达到有机融合，既希望缓解老城区的拥堵压力，又期盼代表新时期现代都市的特质，最终实现新老城区的共生和新陈代谢。根据功能定位的不同，老区与新区布局的方式也不同。

1. 新区与老区CBD呈对称分布

部分城市新区与老区CBD位置对称，处在主交通要道或是主建筑物两侧。地方政府考虑到发展的协调性、资源的共享性和文化历史的传承性，将新区CBD建设在与老区对称的位置。图1为新区与老区CBD对称分布图。

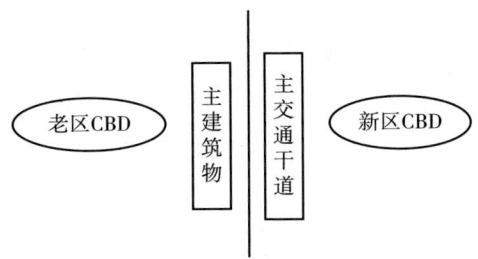

图 1　新区 CBD 与老区 CBD 对称分布

2. 在老城区边缘形成新区 CBD

在 CBD 的演变过程中，一部分新区的兴起是紧邻老区发展起来的。政府在规划方案中，考虑到了老区对新区的辐射带动作用；同时，由于文化渗透等因素，一些城市将新区 CBD 确定在老区边缘。以广东 CBD 为例，在城市机制的作用下，新区 CBD 自发在老城区边缘形成，并围绕老区高级涉外酒店形成写字楼区，主要服务于高级别第三产业和企业性办公，与以零售业为主体的老区形成明显的功能互补。因此，广东新区 CBD 与老区在空间结构上呈分区发展，在功能内涵上也各有差异。图 2 为老城区边缘形成新区 CBD 布局结构图。

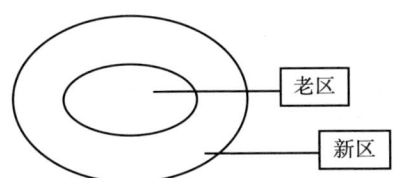

图 2　老城区边缘形成新区 CBD 布局结构

3. 重新规划设计，远离老区 CBD

也有一部分新区 CBD 与老区在位置上并没有相邻，也没有明显的区域对称，这也是为了摆脱老区发展的区域弊病。大部分老区 CBD 由于建设时间早，在空间承载力、资源承载力、环境承载力、经济承载力和社会承载力方面都处于下降态势。远离老区 CBD，重新建设新区，也有利于整个城市的重新定位。如上海 CBD 就是以"国际经济、金融、贸易中心"为发展目标，契合上海"面向世界、服务全国、联动长三角"的现代化国际大都市目标，有计划地改造和建设了浦东新区，并成立了陆家嘴金融贸易区开发公司。图 3 为新老 CBD 距离较远的布局结构。

图 3　新老 CBD 距离较远的布局结构

二　新区 CBD 发展的 SWOT 分析及定位选择（与老区 CBD 对比）

SWOT 分析方法在战略决策和可行性分析中具有广泛的用途。通过宏观化处理，也可以用来分析区域发展和模式定位问题。一个地区通过不断改变自身的要素配置方式，逐渐强化比较优势。新区 CBD 在开发建设过程中，有优势，有机遇，也有一定的劣势，同时面临着外部的威胁。图 4 为新区 CBDSWOT 分析。

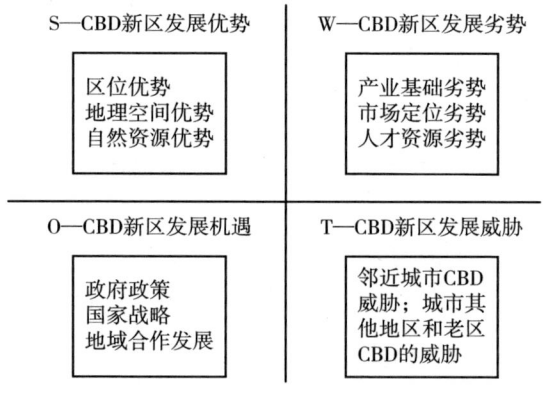

图 4　新区 CBDSWOT 分析

（一）新区 CBD 的发展优势

新区 CBD 发展优势可以概括为三个方面：区位优势、地理空间优势和自然资源优势。从区位优势来看，新区一般临海、临湖或临河，或者是交通枢纽，或者辐射力强，例如，深圳福田区背靠莲花山和银湖山，且面向大海，是新区 CBD 的最佳选址。在地理空间方面，新区的选址一般都是经过整体规划设计、反复比较选出的最优方案，确定最佳位置，综合考虑了地区因素、市场因素、商圈因素、物业因素和交通因素，是未来城市的中心区域。在自然资源方面，新区 CBD 土地资源可利用率较高，拥有较充裕的水资源；另外，由于新区采用了现代化的规划设计，绿植覆盖率相对较高。这些都是新区 CBD 的核心竞争力。

（二）新区 CBD 的发展劣势

相对于老区，新区 CBD 的发展劣势也是显而易见的。这些劣势可以从产业基础、市场定位和人力资源三方面进行分析。在产业基础方面，新区 CBD 在最初建设时，可能只是一片毛地，也可能是堆砌着破旧厂房的荒地，前期未受到政府的足够重视或开发不足，发展缓慢，产业停滞，导致经济落后，因此其产业基础薄弱，且缺乏合理的产业布局。在市场定位方面，虽然 CBD 在最初选址时拥有较好的市场基础，但是经过一系列的开发建设及人流、物流的涌入，能否保持市场的群体基础还是一个值得商榷的问题。因此，市场定位在新区 CBD 的建设中具有十分重要的作用，直接关系到新区 CBD 能否在较短时间内收回建设成本。在人力资源方面，新区 CBD 在开始建设时也是不占优势的，新区 CBD 的规划建设需要几年、十几年甚至更长的时间，对一个城市的大多数人来说只是一幅美好的蓝图，虽然充满机会，但风险也很大。许多高科技人才在政策的引导和鼓励下能否投入新区 CBD 的建设中，还取决于 CBD 的后续建设状况。

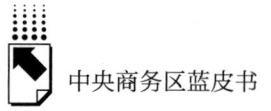

(三)新区CBD的发展机遇

从政策上来看,新区CBD是政府着力打造的城市新名片,在基础建设、项目开发、招商引资和人才引进方面都有一定的优惠力度,对符合CBD整体发展规划的产业也有相应的奖励政策。为了吸引新兴产业入驻CBD,一些地方政府更是推出低息免息贷款和减税免税政策。以天津滨海新区为例,早在2008年国务院就正式批复了《天津滨海新区综合配套改革试验方案》,鼓励和支持滨海新区进行金融改革和创新,探索用好国家给予新区的财税方面的优惠政策等。如今,在京津冀一体化战略的大形势下,京津冀地区的CBD对推动三地的协同发展具有至关重要的作用。《中国商务中心区发展报告No.1(2014)》指出,加强三地CBD合作是推动京津冀协同发展的重要切入点,这符合各地区的发展诉求和发展方向,有利于激发各地政府的积极性,打破三地区存在的"低水平合作瓶颈"。而天津滨海新区的经济实力和总体发展水平在京津冀CBD中处于中间位置,这对天津CBD的发展是一个巨大的机遇。

(四)新区CBD的发展威胁

新区CBD的威胁主要来自外部因素。首先是其他邻近城市CBD的威胁,许多特大城市都在积极打造CBD,更是将CBD的主要发展领域作为未来城市的发展方向,这其中就涉及多方面的竞争,如资源的占有、人才的抢夺和项目的招拍挂等。其次是城市其他地区发展状况的威胁,特大城市的持续繁荣仅靠中央商务区的发展是远远不够的,其他地区的发展也必须齐头并进。以广州CBD珠江新城为例,广州整体商业发展格局为"一核两轴双廊六主题",天河商圈等对广州经济的发展也做出了许多贡献,通过多元化的打造,共同推进广州经济的发展。但是,相对于CBD本身而言,其他地区的迅速发展也是一个威胁。再有就是老区CBD的威胁,这种威胁与来自城市其他地区的威胁一样,下文中将有详细论述。

三　新区与老区 CBD 在发展过程中出现的问题及原因

（一）新区 CBD 与老区在发展过程中出现的问题

1. 新区 CBD 与老区发展目标不一致

新区 CBD 的建设是基于老区的，因此与老区具有紧密的联系，一些重要的规章制度应与老区协调一致，以免产生摩擦。但是一些新区忽略了这一点，与老区的发展目标不一致，导致新区发展缓慢。例如，部分新区为了追求经济发展效率，对环境保护重视程度不够，违反了环保部门的相关规定，不仅对老区形成环境压力，也会影响新区 CBD 建设的整体进程。还有些新区只顾自身利益，违反市场原则，暗箱操作招标投标，大肆招商引资，不仅有损整个城市的形象，在一定程度上也不利于老区的发展。

2. 新区 CBD 与老区定位类似，功能雷同

部分新区 CBD 的设计没有明确的定位，虽然在空间上与老区相分离，但在功能上与老区趋同，没有形成新区的产业特色，仍然延续了老区区域发展的弊端，无法带动整个区域的经济发展。这就造成了极大的资源浪费，也给地方政府带来了财政和管理方面的困难。同时，由于部分新区基础建设和配套设施并不完善，造成了部分员工"工作在新区，居住在老区"的局面。

3. 新区 CBD 与老区存在资源和建设资金的竞争

新区 CBD 的开发与建设，有的依托于老区的产业基础，有的依托于特色产业的集聚，有的没有任何产业基础作为依托，需要整体规划设计、招商引资。这就势必需要大量的财政资金和人力物力的投入。而地方财政是有限的，为新区建设投入较多，就会在一定程度上影响老区的发展，导致老区发展停滞。同时，当新区建成时，会涉及产业迁移等一系列问题：有核心竞争力的企业是继续留在老区还是迁往新区；环境污染较重的产业该如何处置；新入驻的企业如何选择最优位置。因此，新区与老区存在资源和资金方面的竞争。

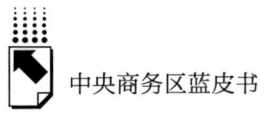

4. 新区 CBD 与老区的发展各自独立，产业分离

虽说新区 CBD 与老区的功能定位在最初规划时就应有所差异，但是它们的发展是紧密相关的。只有新区与老区共同发展，才能不断提升整个城市的综合竞争力。新区 CBD 的建设应借鉴老区的经验：如何快速融集资金；各项目如何最优化投融资模式；如何使得新区更具吸引力从而吸引外来资本。同时，要吸取教训，从而少走弯路，提高建设效率。而现在为了提高区域政绩，许多新区与老区的发展相互分离，甚至在特色产业上没有任何交集，这是不符合区域发展规律的。

5. 新区 CBD 未量力而行，加重老区财政负担

新区 CBD 需要在短时间内进行全方位的基础设施建设，包括土地征收、房屋拆迁、道路交通、水电气热供给、信息网络、污水垃圾处理、生态绿化等，会产生巨大的投资需求，资金需求非常大。一些城市新城新区开发建设的投资需求动辄几百亿元乃至数千亿元，远远超出城市的投融资能力，很多城市竞相通过地方政府融资平台公司举债融资，这导致地方政府融资平台公司数量膨胀，负债规模急剧攀升，加大了地方政府的负债风险，同时也对老区的建设产生了一定的影响。

6. 部分新区 CBD 建设超前，存在基础设施浪费问题

与新区 CBD 建设热形成鲜明对比的是部分城市新区的人口数量偏小。目前，在中国的新区 CBD 中，绝大多数新区的人口数量并没有形成一定的规模。新城新区人口规模偏小，不仅制约交通、供水、供电、信息、污水和垃圾处理等基础设施的建设，同时也造成已建成基础设施的浪费和低效利用，不利于商业、教育、医疗、餐饮、娱乐等服务设施的进入和壮大，难以形成持续扩大和升级的消费需求和服务需求，导致新区在很长时期内缺少人气和商气，违背新区设立的目标。

（二）存在问题的原因

1. 评估监管机制缺失

由于缺乏权威的监督评估与管控机制，各地新区 CBD 建设自由裁量空

间很大。为了增加建设用地，一些地方绕过《城乡规划法》等法规约束，以会议纪要为依据，决定开建各类新城新区，不需要评估，更不需要审批，一切都是"自己说了算"。新区建设的评估、监管、审批没有固定机构来负责监管，存在较大的管理漏洞，导致新区盲建盲扩，以摊大饼的形式来达到城市空间扩展的目的，耗费了大量的人力和物力。这不仅挤占了老区的发展资金，而且对整个城市的可持续发展都产生了不良影响。

2. 城市规划模糊不清

在地方政府强势推动下，部分新区基本按照事先划定的新区建设范围做规划设计，没有科学分析新区建设的可行性、必要性、合理性，新区到底建多大是合理的规模，吸纳多少人口，承载多少经济总量，有无相应的资源环境承载能力等，这些问题在规划阶段因不关注而被大大忽视。在规划设计过程中，不断改变规模范围，不断强加个人意图，导致科学规划被主观意志绑架，规划失控失效，新区老区资源和资金恶性竞争。

3. 缺少统一的协调机制

大部分新区 CBD 和老区以区政府为中心各自为政，并没有统一的协调和管理机构，合作机制主要以对话式协调为主，缺乏制度化、法律化，合作开展中普遍存在机制不稳定、组织形式不系统、战略规划不统一的现象。另外在当前行政区管辖体制下，两个区的合作往往遭遇行政区划与市场跨界配置资源的矛盾，部分新区和老区以自身利益最大化为目标，竭力保证辖区利益不"外溢"，最终导致在资源的跨区域调配中行政壁垒森严、区域保护主义盛行、市场分割现象严重。

4. 土地财政的路径依赖

在现行财政体制下，地级市财政收入的约 30%～35%、县级市和县财政收入的约 50%～70% 来源于土地出让和房地产开发收入，这是一种典型的土地财政。一旦停止政府供地，地方政府财政就难以持续。为避免财政危机，政府就会千方百计地通过多种途径出让土地。而老城区可出让土地不断减少，开发新区就成了各地共同的选择，这在客观上加速了新区建设。土地财政依赖与债务危机之间形成的不良循环是新区越建越大的主要动因。

四 新区 CBD 与老区协调发展的建议

（一）基于区域发展理论

特大城市若想走向国际化，新区 CBD 和老区的协调发展是必不可少的。如果只重视新区的发展，那么过去倾一城之力建成的老区的历史积累成果就会付之东流，老区的优势也会慢慢消失殆尽；如果过分重视老区的发展，那么新区在短时间内就无法集各方之力发展第三产业和现代服务业，无法形成产业集聚区，也会逐渐被其他城市赶超。以下基于区域发展理论为新区 CBD 与老区的协调发展提出探索性建议。

1. 合理定位，各具特色——区域发展的地域分工理论

新区 CBD 和老区的定位是不同的。对于新区 CBD 而言，应集中金融保险业、现代服务业以及高档零售业等最具活力的产业；老区可以着重发展旅游、文化和传媒等体现城市特色的产业。新区可以定义为经济中心和国际交往中心；老区可以定位为政治中心和文化中心。这样，在招商引资方面不至于形成恶性竞争的局面。另外，新区和老区的建筑也应体现各自的风格，展现现在与未来的共生，老区不应一味追求高楼大厦，可以在原有的基础上修缮改造；新区的建筑在融合现代化元素的基础上，也要与城市的整体格局相匹配。新区与老区利用自身的比较优势，使区域资源得到最优利用。

2. 有条不紊，互相带动——区域发展的梯度理论

可以先集中资金建设新区，投资于新区的土地开发、基础设施建设，然后吸引实力强劲的企业入驻，将筹集到的部分资金用于改造老区，例如，特色建筑的修缮、文化的宣传与交流等。待新区经济稳定后，还可以在新区安排一些保障住房，用来转移老区居民。老区的建筑开发公司也可以承接新区的项目，为新区的开发建设做贡献，同时也可以不断壮大自身的实力，这是符合区域发展的梯度理论的。在这里，假设新区 CBD 处于高

梯度地区，老区 CBD 为低梯度地区，新区首先应用新技术，率先发展，而随着时间的推移，逐步从高梯度地区向低梯度地区转移，且梯度推移速度不断加快，区域间差距逐步缩小，最终实现新区与老区经济分布的相对均衡。

3. 加强交流，优势互补——区域发展的辐射理论

新区 CBD 与老区是一个城市中位置最核心、资源最集中、人才最密集、科技最发达的两个区域。两个区域不宜各自独立发展，而应紧密联系、相互沟通。老区具有先天的优势，各个方面都相当成熟，具有产业优势、市场优势和人才优势；新区具有巨大的发展潜力，开发建设资金不断涌入，具有资本优势、信息优势和传播优势。老区已经形成规模经济，新区的各个项目也逐渐启动。新区与老区应加强交流，研究各自的发展模式，为后续的发展提供经验。新区与老区合理分工，双向辐射，提高资源的配置效率，达到优势互补、共同发展的目的。

4. 改善交通，合作共赢——区域发展的合作理论

加强新区与老区的合作，关键因素是轨道交通的建设和利用。新区 CBD 与老区人流量较大，高效、便捷的交通体系对于加强区域合作至关重要。有些城市新区与老区相隔较近，需要标识牌加以引导，或是直接通过城市主干道连接；对于新区与老区相隔较远的城市，则需加大轨道交通建设的投入，如地铁和城市轻轨等，从而实现新区与老区之间便捷的交通体系，为新区与老区的合作创造条件。

（二）基于制度管理理论

新区 CBD 和老区的协调发展是推动城市建设的重要手段，政府必须从战略层面做好顶层设计，科学引导、合理布局。

1. 完善评审机制，合理开发新区

地方政府应完善新区 CBD 建设的评估审查机制，对新区的必要性、合理性和可行性等进行严格科学的综合评估。通过评估，确定新区 CBD 建设的目标导向、建设规模、战略布局与资金投向。省级政府成立新区 CBD 建

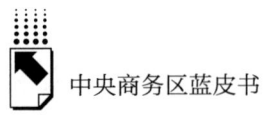

设的评估机构和省级新区建设综合评估委员会，在国家新区总体建设规划宏观指导下，确定新区CBD建设的目标、合理规模、科学布局和资金投向。

2. 制定可行措施，规范在建新区

地方政府应及时采取措施，清理整顿各地在建和规划建设的各类新区CBD。对已经超标建设的新区限期整改，对即将超标的新区停止建设。对不顾资源与生态环境承载能力，肆意扩大城市建设范围、随意占用基本农田或变相调整基本农田为一般农田再占用的相关责任人做出严肃处理。进一步统一和明确城市新区的界定和类型，制定新区建设的科学流程和审批程序，加强对设立新区的评估论证和公开公示；实行同级政府规划、国土、环保、产业、发改等相关部门的协商会签制度，加强同级人大、政协以及社会组织、新闻媒体等机构的监督，不断提高新区CBD设立的规范性和民主性，提高新城新区建设的质量。

3. 坚持科学规划，防止新区空城现象

坚持"量需而动、量力而行、量地而置"的原则，正确处理好新区CBD与老区在产业外溢对接、功能疏解互补、交通对接、人员分流、基础设施和公共服务设施配套等方面的相互依存关系，协调好新城新区与主城及原有行政区划存在的错综复杂的关系，防止出现"建了新区空老区、建了新区变空城"等不良现象。把新区CBD建设作为协调区域发展规划、土地利用规划和城市总体规划"三规关系"的重要试验平台，努力协调好目标、坐标和指标"三标"之间的关系，探讨"三规"协同指导城市新区建设的技术路径，不断提高新区建设的产业集中度和用地集约度。

4. 将新区CBD建成"产城一体"的城市功能新区

新区CBD应注重城市功能与产业功能的协调发展。从国外经验看，伦敦、东京、巴黎等大都市的新区，都在政府的规划指导下发展成了具有产业功能的新区。新区要承担城市综合性社区的功能，核心是促进城市的产业成长。因此，新区CBD要统筹生产区、办公区、生活区、商业区等功能区规划建设，推进功能混合和产城融合，在集聚产业的同时集聚人口，防止新区建设的空心化。要引导城市新区致力于培养房地产、金融、保险等第三产业，同时大力发展高新技术产业，推动原有产业升级，培育城市新的经济增长点。

参考文献

[1] 马向东：《基于产城融合理念提升中小企业成长力研究》，《市场周刊》2018年第11期。

[2] 张文聪：《原阳县政府招商引资过程中的职能研究》，华北水利水电大学，2018。

[3] 袁梦：《产城融合背景下产业园空间结构研究》，山东建筑大学，2018。

[4] 汪长城、张红喜：《基于生活空间质量的城市新区设计策略与实践——以亳州新区城市设计为例》，《城市观察》2016年第5期。

[5] 曾冰：《中心城市培育与我国省际交界区经济发展研究》，中央财经大学，2016。

[6] 蒋三庚、刘建新：《特大城市老区CBD与新区如何协调发展》，《人民论坛》2015年第32期。

[7] 廖富洲：《构建和完善城市群跨区域联动发展机制——以中原城市群为例》，《学习论坛》2014年第30（11）期。

[8] 方创琳：《建立科学评估管控，促新城新区健康发展》，《中国经济时报》2014年8月11日第11版。

[9] 中国科学院地理科学与资源研究所课题组：《新城新区，如何让城市更美好？》，《光明日报》2014年7月1日第11版。

[10] 周丽、骆俊培：《展创新之翼翅 助梦想之巢 深圳福田社会组织总部基地航母正式启航》，《社会与公益》2014年第6期。

[11] 深圳市福田区社会工作委员会课题组：《深圳福田："五大建设"打造社会建设CBD》，《学习时报》2014年5月26日第11版。

[12] 喻新安：《建立和完善跨区域城市发展协调机制》，《光明日报》2014年3月15日第7版。

[13] 方创琳、马海涛：《新型城镇化背景下中国的新区建设与土地集约利用》，《中国土地科学》2013年第27（07）期。

[14] 高国力：《科学管理和引导城市新区的开发建设》，《中国发展观察》2012年第10期。

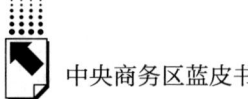

［15］王新涛:《试论省域中心城市中央商务区的功能与建设》,《城乡建设》2012年第9期。

［16］胡玲玲:《长江三角洲高新技术产业开发区人居环境发展研究》,华东师范大学,2011。

［17］毛小平:《试论我国中央商务区（CBD）的开发》,重庆大学,2004。

［18］黄珍、段险峰:《城市新区发展的经济学研究方法初探》,《城市规划》2004年第2期。

B.8 高端服务业集聚对区域产业结构升级的效应分析：以京津冀为例

贺小丹*

摘　要： 党的十九大报告指出，中国经济已进入追求高质量发展的新阶段，面临着发展动能转换与结构调整优化的重要任务。此时，关注如何推动区域产业结构的优化升级具有重要意义。伴随着数字化、智能化的技术革命，具有高知识密集性、高产业关联性和融合性的高端服务业得到迅速发展，并在促进区域产业结构升级与带动区域产业协同方面发挥着关键作用。本报告在对高端服务业与产业结构优化升级的内涵进行界定的基础上，通过建立计量模型，以京津冀为样本，对高端服务业在促进产业结构优化升级方面的作用进行了实证检验，并提出充分发挥市场机制调节作用、加快高端服务业向传统行业渗透、强化高端服务业集聚中心对整个京津冀地区的辐射带动作用等建议。

关键词： 高端服务业　区域产业结构升级　产业结构合理化　产业结构高级化

一　引言

随着中国经济从高速发展阶段转向高质量发展阶段，中国经济发展面临

---

* 贺小丹，博士，首都经济贸易大学经济学院讲师，主要研究领域为计量经济学理论与应用。

着新旧动能转换与结构调整优化的重要任务。在此背景下，讨论如何推动区域产业结构升级具有重要意义。如何正确看待产业结构升级，并确立实现产业结构升级的发展线路，是需要重点关注与讨论的。

当前，随着数字化、智能化技术的快速发展，掀起了传统产业生产与运营方式的革命浪潮。其中，制造业作为国民经济的支柱，将在很大程度上受到数字、智能技术的影响与颠覆。而金融服务、研发技术支持、信息技术服务、现代物流服务、高端商务服务等高端服务作为技术、资本、知识等核心生产要素与传统制造业企业的中间连接物，成为数字化、智能化改变制造业的关键支撑。因此，高端服务业的发展将成为实现产业结构转型升级和产业创新的关键环节。

与其他服务业相比较而言，高端服务业具有高附加值以及知识、资金密集性等产业特征，并呈现明显的集聚态势。贺小丹（2017）对高端服务业的集聚形成影响因素进行研究，并发现高端服务业存在显著的集聚效应。关于高端服务业集聚对产业结构优化升级促进作用的研究相对较少。多数文献是围绕生产性服务在促进产业结构优化升级方面作用的讨论。如李振波和张明斗（2015）、吴传清和周晨晨（2014）就生产性服务业集聚如何促进区域产业结构优化升级进行了讨论。其中吴传清和周晨晨（2014）以武汉经济圈为例对该影响机制进行了理论分析，李振波和张明斗（2015）以长三角为例进行了实证研究。还有一些文献（如王铁山、贾莹、徐玲，2015；张浩然，2015）从区域创新力与城市效率提升的角度讨论了生产性服务业集聚发展的经济效应。本报告将基于对高端服务业与产业结构升级内涵的界定，通过建立计量模型，以京津冀为研究样本，从"产业结构合理化"与"产业结构高级化"两个层面对高端服务业在促进产业结构升级方面的作用进行实证分析。

二　高端服务业与产业结构升级的内涵

（一）高端服务业的内涵

虽然高端服务业的迅速发展及其在经济转型发展进程中的重要性早已引

起政府与学界的关注,但至今还未形成对高端服务业概念的统一定义。已有研究分别从不同角度对高端服务业的概念进行了界定。由于考虑角度不尽相同,不同观点对高端服务业的划分与界定也存在一定的差异。事实上,高端服务业应当是知识密集型服务业与生产性服务业的交集,但是其内涵又与二者存在一定的差异。如果将讨论视角放在中国经济发展背景下,所谓高端服务业,应当指能够在当前经济动能转换与结构调整的重要任务中发挥重要作用的那一部分知识密集型生产性服务业。因此,高端服务业应当具有高技术、知识、人力资本密集性,并且具有高附加值、产业带动力、经济辐射力等特点。综合起来,高端服务业应该属于自身位于服务业价值链高端,并能通过产业关联向制造业等其他行业的生产环节输入资本、技术、知识、创意等核心要素,同时提高产品市场运营与售后服务水平与效率,从而提高传统产业附加值、带动传统产业价值链延伸的服务业集合。高端服务业为其他产业提供的服务主要包括技术咨询、研发服务、信息等高端服务,不仅能够加速高端服务业自身发展,而且能够发挥其价值创造力与产业带动力,形成对整个经济体的辐射带动。

综合上述分析,本报告所指的高端服务业为:具有较强的溢出性与辐射性,能够通过向传统产业的渗透,促进产业价值链延伸并提高其产品附加值,从而实现产业升级与结构优化的高知识技术密集型服务行业。具体地讲,本报告所涉及的高端服务业主要包括以下领域:①现代金融业,如银行、证券、信托、保险、基金、租赁等;②现代商务服务业,如会计、审计、评估、人力资源培训、法律服务、咨询、商务会展等;③现代信息技术服务业,如网络信息、传媒、咨询等;④现代文化创意产业,如现代传媒、创意设计等;⑤科学技术服务业,如工业设计、技术研发、信息管理、数据处理等;⑥现代物流业。

(二)产业结构升级的内涵

单个产业的发展与演变会形成不同产业在产业结构中的地位变化,从而改变各产业之间的关系,推动各产业的地位、彼此关系向更高级、更协调的方向转变，产业结构便实现了升级。在社会经济发展过程中，随着社会生产力的发展和科学技术的进步与人们需求的多样化，新产业的出现以及各产业地位、关系的变化，形成产业结构升级的动态过程。产业结构升级包含两个层面的含义（吴传清和周晨晨，2014），即"产业结构合理化"与"产业结构高级化"。前者强调的是各产业部门之间的比重协调、供求结构配比平衡，从而使产业结构效应实现最大化。合理的产业结构可以通过产业间的经济技术联系来深化产业关联，通过产业关联提高产业间的合作与协同，从而带动产业的均衡发展。后者强调的是产业结构由低水平向高水平的演进，以及产业质量的提升。具体可以体现在：经济体中第三产业比重的上升，主导产业由劳动密集型向资本、技术密集型产业转变。"产业结构合理化"和"产业结构高级化"之间存在密切的联系。

因此，产业结构的演进过程就是产业结构的升级过程（姜泽华、白艳，2006），而产业结构内容的多重化决定产业结构升级渠道的多样化。主要包括以下几个方面。

（1）产业结构的优化首先体现在三次产业比重的变化上。在产业结构升级进程中，第一产业比重会不断减少；第二产业比重在快速增长后逐渐趋于稳定；同时，第三产业比重则不断增加。

（2）产业结构优化还体现在三次产业内部构成的变化上。其中，工业的发展重点会逐渐向高新技术产业靠近，传统产业将得到改造提升；服务业中，传统服务业将得到改组改造，现代服务业，特别是生产性服务业将得到大力发展；同时，农业也将实现科技革命，实现多种经营与专业化经营，向现代化农业转化。

（3）另外，从要素升级的角度来看，产业结构的升级过程，是主导产业从劳动密集型产业转变为资本密集型产业，最终向技术密集型产业演进的过程。其中，在工业产业结构升级进程中，将始终伴随着生产技术与效率的提高，与工业主导产业由传统制造业向高新技术制造业的转变。

（4）最后，从产业关联的角度看，产业结构的优化升级进程，还伴随着产业链上下游关联作用的加强，与产业间的渗透与融合。通过进一步加深产业的关联,并加强信息、科技、知识、文化等知识技术密集型产业向传统产业的渗透融合,有利于提高传统产业的附加值,并孵化更多的新兴产业,从而进一步促进整个产业体系的健康平衡发展,带动经济的整体发展。

三 京津冀产业结构分布对比分析

相对来说,京津冀地区产业发展要落后于长三角与珠三角两大区域。目前,京津冀三地仍然处于产业结构优化调整的关键时期。随着京津冀区域协同发展上升为重大国家战略,如何通过三地联动、产业合理布局,从整体上促进区域的产业结构优化升级成为重点关注问题。从当前情况来看,北京、天津、河北的产业结构特点存在显著差异,且三地之间的产业关联性依然较弱,特别是北京市在科技、文化、信息、知识、资本等软服务方面的优势还未能较好地向河北和天津地区形成辐射,河北、天津等地的制造业发展优势也未形成区域实体经济高效率发展的有效支撑。这也是未来需要突破的方向。本报告以下首先利用投入产出表数据,对京津冀地区产业结构进行对比分析,并基于对产业结构合理化水平的度量,对三地当前的产业结构进行评价。

(一)产业结构合理化水平度量指标

为了衡量产业结构合理化程度,本报告采用类比法思想,选择发达国家(本报告选择美国、英国)的产业结构基准作为参照,计算京津冀地区的产业结构与发达国家的接近程度来衡量产业结构的合理化程度。

在模糊数学中,贴近度是反映两个模糊集接近程度的数量指标。本报告将参考田新民、韩端(2012)的做法,使用 Hamming 贴近度来计算当前的产业结构与标准产业结构(美国、英国)的接近程度,衡量产业结构的合理化。计算公式如下:

$$R = 1 - \frac{1}{n} \sum_{i=1}^{n} |s_i^d - s_i^t|$$

其中，R 为产业结构贴近度，n 表示全部产业分类（本报告中为三次产业），s_i^d（$i = 1,2,3$）反映模糊化的产业结构，即地区第 i 产业产值在总产值中所占比重，s_i^t（$i = 1,2,3$）反映标准产业结构，即参照国家的第 i 产业产值在总产值中所占比重。

贴近度 R 的取值范围为 [0，1]，R 取值越接近 1，表示该地区的产业结构与标准产业结构越接近。因此 R 越大，代表着产业结构与标准结构差距越小，越趋于合理。

（二）数据来源

本部分使用北京、天津、河北 2002 年、2007 年、2012 年、2017 年国家统计年鉴的相关数据对三个地区的产业结构以及与标准的贴近度进行计算，分别将英国与美国的产业结构作为参照标准，标准国的产业结构数据来源为国研网世界银行数据库。需要说明的是，本报告选择使用三次产业的产值比重来反映产业结构。另外，本部分为了进一步讨论各类制造业所占比重，将制造业按照技术含量等级分为：高技术、中高技术、中低技术和低技术制造业①。

（三）计算结果

表 1 汇报了北京、天津、河北 2002 年、2007 年、2012 年、2017 年的产值结构，并对按照技术分类的四类制造业的产值结构进行了反映。基本上看，三个地区的经济规模处于不断扩大趋势，特别是从 2007 年到 2017 年，制造业与第三产业都实现了飞速地增长。相对来说，第一产业增长较缓。这与经济发展过程中的产业结构变化趋势相符。另外，从横向对比来看，河北的第一产业具有相对优势，说明河北一直以来都是京津冀地区的农业大省。另外，从第二产业来看，河北第二产业与制造业规模最大，具

---

① 制造业细分的数据来源于各年份投入产出表，由于 2017 年的投入产出表尚未公布，文中未进行汇报。

有绝对优势，而且天津的第二产业与制造业规模也逐渐超过北京。其中，天津的中高技术制造业规模最大，河北省中低技术制造业规模最大。北京的第三产业规模要显著高于另外两个地区，而事实上，北京已经逐渐成为高端服务业的集聚中心，并逐渐发挥其对周边制造业与其他生产性行业的辐射带动作用。

表1 京津冀地区产业结构

单位：亿元

产业	北京				河北				天津			
	2002年	2007年	2012年	2017年	2002年	2007年	2012年	2017年	2002年	2007年	2012年	2017年
第一产业	101	101	150	120	954	1805	3187	3130	87	110	172	169
第二产业	2037	2487	4056	5327	5584	7311	14004	15846	1703	2893	6664	7594
制造业	796	1707	2499		2478	5177	8820		702	1904	4435	
高技术	189	394	325		57	53	122		177	428	566	
中高技术	283	842	1466		756	1483	2573		259	721	1733	
中低技术	140	210	334		758	2149	4071		132	561	1211	
低技术	182	250	359		623	1431	2045		128	187	883	
第三产业	2752	6978	13673	22568	2062	4663	9385	15040	963	2048	6058	10787

为了更直观地比较三个地区的产业结构，表2汇报了三次产业以及制造业的产值比重，并同时汇报了各个地区产业结构与标准结构的贴近度。同时，表3汇报了京津冀地区整体的产业结构以及与标准的贴近度。

根据表2，三个地区的产业结构都在趋于合理化，其第一产业与第二产业所占比重都在降低，而第三产业所占比重在增加。从与标准贴近度来看，三个地区的贴近度也呈上升趋势，说明整个京津冀地区的产业结构处于逐步优化的进程。

从横向比较来看，河北省的第一产业产值比重为9.2%（2017年），显著高于北京与天津，其第二产业产值比重显著高于北京，并略高于天津，说明河北一直是京津冀地区的农业与工业生产基地。另外，根据各类制造业产值比重，北京与天津在中高技术制造业方面具有明显优势，且北京要略优于天津；从这一点看，说明天津市已经基本具备成为京津冀地区高新技术制造业基地的条件。而河北的主要优势为中低技术制造业。最后，三个地区第三产业比重最高的当属北京市，而且其水平要明显高于天津与河北，相对来说，天津的第三产业比重要略高于河北。三个地区的产业结构与标准结构贴近度也存在较大差异，北京市的贴近度到2017年接近0.99，与发达国家产业结构水平非常接近；而河北与天津仍在0.9以下，其中到2017年，河北省的产业结构与标准贴近度约为0.77，天津约为0.86，与北京市以及发达国家还存在较大差距。

另外，根据表3，京津冀地区整体产业结构合理性在提高，但是与标准贴近度仍处于较低水平，2017年时仅达0.88左右，与发达国家仍存在较明显的差距。同时，京津冀地区制造业优势集中在中高技术与中低技术制造业，高技术制造业比重偏低。因此，京津冀地区整体产业结构还较落后，同时，制造业升级依然存在很大的进步空间。

表2 京津冀产业结构及与标准的贴近度

单位：%

产业		北京				河北				天津			
		2002年	2007年	2012年	2017年	2002年	2007年	2012年	2017年	2002年	2007年	2012年	2017年
第一产业		2.1	1.1	0.8	0.4	11.1	13.1	12.0	9.2	3.2	2.2	1.3	0.9
第二产业		41.7	26.0	22.7	19.0	64.9	53.1	52.7	46.6	61.9	57.3	51.7	40.9
制造业		23.7	17.8	14.0		28.8	37.6	33.2		25.5	37.7	34.4	
高技术		23.7	23.1	13.0		2.3	1.0	1.4		25.3	22.5	12.8	
中高技术		35.6	49.4	58.7		30.5	28.7	29.2		36.9	37.9	39.1	
中低技术		17.6	12.3	13.4		30.6	41.5	46.2		18.9	29.5	27.3	
低技术		22.8	14.7	14.4		25.2	27.7	23.2		18.2	9.8	19.9	
第三产业		56.3	73.0	76.5	80.6	24.0	33.8	35.3	44.2	35.0	40.5	47.0	58.2
与标准贴近度	英国	0.851	0.962	0.985	0.987	0.635	0.701	0.711	0.770	0.709	0.746	0.789	0.863
	美国	0.854	0.963	0.985	0.984	0.639	0.704	0.714	0.773	0.712	0.749	0.792	0.864

注：制造业中其他制造业数据未列出。

表3 京津冀整体产业结构及与标准的贴近度

单位：%

产业		2002年	2007年	2012年	2017年
第一产业		7.03	7.10	6.12	4.24
第二产业		57.40	44.69	43.11	35.70
制造业		24.47	30.95	27.47	
高技术		10.64	9.96	6.44	
中高技术		32.64	34.66	36.64	
中低技术		25.90	33.24	35.65	
低技术		23.46	21.27	20.86	
第三产业		35.56	48.21	50.77	60.06
与标准贴近度	英国	0.713	0.797	0.814	0.876
	美国	0.716	0.800	0.817	0.879

注：制造业中其他制造业数据未列出。

四 高端服务业对产业结构升级的影响作用实证研究

（一）模型设定

根据以上对高端服务业与产业结构优化升级内涵的界定，高端服务业对区域产业结构优化升级的促进作用主要体现在两个方面：一方面加快形成协调平衡的产业结构；另一方面则通过促进生产技术升级与产品升级，实现传统产业的效率提升与产业升级，从而带动产业结构的优化升级。因此，概括起来，高端服务业对产业结构优化升级的作用不仅体现在可以促进"产业结构合理化"上，同时还有利于推动"产业结构高级化"。本报告以下将分别从这两个角度展开实证研究。

1. 被解释变量选取

根据研究对象，被解释变量应该是衡量"产业结构合理化"与"产业结构高级化"水平的指标。具体设定如下。

（1）产业结构合理化水平（$\ln LQ\_PS$）

使用上文计算的地区产业结构与标准产业结构的贴近度来衡量产业结构

合理化水平。其中，由于使用英国与美国的产业结构作为标准所得的计算结果非常接近，此处将对两个标准下的计算结果取平均值来度量，并将其作为模型的被解释变量。需要说明的是，本部分依然使用三次产业的产值比重来计算产业结构。

（2）产业结构高级化水平（lnH）

产业结构高级化指产业结构从低级状态向高级状态的转变，以及产业质量的提升，包括新技术、新知识的产生，要素投入结构的转变，产业链延伸与价值链升级。具体可以表现为：优势产业向第二产业以及第三产业转换，主导产业由劳动密集型产业向资本密集型产业进而向技术（知识）密集型产业的转换，以及由低附加值产业向高附加值产业转换。因此，产业结构的高级化，必须伴随技术水平的提高，从而形成生产效率的提高。

刘伟和张辉（2008）认为，产业升级与结构的优化在本质上是劳动生产率的提高。产业的升级伴随着劳动生产率的提高，而产业结构的高级化则伴随着劳动生产率较高的产业份额的增加。因此，产业结构的高级化程度可以用劳动生产率来反映。因此，本报告选用劳动生产率来衡量产业结构高级化程度。在以工业制造业为主导的中国，将工业制造业的劳动生产率作为衡量经济效率的主要指标。因此，本报告将使用工业劳动生产率来衡量产业结构高级化水平，并将其作为第二个被解释变量。

2. 解释变量选取

（1）高端服务业集聚水平（lnLQ_PS）

基于服务业加权区位熵来构建该指标。根据现有的统计口径，本报告考虑的服务业主要包括金融业、科学研究和技术服务业、信息传输与计算机服务业、房地产业、租赁和商务服务业、文化体育娱乐业（文化创意产业的替代）、交通运输仓储及邮政业。为了综合考虑各类服务业的作用，本报告参考宣烨、余泳泽（2014）基于不同服务业中较高端服务可能的比重，对不同类型服务业赋予不同的权重。具体如下：将金融业、科学研究和技术服务业、信息传输与计算机服务业等知识技术密集度较高的行业作为第一类高端服务业，房地产业、租赁和商务服务业、文化体育娱乐业（文化创意产业的替代）等资本密集度较高的行业作为第二类高端服务业，交通运输仓储及邮政业中包含现代物流这一高端服务，但是考虑到目前该行业中占比重较大的仍属于劳动密集型的较低端服务，因此本报告将该行业作为第三类高端服务业，赋予较低的权重。三类服务业的权重比为5:3:2。具体指标计算公式如下：

$$LQ\_PS_i = \sum_s w_s \frac{E_{si}/E_i}{E_s/E}$$

其中，i 表示城市，s 表示不同类型的生产性服务业，E_{si} 为城市 i 生产性服务业 s 的从业人数，E_i 为城市 i 总就业人数，E_s 为全国的生产性服务业 s 的从业人数，E 为全国总就业人数。w_s 为根据等级给各类服务业所赋予的权重。LQ_PS 作为服务业集聚程度的衡量指标，反映了高端服务业的服务能力。将该指标取自然对数作为模型中的第一个主要解释变量。

（2）地区人力资本水平（$\ln HC$）

产业结构的优化升级离不开人力资本水平的提高。本报告选用地区教育水平来反映地区人力资本水平，并使用高等院校数量作为其代理变量。对该变量取自然对数作为模型中的第二个解释变量。

（3）地区科技水平（$\ln TECH$）

科技水平同样是产业结构优化进程中的关键因素。本报告选用财政科技支出比重作为反映地区科学技术发展水平的代理变量。同样对该变量取自然对数作为模型的第三个解释变量。

基于以上分析，本报告建立的实证模型如下：

模型一：

$$\ln R_{it} = c + \beta_{11} \ln LQ\_PS_{it} + \beta_{12} \ln HC_{it} + \beta_{13} \ln TECH_{it} + \alpha_{1i} + \varepsilon_{it} \quad (1)$$

模型二：

$$\ln H_{it} = c + \beta_{21} \ln LQ_{PS_{it}} + \beta_{22} \ln HC_{it} + \beta_{23} \ln TECH_{it} + \alpha_{2i} + e'_{it} \quad (2)$$

以下将使用统计数据分别对两个模型进行估计。

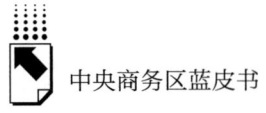

（二）模型估计与结果分析

1. 数据来源

本部分所用数据为京津冀地区城市层面2005～2016年的统计数据，其中包括北京市、天津市以及河北省各地级市相关数据。数据来源为各年份的《中国城市统计年鉴》，该年鉴统计了各城市的经济指标，包括本部分用到的三次产业产值结构、各行业从业人数、地区教育资源情况、财政收支情况，以及规模以上工业企业利润情况。需要说明的是，模型二的被解释变量为工业劳动生产率，本报告将使用规模以上工业企业的人均利润率作为该指标的代理变量。

2. 估计结果

本报告建立的是面板数据回归模型，因此进行模型估计时，需要选择相应的估计方法。一般来说，面板数据模型的估计方法包括随机效应和固定效应估计方法，其中，随机效应假设不可观测的个体因素（α_i）与解释变量不相关，而固定效应则假设α_i可能包含某个重要的遗漏变量，且该变量可能反映与解释变量相关的某些个体特征，即α_i与解释变量相关。如果属于第一种情况，两种估计方法都可以得到一致的参数估计，而此时使用随机效应估计方法是更有效的；如果属于第二种情况，使用随机效应估计方法将无法得到一致的估计结果，因而必须使用固定效应估计方法。可以使用豪斯曼（Hausman）检验来判断模型是否为随机效应。表4汇报了对模型一与模型二的估计结果。其中，根据Hausman检验结果，模型一选择随机效应估计方法，模型二选择固定效应估计方法。

根据表4的结果，模型一与模型二均得到与预期相符的估计结果。具体分析如下。

（1）模型一的被解释变量为产业结构合理化水平。估计结果显示了高端服务业的集聚水平（$lnLQ\_PS$）对产业结构合理化水平（lnR）有显著的正向影响。如果模型中未加入人力资本水平与地区科技水平作为控制变量，该系数估计为0.996，且在1%的显著性水平上显著。在模型中逐步加入人

高端服务业集聚对区域产业结构升级的效应分析：以京津冀为例

表 4　高端生产性服务业促进产业结构升级实证研究结果

解释变量	模型一：产业结构合理化			模型二：产业结构高级化		
	lnR			lnH		
lnLQ_PS	0.996 ***	0.561 ***	0.535 ***	1.975 ***	1.326 ***	1.269 ***
	(0.193)	(0.189)	(0.189)	(0.369)	(0.358)	(0.325)
lnHC		0.529 ***	0.491 ***		1.194 ***	0.814 ***
		(0.093)	(0.101)		(0.222)	(0.212)
ln$TECH$			0.059			0.367 ***
			(0.049)			(0.065)
cons	43.077	41.8585 ***	42.227 ***	11.391 ***	8.655 ***	11.279 ***
	(0.122)	(0.244)	(0.401)	(0.053)	(0.510)	(0.657)

注：*** 表示在1%的显著性水平上显著；括号中为标准差。

力资本水平与地方科技水平作为解释变量后，该系数估计值分别为0.561，0.535，这两个结果相对比较接近，且均在1%的显著性水平上显著。从整体上来看，结果反映出高端服务业的发展显著促进了产业结构合理化，高端服务业集聚水平每提高1个百分点，可以使产业结构合理化水平提高0.5～0.6个百分点。另外，人力资本水平对产业结构合理化程度具有显著的正向作用，而地区科技水平的影响作用较小，且不显著。这可能与选择财政科技支出比重这一代理变量有关，代理变量可能不足以较全面地反映地区科技发展水平。

（2）模型二的被解释变量为产业结构高级化水平。模型估计结果完全符合本报告的预期。其中，使用单变量回归的结果中高端服务业集聚水平（lnLQ_PS）对产业结构高级化水平（ln$H$）的影响系数估计值为1.975，且在1%的显著性水平上显著。在逐步加入人力资本水平与地区科技水平作为控制变量后，系数估计值分别为1.326，1.269，且在1%的显著性水平上显著。系数估计结果说明，如果高端服务业集聚水平每提高1个百分点，以工业劳动生产率反映的产业结构高级化水平提高1.2～1.3个百分点。另外，人力资本水平与地区科技水平对产业结构高级化水平的影响也在1%的显著性水平上显著为正。这一结果说明人力资本水平与地区科技水平的提高通过促进工业劳动生产率的提高，推动产业升级，从而在很大程度上促进了产业结构高级化。

产业结构合理化与高级化的进程是互相伴随与互相作用的。因此，从以上实证结果来看，高端服务业对于产业结构优化升级进程具有非常显著的推动作用。大力扶持高端服务业的发展，提高其对于制造业等生产性行业的溢出与带动作用，对于促进区域产业结构的优化升级具有非常重要的意义。

五 结论与政策建议

本报告基于对产业结构优化升级内涵的定义，从"产业结构合理化"与"产业结构高级化"两个角度对高端服务业集聚在促进区域产业结构优化升级方面的作用进行分析。在对理论机理进行分析的基础上，实证研究结果验证了高端服务业的集聚式发展对于产业结构合理化与高级化都存在显著的促进作用，其中，对于产业结构高级化的影响作用相对更大，且显著性更高。另外，研究结果也验证了人力资本水平与地区科技水平对于产业结构优化升级的重要作用。

从京津冀经济圈的发展现状来看，北京市在高端服务业的发展方面具有绝对的优势。其中，北京CBD作为各高端服务业的中心集聚地，早已成为京津冀高端服务业集聚中心。如果能够继续发展CBD的高端服务业，特别是发展知识和技术密集型的高端生产性服务业，利用其高集聚性，发挥产业集聚溢出效应，可以加速提高北京市高端服务业的服务能力。另外，高端服务业具有高辐射性，北京市作为区域中心城市，其服务能力的提升，能够有效实现对整个京津冀城市群的辐射带动作用，为周边城市的传统制造业输送资本、知识、技术等高端服务，带动周边城市传统制造业的转型与升级，从而推动整个城市群的产业结构升级。因此，在京津冀协同发展的战略背景下，发展高端服务业，特别是北京市的高端服务业，并提高其对整个城市群的辐射力具有重要意义。基于此，本报告提出以下发展建议。

（1）作为高端服务业集聚中心，北京CBD应当继续从信息化水平、知识密集度、人力资本水平、公共设施等几大因素着手促进高端生产性服务业的集聚发展，同时尽量减少地方政府对产业发展的干预，充分发挥市场机制调节作用；集聚发展下形成的集聚效应可以进一步提高北京市高端服务业的服务能力。

（2）在提高北京 CBD 高端服务业集聚力与服务力的同时，还应当为高端服务业与制造业等生产性行业的互动关联创造有利条件。加快高端服务业向传统行业的渗透，从而有效发挥高端服务业在带动区域产业结构升级方面的作用。

（3）北京市作为整个京津冀的高端服务业集聚中心，如何有效发挥其在服务业方面的优势，实现其对整个京津冀地区的辐射带动，也是当前需要重点关注的问题。其中，需要做好首都经济圈的产业空间布局，以北京市为中心，利用其在高端服务业方面的强大优势，以及天津、河北及周边主要城市的配套服务能力，基于合理布局下的产业关联与互动，为周边地区传统（制造）产业输送资本、知识、技术等高端服务，从而带动整个京津冀地区的产业升级与结构优化，推动区域产业协同发展。

参考文献

［1］王铁山、贾莹、徐玲：《生产性服务业集聚对区域创新的影响作用研究》，《技术与创新管理》2015 年第 4 期。

［2］李振波、张明斗：《生产性服务业集聚发展对区域产业结构优化升级的实证研究——基于长三角 16 个中心城市的面板数据》，《科技与经济》2015 年第 6 期。

［3］吴传清、周晨晨：《生产性服务业促进产业结构优化升级的机理研究——以武汉城市圈为例》，《区域经济评论》2014 年第 2 期。

［4］张浩然：《生产性服务业集聚与城市经济绩效——基于行业和地区异质性视角的分析》，《财经研究》2015 年第 5 期。

［5］田新民、韩端：《产业结构效应的度量与实证——以北京为案例的比较分析》，《经济学动态》2012 年第 9 期。

［6］姜泽华、白艳：《产业结构升级的内涵与影响因素分析》，《当代经济研究》2006年第10期。

［7］贺小丹：《京津冀高端生产性服务业集聚形成及效应分析》，《首都经济贸易大学学报》2017年第19（3）期。

［8］刘伟、张辉：《中国经济增长中的产业结构变迁和技术进步》，《经济研究》2008年第43（11）期。

［9］宣烨、余泳泽：《生产性服务业层级分工对制造业效率提升的影响——基于长三角地区38城市的经验分析》，《产业经济研究》2014年第3期。

B.9 中国直辖市高技术产业创新发展报告

高杰英 叶涛*

摘 要: 本报告以2002~2016年北京、上海、天津、重庆四个直辖市的相关数据为基础,从研发投入、创新产出、信贷支持、创新效率等方面,对比分析了北京、上海、天津、重庆高技术产业的创新现状,并实证分析了研发投入、信贷支持对高技术产业技术创新的影响。研究还分析了四个直辖市对污染治理投资的不同对技术创新产生的影响,结论表明在以技术创新驱动发展的同时,应保证生态和绿色,以实现质量和水平的同步提升。最后报告提出金融要为高技术产业服务、解决技术创新不均衡,加大对高新产业技术创新投入,注重对新型和现代化人才培养等政策建议。

关键词: 创新效率 信贷支持 高技术产业

一 引言

"创新是引领发展的第一动力",是实现经济可持续发展的关键引擎,是应对风险挑战的坚实支撑。党的十九大报告指出:"我国经济已由高速增

---

* 高杰英,首都经济贸易大学教授,博士,博士生导师,金融学院副院长,主要研究领域为金融机构与金融市场;叶涛,首都经济贸易大学金融学院硕士研究生,主要研究领域为金融机构与金融市场。

长阶段转向高质量发展阶段，正处在转变发展方式、优化经济结构、转换增长动力的攻关期，必须着力加快建设实体经济、科技创新、现代金融、人力资源协同发展的产业体系。"中美贸易摩擦表明中国仍处于"缺芯少魂"的技术瓶颈状态，中国整体技术水平仍较弱，要把关键核心技术牢牢掌握在自己手中就必须加大对科技的投入与发展。

高技术发展需要以地域为依托，打造区域创新高地，引领带动经济社会高质量发展。从历史上来看，新中国成立后东北、华东成为我国的重要工业基地，北京、上海、西安等成为当时的科技中心。改革开放以来，沿海地区借助政策和资源优势，形成了珠三角、长三角和京津地区三大创新极。同时，自1988年开始，国家设立高新技术产业开发区，2009年设立自主创新示范区，2015年开始全面创新改革试验区建设，都是贯彻以推动科技创新为核心，开展系统性、整体性、协同性改革的先行先试，直至推进跨国科技创新平台建设，来引领带动经济社会高质量发展。

高技术产业作为技术发展的"排头兵"，高精尖产品的"集聚地"，在促进经济更好更快发展中发挥着重要的作用。本研究从直辖市区划视角对我国高技术产业创新进行对比研究。直辖市是我国非常重要的直属中央政府管理的省级行政单位，直辖市人口大都在千万以上，经济、技术上对周边地区都有很强的辐射作用，在全国的政治、经济和文化等各方面也发挥着重要的引领作用。2018年四个直辖市各项指标见表1。

表1 2018年四个直辖市各项指标

名称	人口(万人)	面积(平方公里)	GDP总量(亿元)
北京市	2172.90	16410.00	30320
上海市	2419.70	6340.50	32679.87
天津市	1562.12	11916.85	18809.64
重庆市	3048.43	82402.00	20363.19

自1997年重庆被设为直辖市以来，我国有四个直辖市：北京、天津、上海、重庆。四个直辖市作为我国经济发展相对领先的直辖市，如何保持经

济可持续发展、实现高质量增长尤为关键。

本文利用2002~2016年的面板数据，对比分析四个直辖市的创新现状，考察研发投入对创新产出的影响，同时，针对十九大强调的强化知识产权创造、保护、运用，在四个直辖市知识产权程度不同的情况下，考察产权保护对提升技术创新水平的重要作用。

二 理论依据

（一）技术创新理论

技术创新理论（Technical Innovation Theory）首次由熊彼特（Joseph A. Schumpeter）在《经济发展理论》一书中系统地提出。他指出："创新"就是"一种新的生产函数的建立，即实现生产要素和生产条件的一种从未有过的新结合，并将其引入生产体系"。他认为创新一般包含5个方面的内容：①制造出新的产品：制造出尚未为消费者所知晓的新产品；②运用新的生产方法：采用在该产业部门实际上尚未知晓和使用的生产方法；③开辟新的市场：开辟国家和那些特定的产业部门尚未进入的市场；④获得新的供应商：获得原材料或半成品的新的供应来源；⑤形成新的组织形式：创造或者打破原有垄断的组织形式，构建新的组织形式。

其后众多的专家学者对技术创新的内涵和相关理论做了研究，如索罗认为技术创新是经济增长的基本要素，因而将技术创新的要素纳入经济增长模型之中，证明技术创新对于经济增长的重要作用。

（二）创新驱动增长战略

2016年5月，国家颁布了《国家创新驱动发展战略纲要》，这是为了加快实施国家创新驱动发展战略而制定的法规。创新驱动发展战略包含着两层重要的含义：①我国今后的发展要依靠科技创新驱动，而不仅仅是传统的以劳动力以及资源、能源驱动；②创新是为了驱动发展，发展至关重要，而不

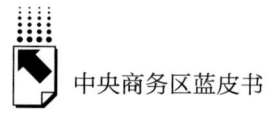

是简单地为了发表高水平文章。因此，实施创新驱动发展战略，就要大力优化创新生态，调动各类创新主体的积极性，推进关键核心技术攻关，加强重大科技基础设施、科技创新中心等的建设。

三 我国直辖市高技术产业创新情况对比

（一）我国直辖市高技术产业研发投入对比

对北京、天津、上海、重庆高技术产业技术创新能力研发投入对比分析中，本文将重点考察四个直辖市高技术产业R&D经费投入、R&D人员投入规模、技术改造经费支出、引进技术经费支出、消化吸收经费支出5个方面。为了使不同地区间的指标具有可比性，报告以相关指标的投入强度来表示。R&D经费投入强度以高技术产业R&D经费内部支出与地区生产总值的比值来表示，技术改造经费支出强度、引进技术经费支出强度、消化吸收经费支出强度指标分别以技术改造经费支出、引进技术经费支出、消化吸收经费支出与高技术产业主营业务收入的比值来表示，R&D人员投入规模以R&D人员折合全时当量与当地就业人员数的比值来表示。2002~2016年各直辖市高技术产业R&D经费投入强度见表2、图1。

从表2和图1中可以清晰地发现，北京、上海两市对于高技术产业创新的R&D经费投入处于较高水平，而重庆的整体投入水平较低。同时观察北京R&D经费投入的整体趋势可以发现，2010年以后，投入幅度有了较大提升，表明近年来北京在科技发展方面较为重视。

首先，这可能得益于北京市在2010年建立的"首都科技信贷综合服务平台"。由于我国政府大力扶植创新驱动发展战略，北京市科委与人民银行营管部、北京银监局从2010年开始，联合实施"风险备偿金"政策，建立了"首都科技信贷综合服务平台"，通过多方协同组织体系的构建和风险备偿资金池的建设，引导银行、担保公司等科技信贷金融机构支持企业的科技创新和成果转化。

表 2　2002~2016 年各直辖市高技术产业 R&D 经费投入强度

单位：%

年份	R&D 经费投入强度			
	北京	上海	天津	重庆
2002	48.20	28.85	37.57	6.84
2003	49.71	27.17	29.39	7.83
2004	42.32	36.15	26.67	6.45
2005	29.73	36.98	23.08	7.13
2006	42.62	38.30	29.64	6.12
2007	29.44	37.78	29.23	7.46
2008	26.94	34.51	33.80	6.54
2009	37.42	42.07	25.20	8.20
2010	26.10	39.24	23.91	8.13
2011	45.66	37.37	28.43	7.17
2012	51.58	44.97	30.41	9.14
2013	53.81	48.65	31.25	13.00
2014	51.92	54.06	32.42	12.96
2015	52.24	51.04	49.83	20.66
2016	50.62	47.49	39.08	24.92

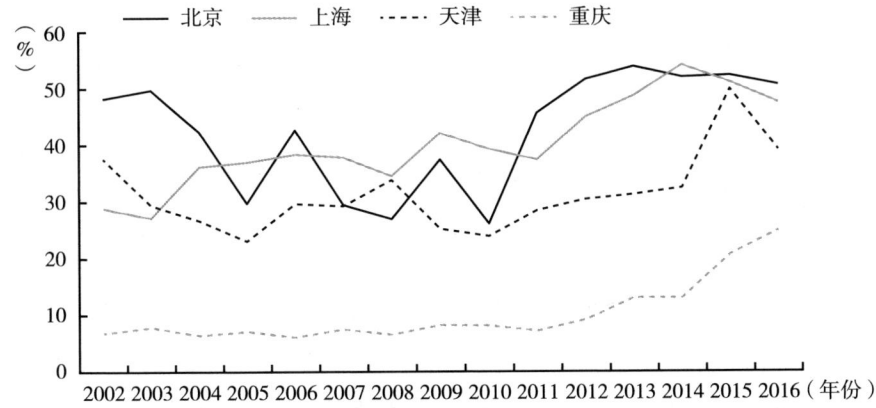

图 1　2002~2016 年各直辖市高技术产业 R&D 经费投入强度

其次，北京市搭建了"科技创新大数据平台"，畅通了高科技企业与金融机构之间信息交流的渠道，为高技术企业融资等提供了强有力的支撑。

最后，北京市积极探索打造了中国第一家"前孵化"新型服务平台，不断培育形成了从人才、技术到科创企业发展壮大的专业化、职业化链条，为高科技企业科技成果转化提供了良好的服务平台。

北京市实施的这一系列政策措施为北京市科技创新活动的发展注入了强大的动力，同时为高技术产业等部门营造了优越的融资环境，使高技术产业不断增加R&D经费投入以保持创新活力。而R&D经费投入较低的重庆市，在较长一段时间内总体投入不高，可能该市早些年份较重视基础设施建设等外延式投资，而不太重视技术创新等内涵式投资，但近些年来该市R&D经费投入逐年增长，也进一步说明重庆市加大了对高技术产业等部门技术创新的重视程度，不断缩小与其他几个直辖市之间的差距。

从表3及图2可以看出，北京、上海、天津、重庆在R&D人员投入方面，基本呈逐年增加的态势。无论在政府报告中还是在各次会议中，我国的政策措施都明确了人才建设的重要性。四个直辖市研发人员投入逐年增加的趋势更进一步说明，在"大众创新、万众创业"以及"人工智能""大数据"发展的当今社会，注重人才培养、重视人力资本整体素质培养的重要性。创新产出的质量和速度在很大程度上与地区人才质量和数量密切相关，为此，北京、上海、天津、重庆逐年加大了对教育经费的投入力度。由于北京作为国家首都，高校集中，教育资源丰富，人才集中度较高，而上海作为经济金融发达的直辖市，高校也较多，人才集聚明显，因此，北京、上海两市的R&D人员投入规模较大。

表4～表6及图3～图5，系统反映了北京、上海、天津、重庆四个直辖市在创新投入来源及用途方面的情况。引进技术经费支出主要用于从国外引进技术等方面所投入的经费，属于技术获取；技术改造经费支出和消化吸收经费支出属于改造投入，主要是指将学习引进的技术等进行吸收转化和应用过程所投入的经费。综合观察以上表和图可以发现，近年来，我国四个直辖市无论是在从国外引进技术的技术获取方面还是技术改造方面，均呈现明显的下降，这也进一步验证了我国鼓励自主创新、加大自主研发力度的政策导

表3　2002～2016年我国各直辖市R&D人员投入规模

年份	R&D人员投入规模			
	北京	上海	天津	重庆
2002	7.32	5.64	5.02	1.05
2003	8.83	10.52	3.79	1.01
2004	8.79	7.11	4.74	1.06
2005	9.79	8.16	6.38	1.44
2006	7.03	11.30	5.55	1.70
2007	8.93	12.55	7.22	2.02
2008	8.20	10.27	8.77	2.42
2009	13.48	20.15	9.45	2.52
2010	8.18	17.67	9.26	2.60
2011	16.87	17.25	13.79	2.82
2012	18.43	20.27	14.47	2.95
2013	20.78	19.63	15.63	3.20
2014	20.52	18.05	18.31	3.46
2015	18.84	20.10	27.50	5.70
2016	18.96	20.72	19.51	6.01

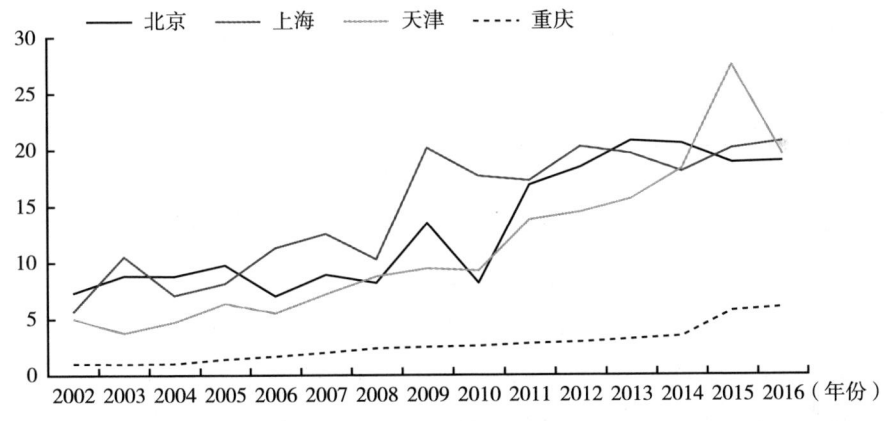

图2　2002～2016年我国各直辖市R&D人员投入规模

向。这也说明，面对经济增长压力，注重创新，实现从外延式增长向内涵式增长、从粗放式增长向集约式增长转变的重要性。因此，我们应不断加大对自主研发的投入力度，重视人才培养和关键核心技术的攻坚克难，营造出重质量、有效率的自主研发氛围。

表4 2002～2016年我国各直辖市技术改造经费支出强度

单位：%

年份	技术改造经费支出强度			
	北京	上海	天津	重庆
2002	34.37	64.97	23.45	102.57
2003	40.67	12.66	26.54	266.40
2004	21.76	30.80	8.40	381.73
2005	8.37	13.31	24.80	236.29
2006	3.89	16.44	9.34	197.67
2007	10.84	17.33	12.17	124.62
2008	5.11	15.31	14.23	197.57
2009	2.56	13.78	41.55	154.16
2010	2.68	14.66	39.40	85.99
2011	12.55	13.35	27.03	14.95
2012	10.28	17.90	8.37	20.84
2013	4.21	7.91	4.33	14.67
2014	3.33	4.54	6.54	12.78
2015	8.13	6.42	4.23	12.95
2016	9.49	2.75	2.91	8.25

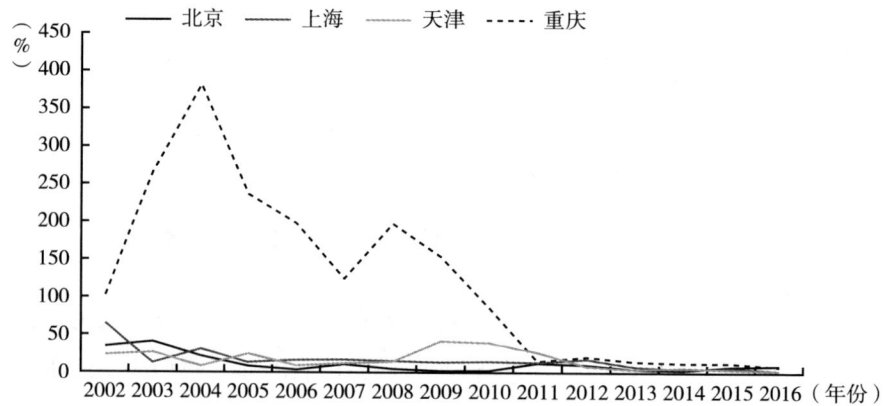

图3 2002～2016年我国各直辖市技术改造经费支出强度

表5 2002~2016年我国各直辖市引进技术经费支出强度

单位：%

年份	引进技术经费支出强度			
	北京	上海	天津	重庆
2002	55.16	243.16	20.42	2.39
2003	9.74	101.07	76.32	33.99
2004	167.73	43.45	92.55	26.22
2005	14.37	35.21	130.33	18.31
2006	8.32	25.21	119.87	0.64
2007	7.85	42.01	179.17	6.53
2008	6.97	13.01	130.19	2.94
2009	8.55	8.25	24.89	14.29
2010	17.53	6.99	66.90	0.06
2011	17.66	9.30	6.91	0.10
2012	23.95	9.95	14.26	0.48
2013	20.62	6.47	10.31	0.28
2014	13.63	5.54	8.99	0.28
2015	11.08	2.52	10.42	0.52
2016	9.79	3.49	8.17	0.54

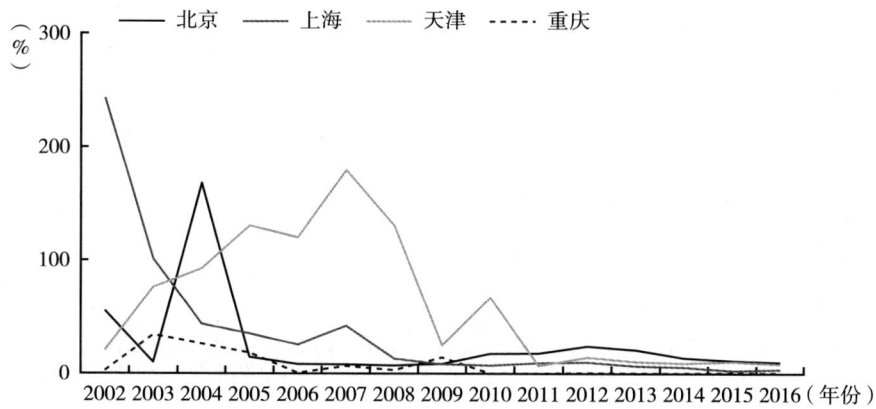

图4 2002~2016年我国各直辖市引进技术经费支出强度

表6 2002～2016年我国各直辖市消化吸收经费支出强度

单位：%

年份	消化吸收经费支出强度			
	北京	上海	天津	重庆
2002	0.31	14.91	0.08	1.23
2003	0.07	7.33	0.01	0.64
2004	0.10	12.71	1.42	2.65
2005	0.09	2.33	82.78	7.54
2006	0.94	4.19	0.48	3.99
2007	1.17	1.27	0.54	0.94
2008	0.61	1.59	0.45	2.33
2009	0.31	1.01	3.06	11.46
2010	0.08	0.85	0.63	1.44
2011	0.45	2.30	0.55	0.96
2012	0.42	2.31	0.09	0.30
2013	0.27	0.48	0.32	0.26
2014	0.17	4.61	0.34	0.24
2015	0.17	4.29	0.18	0.04
2016	0.08	2.30	0.53	0.03

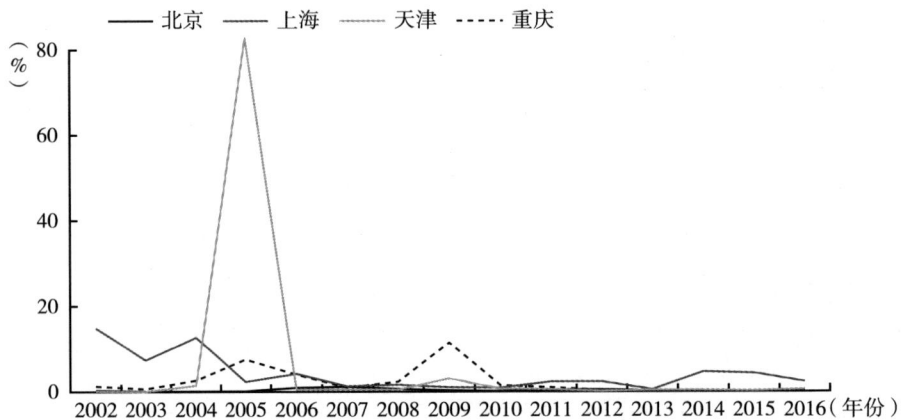

图5 2002～2016年我国各直辖市消化吸收经费支出强度

（二）我国直辖市高技术产业创新产出对比

本报告对我国四个直辖市高技术产业创新产出情况，选用新产品生产状况和专利情况两个方面进行分析，新产品生产状况用新产品销售收入反映，而专利情况则以地区高技术产业专利申请数来表示，具体数据及趋势如图6、图7所示。观察专利申请数和新产品销售收入情况可以看出，重庆市相较于其他三市均处于较低水平，这在很大程度上与该地区的低研发投入相关。结合上文可知，近年来重庆市逐渐加大了对高技术产业技术创新研发投入的力度，因此，与此直接相关的是，该市创新产出水平较以前年份呈逐年上升的态势，这也说明了加大研发投入对于技术创新的重要性。作为我国知名高校集中、创新人才集聚、经济发展领先、创新资源丰富的北京和上海两市，其专利申请数与天津和重庆相比近年来领先程度更为明显，且整体呈攀升态势，这在一定程度上也说明地区经济金融发展对技术创新可能存在较大的影响，这为后文进一步实证研究打下基础。

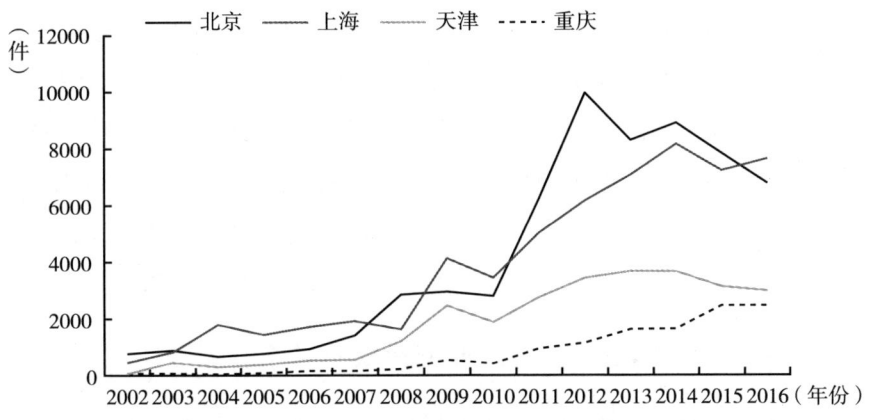

图6　2002~2016年我国各直辖市专利申请数

另外，根据《中国区域知识产权指数（2017）》的排名，北京、上海、天津、重庆均居前八位，其中北京排名第一，这说明以上四个城市对于知识产权的保护在我国处于较为领先的地位，除研发投入促进了高技术产业技术创新的产出之外，专利产出的保护也起到了重要的作用。北京市2014年颁

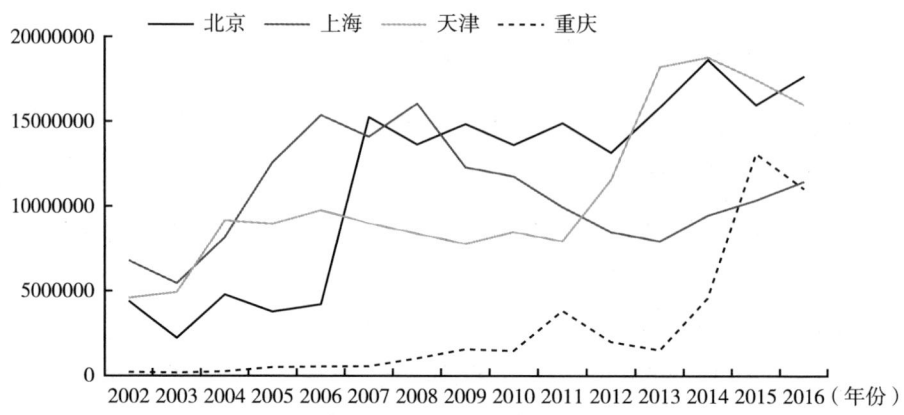

图7 2002～2016年我国各直辖市新产品销售收入

布施行的《北京市专利保护和促进条例》对于专利保护、促进起到了重要的推动作用。此外，为了进一步完善知识产权保护和更好地促进专利申请、专利保护等工作，北京市制定了《2019年首都知识产权战略行动计划年度推进计划》，启动《北京市专利保护和促进条例》的研究修订工作。而上海市于2019年优化制度供给，开展《上海市专利保护条例》的修订起草工作，推进知识产权综合立法调研，研究制定面向2035年的上海知识产权战略纲要，目的在于不断加强知识产权文化建设、完善知识产权评估体系、加强知识产权金融创新、促进知识产权运营交易、优化知识产权服务等工作。天津、重庆两市也纷纷出台了一系列政策措施加强专利等创新成果的保护，为地区高技术产业及其他产业技术创新提供了政策支持和政策鼓励。

（三）我国直辖市高技术产业创新效率对比

科学地对直辖市高技术产业的创新效率进行评价，对于有效促进地区高技术产业可持续发展具有重要的作用。本报告采用DEA模型及Malmquist指数分解法，运用2002～2016年四个直辖市的高技术产业数据，对北京、上海、天津、重庆高技术产业创新过程中的技术效率、技术进步、全要素生产率变动等进行测算，并依次对四个地区的创新效率进行对比分析。创新效率测算的投入产出指标选取如表7所示。

表7 创新效率测算的投入产出指标

指标类型	指标代码	指标含义
投入指标	X1	新产品开发经费支出
	X2	科研机构数
	X3	R&D 经费内部支出
	X4	R&D 人员折合全时当量
产出指标	Y1	主营业务收入
	Y2	出口交货值
	Y3	专利申请数
	Y4	新产品销售收入

2002~2016年各直辖市高技术产业技术创新 Malmquist 指数见表8。

表8 2002~2016年各直辖市高技术产业技术创新 Malmquist 指数

年份	Effch	Techch	Pech	Sech	Tfpch
2002~2003	0.917	1.499	1.000	0.917	1.375
2003~2004	1.057	0.844	1.000	1.057	0.891
2004~2005	1.024	0.791	0.999	1.025	0.810
2005~2006	1.008	1.707	1.001	1.007	1.720
2006~2007	1.000	0.913	1.000	1.000	0.913
2007~2008	1.000	0.858	1.000	1.000	0.858
2008~2009	0.987	2.051	1.000	0.987	2.024
2009~2010	1.013	0.853	1.000	1.013	0.864
2010~2011	1.000	0.846	1.000	1.000	0.846
2011~2012	0.953	0.925	0.956	0.997	0.882
2012~2013	1.002	0.579	1.046	0.957	0.580
2013~2014	0.983	0.853	0.991	0.992	0.839
2014~2015	0.902	2.982	1.009	0.894	2.689
2015~2016	1.173	1.450	1.000	1.173	1.702
Mean	0.999	1.102	1.000	0.999	1.102

注：Effch 为技术效率变动，Techch 为技术进步变动，Pech 为纯技术效率变动，Sech 为规模效率变动，Tfpch 为全要素生产率变动。

2002～2016年我国各直辖市全要素生产率指标分解情况见图8。

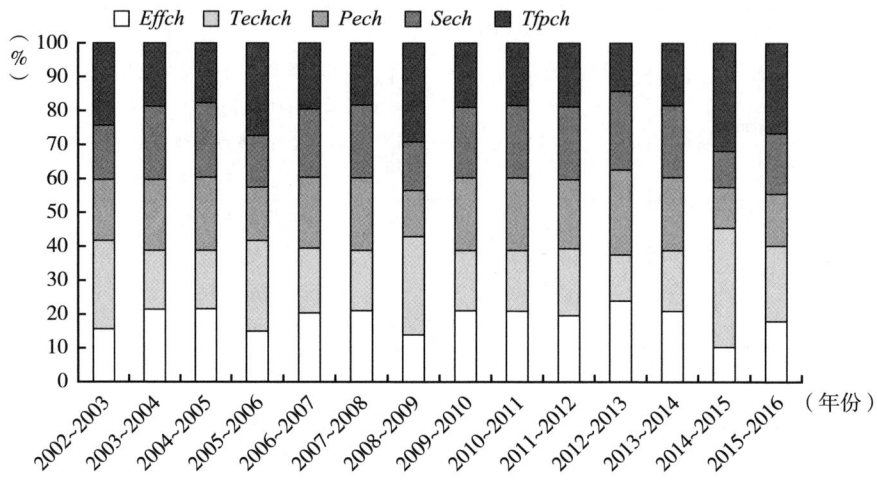

图8 2002～2016年我国各直辖市全要素生产率指标分解情况

四 研究中数据选择与实证分析

本报告一方面考察研发投入对技术创新的影响；另一方面，金融作为服务实体经济的重要部门，在促进经济发展和调节经济运行中起到了至关重要的作用。信贷资金支持是进行创新活动的重要资金来源，而创新作为一项不确定性较大、风险较高的活动，一般较难获得金融机构的信贷支持，因此，本报告将同时考察信贷资金支持对技术创新的作用。

（一）变量选择

本报告以北京、上海、天津、重庆四个直辖市高技术产业专利申请数作为被解释变量，以高技术产业的研发投入、信贷资金支持作为核心解释变量，以教育投入、基础设施条件、地区经济发展指数、贸易开放程度作为控制变量，在模型3中将加入地区工业污染治理投资额作为替换的核心解释变量来考察创新发展的质量。其中教育投入以地区教育经费来衡量，基础设施条件以地区公路里程数与地区总人口数的比值来表示，地区经济发展指数以人均 GDP 来代表，贸易开放程度则采用实际利用外商投资额来衡量。

（二）平稳性检验

由于本报告所用面板数据跨度时间较长，若存在不平稳问题，则会使回归结果出现偏差或不一致，因而先对所有相关的变量进行单位根检验，结果显示在 5% 的显著性水平上，所有变量均拒绝了存在单位根的原假设，即本报告所有变量均为平稳序列。

（三）实证模型

$$\ln pat_{it} = \ln rdk_{it} + \ln rdl_{it} + \ln fin_{it} + inf_{it} + edu_{it} + pgdp_{it} + fdi_{it} + \mu_{it} + \varepsilon_{it} \quad (1)$$

考虑到多重共线性问题，本报告将进行人均化处理，即采用强度指标作为变量，修正后的模型如下：

$$\ln y_{it} = \ln rd + \ln fin_{it} + \ln inf_{it} + \ln edu_{it} + \ln pgdp_{it} + \ln fdi_{it} + \mu_{it} + \varepsilon_{it} \quad (2)$$

$$\ln y_{it} = \ln env_{i,t-1} + \ln rd_{it} + \ln inf_{it} + \ln edu_{it} + \ln pgdp_{it} + \ln fdi_{it} + \mu_{it} + \varepsilon_{it} \quad (3)$$

其中，y 表示创新产出强度，以专利申请数与 R&D 人员投入的比值来衡量；rd 表示 R&D 投入强度，以 R&D 经费支出与 R&D 人员投入的比值来表示；fin 表示信贷资金支持力度，以年末金融贷款余额与地区生产总值的比值来表示；env 表示直辖市工业污染治理投资额；inf 为基础设施条件指标；edu 为教育投入；$pgdp$ 为人均 GDP；fdi 为实际利用外商投资额；μ_{it} 为个体效应；ε_{it} 为随机扰动项。式（3）表示考虑污染治理情况下的模型。

对以上模型进行回归的结果见表 9～表 10，从中可以发现，R&D 投入强度和信贷资金支持力度都对高技术产业技术创新产生了显著的影响，且系数均显著为正。一方面，说明增加研发投入有利于促进高技术产业的技术创新；另一方面，也说明了信贷资金支持能够促进高技术产业的技术创新，因此，结论证明虽然创新活动本身不确定性较大，投资风险系数较高，转化效率不可精准预估,但银行信贷作为创新活动重要的资金来源,对于促进技术创新发挥着至关重要的作用,这也进一步说明金融服务实体经济的重要作用。同时

表9 式(1)回归结果

指标	ln(y)	
	固定效应	随机效应
lnrd	0.551** (0.163)	0.373*** (0.106)
lnfin	1.525* (0.571)	0.256 (0.248)
lninf	0.123 (0.196)	0.287*** (0.095)
lnpgdp	1.733 (0.953)	0.685 (0.520)
lnedu	-0.830* (0.314)	-0.011 (0.104)
lnfdi	-0.223 (0.544)	-0.015 (0.344)
常数项	-6.794** (1.447)	-8.283*** (1.324)

注:回归系数括号内为标准误,***、**、*分别表示在1%、5%、10%的显著性水平上显著。

表10 式(2)回归结果

指标	ln(y)	
	固定效应	随机效应
lnrd	0.419** (0.117)	0.529*** (0.142)
lnenv	-0.145* (0.053)	-0.166* (0.097)
lninf	0.036 (0.303)	0.371*** (0.106)
lnpgdp	1.491 (0.974)	0.849** (0.392)
lnedu	-0.869 (0.391)	-0.163 (0.100)

续表

指标	ln(y)	
	固定效应	随机效应
lnfdi	0.209 (0.300)	0.021 (0.204)
常数项	-7.075 (4.232)	-6.197** (2.450)

注：回归系数括号内为标准误，***、**、*分别表示在1%、5%、10%的显著性水平上显著。

污染治理投资额对创新产出的影响也较为显著，但并不影响研发投入强度依然显著为正的影响，即研发投入强度增强对提高创新产出的促进作用并不会因为治理污染投入而减弱，所以，在保持经济增长、实现技术创新的同时，我们也应加强生态文明建设、保证绿色可持续发展，践行绿水青山就是金山银山的理念，深入推动实施创新驱动发展战略。

五 政策建议和展望

第一，不断完善金融制度，注重对金融发展的合理引导，使之更好地服务于实体经济，尤其是高技术产业的发展。现阶段我国金融发展比较迅速，从数量来看，中国已经成为金融大国。但是中国仍不是金融强国，尤其是在支持高技术产业发展上仍需进一步完善。金融支持实体经济发展的理论基础需要在中国场景与制度下进一步完善。高技术有了金融的支撑，才会做大做强。当下，国家在资本市场设立科创板，有利于金融体系更好地服务新经济企业，为创新型企业提供"源头活水"。国家对创业板企业重组的新规定明确：希望通过资源整合进一步加速创新企业的发展，通过一系列改革制度的实施实现金融发展与创新的相互促进。

第二，坚持对外开放和对内改革并行，坚持创新驱动发展战略，加大对高技术产业发展的扶植力度和重视程度。改革开放以来，我国经济实现了飞跃式的发展。为了保持持续高质量的发展，必须坚持对外开放的基本国策，因此，应加大与其他国家的交流与合作，学习他国先进生产技术的同时更要推动我国各行业创新，积极妥善地对国内实施有效的改革，同时实施创新驱动发展战略，既做好改革的"加法"，又做好改革的"减法"，不断培育创新生态的土壤。

第三，注重区域间协调发展和合作交流，不断解决金融发展、技术创新不均衡问题。由于我国国土面积广大、人口较多，因而地区间发展不平衡、资源分布不均等现象一直存在。为了有效缓解地区间发展不均衡，缩小东西部差距，对于创新效率较低、金融发展水平较低的地区应加大研发资本投入，同时应积极主动地引进人才，制定好人才储备和培养计划，充分发挥研发人员对技术创新的促进作用，从而引导经济更好更快发展，逐步缩小差距。

第四，加大对高技术产业技术创新的投入，全面提升我国自主研发的整体水平。高技术产业作为国家创新的主力军和高精尖产业的代表，无论是重要程度还是影响力都至关重要。2018年，全国研究与试验发展经费支出占国内生产总值的比重为2.18%，较上年提高0.03个百分点，因此，国家应该持续加大对高技术产业创新投入，加大对科技创新的支持力度，实现由外延式技术创新向自主研发、自主创新的转变，全面提高我国自主研发的整体水平和质量，逐步由重数量向重质量转变、从重过程向重结果转变。

第五，注重对新型和现代化人才的培养，鼓励广大研究人员和学者加大研发力度，实现"中国智造"，不断迈向创新发展新台阶。因此，应鼓励提高青少年的创新思维能力，注重创新实践。同时应赋予各地区、各项目的科研人员更多的自主权和决策权，建立以研发质量为导向的科研投入综合评价制度，使科研人员更具使命感、责任感，更有信心、恒心做好创新研发工作。

参考文献

[1] 程时雄、柳剑平：《我国工业行业R&D投入的产出效率与影响因素》，《数量

经济技术经济研究》2014 年第 2 期。
[2] 党国英、秦开强：《高技术产业的技术创新效率与影响因素——对五大类 23 个分行业的效率分析》，《产经评论》2015 年第 2 期。
[3] 易信、刘凤良：《金融发展、技术创新与产业结构转型——多部门内生增长理论分析框架》，《管理世界》2015 年第 10 期。
[4] 解维敏、方红星：《金融发展、融资约束与企业研发投入》，《金融研究》2011 年第 5 期。
[5] 赵喜仓、陈海波：《我国 R&D 状况的区域比较分析》，《统计研究》2003 年第 3 期。
[6] 孙伍琴、王培：《中国金融发展促进技术创新研究》，《管理世界》2013 年第 6 期。
[7] 范爱军、刘云英：《我国高技术产业技术创新影响因素的定量分析》，《经济与管理研究》2006 年第 10 期。
[8] 李向东、李南等：《高技术产业研发创新效率分析》，《中国软科学》2011 年第 2 期。
[9] 周代数、朱明亮：《R&D 投入强度、R&D 人员规模对创新绩效的影响》，《技术经济与管理研究》2017 年第 5 期。
[10] 张凡：《区域创新效率与经济增长实证研究》，《中国软科学》2019 年第 2 期。
[11] 廖中举：《R&D 投入、技术创新能力与企业经济绩效间关系的实证分析》，《技术经济》2013 年第 32 期。
[12] Brown J. R., Martinsson G., Petersen B. C., "What Promotes R&D? Comparative Evidence from Around the World," *Research Policy* 46, 2017。

区 域 篇

Regional Reports

B.10 合肥市庐阳区积极推进中央商务区高质量发展

张 慧*

摘 要: 本报告在分析合肥市中心城区——庐阳区在土地空间、业态布局等一些老城区发展瓶颈的基础上,努力破解中心城区发展难题,探索提高区域竞争力的重要路径。全文对庐阳区近年来优化产业布局、发展高端业态、聚焦楼宇经济、打造新零售模式、促进商旅文融合发展等方面的经验探索和基本做法进行梳理、阐述。庐阳区中央商务区实践证明,高端业态集聚将加快产业向创新发展,街区再造能促使CBD商圈转型升级。报告提出将发挥金融总部集聚区首位优势,构建多极商圈,实施老城复兴计划,推进中央商务区实现商务商业旅游融合发展。

---

* 张慧,合肥市庐阳区商务局党委委员、副局长。

合肥市庐阳区积极推进中央商务区高质量发展

关键词： 中央商务区　经济转型　商圈发展　商旅文融合

一　基本情况

庐阳区位于合肥市中北部，面积139平方公里，辖1乡1镇、9个街道和1个省级开发区，常住人口65.3万，是全省经济、文化、金融中心。2018年，全区实现GDP869亿元，再次迈上一个百亿台阶，向着千亿目标发起冲刺；服务业增加值755亿元，占GDP比重攀升至87%；规上服务业和高技术服务业企业营收分别增长20%和30%以上，增速全市第一；实现财政收入61亿元，增长16%；完成招商引资248亿元，其中外商直接投资2.86亿美元；城镇居民人均可支配收入4.69万元，增长9.5%。实现社会消费品零售总额597亿元，多年来一直稳居全省各县区之首；区内商业网点密布，共有各类商业网点36000余个，营业面积超过180万平方米，百货大楼、商之都、鼓楼商厦、银泰、百盛等知名商业汇集，人流、物流、信息流为全省之最；全区限额以上批零住餐企业307家，其中，年零售额超亿元企业65家（以上资料来源于庐阳区政府2018年政府工作报告及庐阳区商务局的统计资料）。

近年来，庐阳区按照"1341"发展思路（即坚持现代服务业一条发展主线，构建国家级中央商务区、全省高技术服务示范区、长三角最美滨水文化生态休闲区三大功能区，突出金融、特色商贸、高技术服务业、文化旅游四大主导产业，构建符合庐阳发展的现代产业体系），围绕国家级中央商务区建设目标，大力推进传统商贸服务业升级改造和现代服务业转型发展，大力发展特色街区、特色楼宇、特色电商，不断提升城市的核心功能，增强中央商务区的辐射力和影响力。先后荣获中国商业名区、中国最佳商业环境城区、中国商旅文产业发展示范城区、"亚洲金旅奖·首批最美生态旅游目的地"称号（2015年6月15日，在北京召开的第21届亚洲金旅奖盛典暨2015大中华区旅游文化榜发布会上，庐阳区被评为"亚洲金旅奖·首批最美生态旅游目的地"），跻身长三角中心城区服务业发展俱乐部，淮河路步行街成为中国著名商业街。

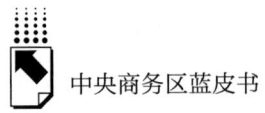
中央商务区蓝皮书

二 主要做法及成效

2016年,安徽省商务厅正式认定庐阳中央商务区为省级中央商务区。作为现代服务业集聚的核心载体,通过抓好四大转型,中央商务区正在成为庐阳经济转型发展的新引擎,进一步提高了辐射带动能力。

(一)强化功能分区,空间形态向商圈构建转型

根据庐阳独有的区位特点和商业优势,积极构建"一核三轴八商圈"(一核:庐阳区环城路以内核心区域;三轴:濉溪路、临泉路、北二环三条商贸服务业发展轴;八大商圈:四牌楼商圈、淮河路商圈、城隍庙商圈、三孝口商圈、濉溪路商圈、四里河商圈、临泉路商圈、五里商圈)的空间布局。"一核"中步行街商圈、城隍庙商圈、三孝口商圈、四牌楼商圈初步形成,成为全市商贸、金融、文化和旅游集聚区,汇聚了全区零售业20强的70%左右;"三轴"中濉溪路商圈、四里河商圈、临泉路商圈具有较强的产业号召力,汇聚了全区现代服务业和新金融业的40%。加快推进特色街区提档升级,城隍庙二期改造已完成,逍遥十八巷完成5条街巷建设,七桂塘街区转型初见成效,老报馆街区改造提升有序推进。目前,全区已建成市级以上特色商业街13条,其中国家级商业街1条(淮河路步行街)、省级商业街3条、市级商业街9条,经营面积88.6万平方米。

(二)瞄准高端业态,产业发展向创新集聚转型

以创新为引领,大力发展金融商务、科技服务、创意文化、旅游休闲、新型专业市场五大服务业,获评1个省级服务业集聚示范园区、7个省级和7个市级服务业集聚区,省级服务业集聚区总数居全省首位;2018年7个省级服务业集聚区累计完成投资9.8亿元,实现营业收入203.6亿元,完成税收3.46亿元。金融第一区地位稳固,2018年实现金融业增加值240亿元,完成税收50亿元,各类金融机构600多个,省级以上金融总部55家,均占

全市近一半的比重；金融业项目强力支撑，万科中心、正奇金融广场投入运营，世纪中心、东怡金融广场C座稳步推进，市区两级国企合作开发的金融城项目，将成为稳固和拓展优质金融资源的重要平台。积极引进世界五百强企业总部入驻，中央商务区现已入驻总部企业310家，其中世界500强总部企业50家，总部企业占全省近半数；入驻国际一线品牌专卖店40余家。

（三）聚焦楼宇经济，资源要素向辐射带动转型

大力发展以金融、法律、信息、现代物流和高端商业为特色的楼宇经济，打造一批税收亿元楼宇、总部楼宇和特色楼宇。长江中路及市中心以特色商贸及金融类楼宇居多，北一环主要以金融、类金融及总部型楼宇居多，肥西路-临泉路以新型总部楼宇居多。目前，全区共有商务楼宇170座，商用面积630余万平方米，其中5000平方米以上158座，占全区商务楼宇总数的95%。在建重点楼宇8座，50余万平方米，包括徽盐中心、世纪中心、金丰广场等。税收亿元楼宇9座，如天徽大厦、建信信托大厦、东怡金融广场、祥源广场等；税收千万元以上楼宇38座。楼宇中金融类企业如徽商银行、招商银行、国元信托、兴业银行等贡献较大，纳税额均超亿元。

（四）融合线上线下，商贸零售向新零售模式转型

依托"庐阳欢乐购"新零售平台，线上加强商圈新媒体运营，建立"欢乐购"网上商城，线下在节假日联合街区和品牌商户举办主题活动，打造全新的"线上+线下"智慧零售模式。成功举办欢乐购五一篇、十一篇、圣诞元旦篇等系列活动，2000余家商贸企业参与，2018年实现销售额220.26亿元，同比增长11.3%。与此同时，电商主体快速发展，2018年全区电商企业实现网络销售额约40亿元，同比增长30%。

三 下一步发展举措

下一步，庐阳区将坚持"1341"发展思路，立足中央商务区，深入实

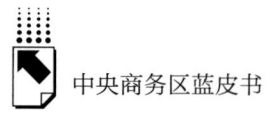

施老城更新战略,推动中心城区发展转型,巩固CBD核心地位。

老城更新是破解中心城区发展问题的系统性解决方案,是增强城市辨识度、提升庐阳竞争力的必然选择,是完善城市功能、促进产业升级的关键举措,也是传承历史文脉、挖掘城市内涵的重要手段。庐阳区坚持公共基础设施更新、产业业态层级更新、城市管理与社会治理模式更新以及城市发展理念更新等"多新合一",突出建筑形态、产业业态、历史文态和区域生态"四态融合",重点发展环城路内"5平方公里"的"一核",即CBD核心区,逐步向CBD全域拓展,努力推动老城区功能复合化、布局网络化、产业集群化、品牌高端化、环境人本化,稳固庐阳区在全市的核心地位。

(一)推进四创融合,夯实全省金融总部集聚区首位优势

金融业一直是庐阳区的第一产业和经济命脉,必须牢牢把握全省金融总部集聚区的首位优势,打造区域性金融中心。一是创最优金融发展环境。出台全省最优的金融业发展支持政策,设立区级专项扶持资金,成立区属类金融机构,整合金融发展服务中心、金融发展联合会、区域金控平台(庐阳区金融风险控制平台)等职能,助力辖区金融机构跨越式发展。发挥金融风险防控联席会议制度作用,配强金融监管力量,严守金融安全底线。二是创最优金融产业载体。立足国有资本开发运营,着力打造以金融城项目为载体的优质金融资源集聚平台。加快世纪中心、鼎鑫中心等重点楼宇建设,培育东怡金融广场金融商务集聚区、正奇金融广场新兴金融集聚区、广大克拉广场创投机构集聚区。推动国元人寿、国联人寿、恒丰银行等区域性金融总部落地,引进美的消费金融、徽商直销银行等新兴金融项目,加大台资、外资金融机构引进力度,争取省内外大型企业集团来区设立资管中心、财务公司,加快金融产业集聚。三是创最优金融服务。创新财政金融产品,发挥政银担、过桥贷、政保贷(庐阳区的金融产品名称)的撬动作用,进一步做实庐阳融创项目资本对接平台,促进产业资本精准对接,帮助中小微企业解决融资难题。加快多层次资本市场建设,抢抓科创板政策机遇,完善上市企

业后备库,鼓励企业挂牌"新三板"和区域性股权交易中心,服务安徽交建、正奇金融顺利上市。

(二)构建多级商圈,巩固商贸业全省第一强区地位

以特色街区、商业综合体、社区商业为载体,推进商圈多层级发展,巩固商贸业全省第一强区地位。一是瞄准全国知名商圈定位,高水平打造四牌楼大商圈。整体改造升级四牌楼、三孝口片区,加快银泰二期建设,聚焦时尚品牌和高端消费,引进头部企业,发展"首店经济",全力打造全省顶级购物中心;推进四牌楼联合大厦、花园宾馆等重点项目建设,实施中市逍遥街(商业街区名称)产权整合,盘活传统商业楼宇资源。推进淮河路步行街智慧街区建设,引导百盛、商之都、百大等传统商贸名店转型新零售综合体。加快城隍庙、七桂塘街区和赤阑桥文化艺术街区业态提升,推进老报馆街区扩容升级。立足全省第一商圈基础,将四牌楼大商圈打造成为融时尚消费、智慧体验、历史人文为一体的全国知名特色商圈,成为城市形象展示的重要窗口、商贸经济发展的核心引擎。二是力促商贸企业集聚,积极培育北部区域新商圈。加快苏宁广场建设,推进华润万象汇招商,丰富建华文创园业态,营造北部城区商业氛围;推动宜家家居项目落地,与红星美凯龙、蚂蚁乐居形成家居特色轴线;加快恒信德龙二期建设,依托保时捷项目带动高端汽车品牌入驻,探索与车好多、花生好车、夏阳检测等线上线下平台建立商盟计划,促进消费升级,打造全省第一的汽车销售服务全产业链,积极培育融生活服务、家居休闲、专业市场为一体的北部区域新商圈。三是坚持以便民服务为导向,不断织密社区微商圈。紧跟生活消费升级新需求,完善社区商业网点布局,均衡配置生活服务业态。以农贸市场、社区综合超市为基础,鼓励发展社区便利店、老字号连锁店,满足群众一站式消费需求;依托万科生活汇、文一百年街等社区商业街区,积极引入盒马鲜生、苏宁小店、超级物种等新零售品牌,营造场景式消费环境,促进社区商业品质提升,不断织密融餐饮娱乐、时尚百货、便民服务为一体的社区微商圈。

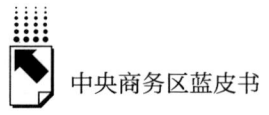

（三）实施老城复兴，促进商旅文融合发展

积极争取启动环城内老城风貌综合提升工程，强化庐州历史文化开发和保护，充分挖掘市井民俗，打造文化产业集聚区，擦亮老城区"历史名片"。一是打造古建筑文化群和江淮文化集中展示区。有序推动九狮桥街等逍遥十八巷改造，同步提升街区管理运营水平，逐步打造特色街区发展的庐阳品牌。以挖掘安庆路、淮河路、六安路和蒙城路围合区域为主体，依托城隍庙和老四中商业历史人文资源，深入挖掘城市记忆，开展庐阳老字号系列评选活动，形成与逍遥十八巷遥相呼应的古建筑文化群和江淮文化集中展示区。二是打造老城特色文旅集聚地。推动红星路文艺特色街区、光明新村休闲慢生活街区和拱辰市井文化街区建设，整合城市人文元素，进一步打造老城特色文旅集聚地。三是打造美丽乡村深度游精品线路。充分发挥乡村振兴公司的平台优势，继续办好桃花节、采摘节、三国围棋赛等各类文化活动，重点推进桃蹊田园综合体建设和民宿改造，串联三国遗址公园、崔岗艺术村、王大郢音乐小镇等景点，打造美丽乡村深度游精品线路。

（四）加强组织保障，完善中央商务区建管机制

一是加强组织领导。中央商务区工作领导小组办公室担负统筹协调和综合推进职能；各牵头单位要制定各产业集聚区发展目标和政策措施，并抓好落实；各乡镇、街道充分发挥属地管理的责任，主动参与项目建设，确保各项工作按计划推进到位。二是完善工作机制。按照"统筹协调、分工负责、多方联动"的要求，定期召开中央商务区工作调度会，研究解决问题。建立与大建设同步联席会议制度（庐阳区重点项目建设的调度制度），积极对接大建设项目，力争大建设项目基础设施功能、城市立面特征符合中央商务区要求。三是加大政策扶持。积极争取国家和省市的政策支持，整合区级各项发展专项资金，加大对中央商务区重点项目建设支持力度。要强化政府引导，市场运作，在政府统一规划基础上，鼓励社会资本参与特色商业街区的建设、开发和运营，在资金上予以奖补。

B.11 成都中央商业商务区高水平开放发展报告

杨 瑞*

摘 要： 成都中央商业商务区，作为成都都市级商圈，历史悠久，区位优势明显，带动引领成都商贸商务业发展，树立了成都高端化、国际化商贸商务业发展形象。本报告讨论研究了成都中央商业商务区的概况以及产业发展的现状，提出构建产业生态体系、聚焦产业升级的重点工作，从而全面推进商贸商务业发展，以高水平开放推动区域发展。

关键词： 成都中央商业商务区 产业生态体系 产业升级

一 成都中央商业商务区概况

（一）地理位置

中央商业商务区位于成都市锦江区北侧，两江环绕，与天府中心相邻，距成都东站6公里，距双流机场14公里，距东部新城10公里，距金融城8公里，交通便利。成都中央商业商务区北至武成大街，南至滨江路，西至下南大街，东至天仙桥北街，总面积约3.5平方公里。

---

* 杨瑞，硕士，成都市锦江区商务局干部。

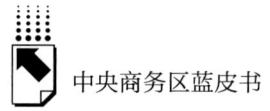

（二）百年历史沉淀

成都中央商业商务区的重要组成部分是春熙路商圈，春熙一词来源于老子《道德经》里"众人熙熙，如享太牢，如登春台"，描述的是春风和煦，百姓熙熙而来、攘攘而往的盛世景象。始建于1924年，初时仅有四条纵横交错的街道，历经百年发展；从"文革"时期的繁荣走向衰落，再由20世纪80年代青年路市场开张，到近几年春熙路地铁站、IFS和太古里相继开业，春熙路商圈已成为成都繁华时尚优雅的代表性商业步行街。

（三）机构设置

中央商业商务区建立了由锦江区政府分管领导牵头，锦江区商务局对口指导，锦江区中央商务区管理委员会管理，锦江区属国有平台公司百年春熙建设投资有限公司、相关街道办事处以及规划、建设等要素保障部门共同推进的机制，建立了合理、高效、专业的管理构架。

二 成都中央商业商务区产业发展现状

成都中央商业商务区形成了以高端商贸、高端商务为主导，以文化创意、休闲旅游、金融服务为支撑的"2+3"产业生态体系，聚焦"5+5+1"[①] 产业体系的细分方向，定位精准细化和专业化。主导产业定位为属于全市28个重点产业生态圈的商贸流通产业生态圈，有利于产业协同发展，带动引领成都商贸商务发展，树立成都高端化、国际化商贸商务业发展形象。

---

① 第一个"5"是指以电子信息、装备制造、医药健康、新型材料和绿色食品五大产业为重点，到2020年，建成电子信息万亿级产业，培育装备制造、医药健康万亿级产业，壮大新型材料和绿色食品千亿级产业；第二个"5"是指着力发展会展经济、金融服务业、现代物流业、文旅产业和生活服务业五大重点领域，到2020年，培育形成5个千亿级产业；"1"是指进一步发展新经济培育新动能，全面构建以"人工智能+""大数据+""5G+""清洁能源+""供应链+"为核心的高技术含量、高附加值开放型产业体系，着力将成都建成最适宜新经济发育成长的新型城市。

（一）产业基础良好

成都中央商业商务区的区域内拥有IFS、中环广场、仁恒置地广场、四川航空广场等58座高端商务楼宇，其中超甲级写字楼4座、甲级写字楼3座，税收亿元楼宇9座（成都锦江区16座），税收5000万元楼宇4座，大型百货卖场9家，商业商务载体面积近300万平方米。

（二）集聚效应凸显

2018年成都锦江区实现社会消费品零售总额1043.3亿元，同比增长9.8%，商贸产业集聚度西部第一，社会消费品零售总额连续14年在成都市领先。区域内有外国驻蓉领事馆9个，世界500强总部企业89家，其中"5大行"（仲量联行、世邦魏理仕、戴德梁行、第一太平戴维斯、高力国际）有4家落户，"4大会"（普华永道、德勤、毕马威、安永）有2家落户，总部型企业209家，高端酒店12家，国际知名品牌540个，其中香奈儿、爱马仕等国际一线品牌66个，比例居成都市之首。

（三）区域业态丰富

区域内业种业态丰富，2000年以后商务区逐渐发展，吸引了多种业态进驻，优化了商务区内的业种结构，将新的经营模式带入传统商圈，为区域发展注入了鲜活的动力。超过10个业种分布在沿街商铺和各大百货购物中心内，其中服饰配件类占比达48%，餐饮类占比达25%，随着业种业态的优化，大量生活类业种进驻中央商务区。比如远洋太古里的MUJI全球最大旗舰店引入了大陆首家特色料理餐厅。其他如Zara Home、Vispring、Christofle等品牌的进入，满足了消费者个性化、创意化、高端化和生活化的追求。而展览馆、博物馆等业态的引进，带来了独特的文化个性和持久的生命力。如集书籍、美学生活、轻食餐饮、展览、手工艺商品与服饰等于一体的方所，将多个业种集合到一家店铺内，形成一种新的经营模式，带给消费者独特的购物体验，打造出一个富有文化内涵并且消费群覆盖广泛的城市文化公共空间。

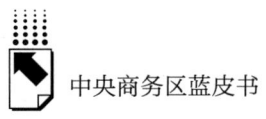

（四）主导产业定位

高端商贸的定位主要体现在四个方面，分别是高端零售、生活时尚、餐饮美食、跨境贸展。其中高端零售方面主要有高端购物中心、奢侈品综合店、旗舰店、奢侈品秀场等；而生活时尚则有时装周、新零售、运动健身活动、电竞直播等；餐饮美食方面主要有国际美食、健康餐饮、主题餐饮、老字号餐饮、时尚餐饮等；体现跨境贸展的形式有消费展、洋展购、跨境电商、O2O 体验店等。

高端商务的定位主要表现在四个方面，分别是企业管理服务、决策总部、检验检测服务、知识产权服务。其中企业管理方面提供的服务有咨询服务、会计服务、人力资源服务三个方面；决策总部主要分为全球性总部、区域性总部、功能性总部、成长型总部四个类型；检验检测方面主要提供环境检测、商品质量检测、安全保障检测、贸易符合性检测等服务；知识产权方面主要提供专利服务、版权服务、商标服务、商业秘密服务。

（五）关联配套产业发展

成都中央商业商务区毗邻东大街金融服务集聚区及红星路文化创意集聚区，唐宋风韵、佛教文化与现代商业文明交相辉映，汇聚各类金融机构 135 家，高端酒店高度集聚，拥有成都市艺术中心、锦城艺术宫、川剧艺术中心等全市闻名的文化艺术重地，太古里量子光电竞中心为大众提供集休闲体验、文化娱乐、赛事活动、产业园区、资金扶持及技术服务为一体的立体化全要素泛娱乐运营服务，金融、文创、旅游等产业竞相发展，为商贸商务产业发展提供了强大的配套支撑。

三 构建产业生态体系，高水平开放推动区域发展

（一）强化主导产业发展优势

按照成都市一盘棋的思想，对成都市 37 个服务业中央商务区进行梳理。

成都中央商业商务区作为6个商务商贸类中央商务区之一，商务商贸发展正迎来速度变化、结构优化、动力转化的多重挑战时期。为了在新一轮的发展中抢占先机，挖掘更多发展空间，中央商业商务区应增强全球视域下的消费要素集聚和市场辐射能力，重点引导商务商贸业向价值链高端延伸。

（二）构建完整产业链

中央商业商务区构建以高端商贸、商务为主导，以文化创意、休闲旅游、金融服务为支撑的"2+3"产业生态体系。其中，高端商贸重点聚焦高端零售、跨境展贸、生活时尚及餐饮美食领域；高端商务重点聚焦企业管理服务、检验检测服务、知识产权服务和决策总部领域。

（三）聚焦高端商贸，建设世界级商圈

1. 高端零售

积极引导实体零售企业不断调整和优化商品品类，增加中高端品质商品品种，建设成为国际知名品牌的汇集地。一是加强奢侈品消费与熊猫文化结合。寻求奢侈品消费与天府文化的价值契合，打造全球新品首发地。支持融合熊猫文化、巴蜀文化等成都元素的国际知名品牌推出具有国际影响力的成都系列产品。二是加强高端消费体验。关注消费者本身的体验与服务需求，鼓励更多商家提供参与式的购买体验与更多的商品和服务选择。三是加强与年轻新贵阶层的对话。随着中产阶级的快速崛起、年轻消费力的快速提升，高端零售发展需对高端消费者重新认知，从业态和品牌的选择上应更贴近年轻消费者的喜好。

2. 生活时尚

围绕消费领域的制度创新、技术创新、模式创新、业态创新，将天府文化与国际时尚潮流浸润融合，形成时尚消费的展示发布中心和新兴消费的体验输出中心。一是打造时尚消费前沿地。强化与米兰、纽约、巴黎、伦敦等国际知名时尚城市的合作交流，集聚国内外人才、品牌、资源等，打响成都时尚品牌；办好成都国际时尚周、成都国际时装周等时尚活动，增强时尚集

聚、时尚发布、时尚体验功能；搭建时尚设计品牌孵化平台，支持和推动原创设计、培育时尚买手，鼓励时装、女鞋、蜀锦蜀绣、家具等成都优势产业跟踪最新时尚潮流。二是打造彰显时尚特质的新兴消费场景。依托天府锦城消费场景建设，打造成为彰显成都休闲特质，融合国际时尚潮流、引领品质消费的新兴消费目的地；加快培育锦江夜消费商圈，引入川菜、川剧等传统特色业态和现代新兴消费业态，打造成都夜消费地标。三是打造知名品牌中国首发首选地。建成一批卓越优质的平台载体，推出一批新品发布活动，开展成都全球新品首发地整体形象宣传；借助锦江独特的"口岸优势"打造商品进口门户、转销节点，缩短与欧美发达地区的"消费时差"。

3. 餐饮美食

打造独具成都生活方式的文化底蕴及时尚、现代的理想生活，将中央商业商务区打造成为品质文化餐饮集聚地。一是传承历史文化，打造"川味"深夜食堂。以餐饮美食积极推进中央商业商务区"夜消费"场景建设，加速布局火锅、串串香、成都小吃等具有成都生活方式的代表性餐饮；同时依托春熙坊，传承和发扬"老字号"餐饮。二是打造镋钯街时尚文化餐饮特色街区。依托街区现有的餐饮业基础，以"谈茶""吃过""驻下"接驳太古里时尚潮流，打造独具魅力的时尚文化餐饮特色街区。三是积极布局特色主题餐饮。一方面针对消费需求个性化，提供有针对性的服务，另一方面依托中央商务区内丰富的领事资源，引进多样的国际美食和具有地域风味的餐饮美食。

4. 跨境展贸

大力推动贸易企业的集聚，发展跨境电商、保税体验店，因地制宜打造特色街区，将中央商业商务区建设成为对外交往合作示范区。一是建设国际合作交流平台。大力引进具有世界影响力的前沿品牌展会、国际赛事活动、国际消费节会、知名时尚秀、高层论坛对话等高端消费活动。二是建设国家跨境电子商务应用服务中心。重点围绕跨境 B2B 业务，集聚交易平台、物流供应链、营销、代运营、支付等服务资源，进一步降低跨境电子商务应用门槛，加速开拓国际市场。三是建设特色节庆之都。依托成都特色文化推动节庆发展，积极开发地域特色鲜明、产业优势突出、群众参与性强的各类节庆和主题展销活动，如"锦 SHOW 成都"时尚锦江购物节、"IFS 国际名店街环球风尚之旅"等。

（四）聚焦高端商务，打造国际会客厅

1. 企业管理服务

依托区域内麦肯锡、世邦魏理仕、仲量联行等世界知名管理咨询机构，发挥"产业乘数效应"，建成全球资源配置地。一是增强企业管理机构服务实体经济的能力。以市场化、法治化、国际化为方向，整合市场上分散的各个要素，减少由于信息不对称产生的高额交易费用，进而增强企业管理机构服务实体经济的能力。二是积极引进国内外知名的企业管理服务机构。加强品牌培育，构筑起运作规范、收费合理、覆盖面广的服务体系。三是打造中央商业商务区企业管理服务合作重大平台。围绕成都自贸区对高端产业的支撑引领作用，集聚一批企业管理服务机构，打造国际企业管理服务合作重大平台。四是加大力度扶持本地企业管理服务机构。发挥国际商贸中心作用，进一步完善多层次资本市场，深度打通资本与产业升级的通道，继续加大力度帮助各类企业管理服务机构谋求更多机遇。五是完善人才扶持政策。建立更合理的人才流动制度，用好人才绿卡制度，吸引更多高层次专门人才，推动经济高质量发展和产业结构优化。

2. 决策总部

以更高层次的开放型经济为特色发展方向，着力吸引更高能级总部企业入驻，培育具有国际影响力的总部企业集群，建成西南总部首选之地。一是瞄准面向"一带一路"的高能级总部企业。积极引进一批跨国公司区域总部，大力发展一批面向"一带一路"和长江经济带的国内企业职能总部，努力培育一批能够融入"一带一路"倡议的本地企业。二是瞄准"百年老企"建设总部大厦。围绕持续经营时间超过 20 年并引领行业发展趋势、持续创造稳定收益的大企业大集团开展精准招商，通过建设企业总部大厦，树立行业产业地标。三是大力引进国际采购、研发、结算等功能性总部企业。

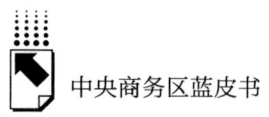

大力引进跨国公司地区总部和国内大企业区域性总部，吸引企业国际采购中心、财务结算中心、技术研发中心等功能性机构入驻，不断提升总部经济的规模与层次。四是积极培育一批新经济总部企业。与国内外知名投资机构跨界合作，瞄准代表新兴产业发展方向的投资渠道，引进培育一批新经济企业全国、全球总部。

3. 检验检测服务

切实发挥中央商务区地处城市核心区域的优势，大力发展检验检测服务。一是积极拓展检验检测服务空间。依托区内现有资源优势，大力发展环境检测、贸易符合性检测、商品质量鉴定检测和安全保障检测等检验检测认证服务；同时积极培育和引进检验检测认证集团。二是建立国家级检验检测技术联盟。通过搭建信息交流平台、建立专家人才库、加强组织体系建设、组织开展联盟等活动，完善国家级检验检测技术平台搭建。三是加速检验检测服务能力升级。立足于全国视野，在抓好基础设施建设力度、提高检测仪器装备层次的同时，加强人才队伍建设，提高专业技术水平和检验检测能力。

4. 知识产权服务

知识产权方面，强化认识，营造良好的发展环境。一是建立校院企地共建共享的专利联盟、专利池和技术标准联盟，推动专利集成运营。二是提升知识产权服务机构涉外事务处理能力，打造具有国际影响力的知识产权服务企业和品牌。三是加强专利行政执法，推动知识产权保护覆盖，在辖区街道、市场流通环节，加大专利执法。

（五）聚焦文化创意，传承千年蜀都文脉

1. 文化艺术

充分发挥中央商务区"文化在左，艺术在右"的特点，一方面对大慈寺、四圣祠、耿家巷等历史文化遗迹充分保护，传承本土地域文化，还原老成都的历史记忆。另一方面依托崇德里艺术休闲业态，打造"文青小资"和来蓉游客朝圣的情调延长线。同时，推动"文创+"发展，支持文化、

艺术、社交和零售跨界融合，鼓励复合书店、创意设计酒店等多业态聚合的新型复合消费业态发展；推进 IP 创意向产品衍生发展，打造符合国际消费群体审美要求和品质标准的高辨识度创意产品。

2. 创意设计

依托区域内大慈寺、四圣祠历史建筑群，邱家祠堂历史建筑群，崇德里、惜字宫街建筑群等现状文化资源，构建多元产业高集聚度的城市功能中心，以"文化+"产业形态激活城市活力。依托太古里、国际金融中心 IFS、大慈寺等已有商业资源，打造高能级项目集聚复合功能，形成引领文化商业区的核心。

（六）聚焦休闲旅游，打造世界旅游目的地都市核心区

1. 文化旅游

丰富的历史文化资源与深厚的城市记忆是城市可持续发展的保障，因此，要加强对历史文化资源的保护和修复。做优百年春熙和锦江剧场-春熙坊片区两大历史文化街区，激活水井坊、大慈寺、江南馆唐宋古街遗址等文化旅游项目，挖掘文化旅游资源内涵，打造文化旅游品牌，突出锦江文化旅游特色，以历史文化特色助力高品位文化旅游。

2. 商业旅游

特色项目是构成城市名片的要素，是推动城市整体发展的加速剂，亦是彰显城市文化的重要手段。一方面，通过引进一线国际品牌和高端品质酒店，夯实国际旅游目的地都市核心中央商务区的产业基础。另一方面，以大慈寺为核心，深挖天府历史与科学艺术价值的结合，建设既有颜值又有格调的都市休憩地标，打造更多旅游网红目的地，以世界级商圈助力商业旅游。

（七）加快现代金融发展，建设区域性金融中心

1. 消费金融

依托银行机构、外资金融的规模优势和集聚效应，从电商系、银行系以及外资系的消费金融切入，把握金融开放加大和电商金融快速发展的机遇。

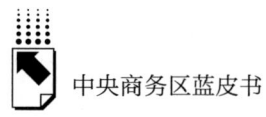

发展消费金融的关键在于提升产业规模和优化产业生态,东大街应在做大金融业规模能级的基础上,把握消费金融产业增量,重点强化银行、电商、外资金融三个细分领域,同时完善上游征信及下游消费场景培育。

2. 金融安全

不断完善金融服务功能,提升金融服务能级。一是构建安全可信的体系框架。建立系统科学的方法论,推动标准体系建立;同时,强化区块链技术应用,让数据更安全,推动"生产力+生产关系"变革。二是强化风险意识和底线思维。着力完善金融安全防线和风险应急处置机制,通过加强监管,科学防范,从而早识别、早预警、早发现、早处置。

四 全面推进"三高三特一优"

(一)全面推进商贸商务业迈向"高端"

进一步引入国际高端品牌。加快引入 Antonia、Soniarykiel 等引领世界潮流的国际大牌旗舰店,吸引更多追求极致的高级定制品牌和国际小众品牌,力争使国际知名品牌数突破 600 个,提升区域国际品牌集聚度,增强商贸业核心竞争力和辐射力。加快建设跨境电商体验店和"保税直销中心"。结合成都跨境电子商务综合试验区建设,鼓励商贸业企业积极打造线下体验、线上购买的跨境电商 O2O 商业体验店。同时,要把握成都建设免税购物中心和自贸区的契机,加快建设"保税直销中心",让消费者能更加方便地购买高端进口商品。加快引进和培育一批国际国内高端商务企业,以时代华纳、美国富国银行、美国银行、美国柏诚、ITS、SGS 等国际知名金融、咨询设计、检验检测、认证认可等企业为目标,以提升商务业产业能级和核心竞争力。

(二)全面推进总部经济迈向"高质"

进一步优化全区世界 500 强企业能级。鼓励区域内几十家世界 500 强分公司、办事处向区域总部、大区总部、西南总部和全球总部梯度转型升级；鼓励区域内其他世界500强企业向研发设计中心、区域运营中心、投资管理中心、财务结算中心和离岸服务中心等税源型区域性和功能型总部转型升级，提升整个跨国公司区域性总部经济的品质。积极引进更多的中国500强企业、民营500强企业和上市公司区域总部企业。瞄准国内发达地区中有意拓展西部市场的中国500强企业、民营500强企业和上市公司，力争将其西南地区或西部地区总部引入中央商务区，鼓励其在中央商务区设立研发、结算等区域性和功能型总部。积极培育本土总部企业。全力争取省内二级城市及西部其他城市的本土成长型总部或功能型总部落户中央商务区，积极培育山鼎设计、达智咨询等本土总部企业，提升本土总部企业能级。

（三）全面推进商贸商务业迈向"高新"

积极培育商贸业新消费，瞄准现代商贸业个性化、专业化、精品化、体验化的新趋势，加快引导区域内各主要商场大力发展体验式、买手制、定制服务等新模式，通过向零售、餐饮、文化、休闲、娱乐、亲子等配比合理的生态化、体验型业务转型，增强消费者的消费"黏性"，让客流变成"客留"。加快发展新零售，加快引进京东、淘宝、天猫超市、飞牛网、洋码头、宝尊等一大批知名电商企业，加快引导区域内各传统百货商场、品牌专卖店和购物中心，利用物联网技术、互联网技术，发展线上线下O2O购物、智慧购物、Pop-up等零售新业态。加快发展新经济新产业。瞄准大都市产业发展新趋势，大力发展"互联网＋经济"、平台经济、楼宇经济等新经济、新业态，突出培育网络经济、节能环保、健康养老、都市工业等新兴产业。

（四）全面推进载体能级转向"特别高"

巩固提升税收亿元楼高能级载体，巩固仁恒置地、IFS、航天科技等现有16座税收亿元楼，着力向10亿元楼冲刺。提升王府井等税收5000万元楼、税收2000万元楼载体能级，培育出更多的"亿元楼"高能级载体。加快开发建设高能级新载体,加快盈嘉大厦、蓝润国际中心、文轩国际金融中心等在建新建项目开发进度,积极储备东大街城市更新、大慈寺南北片区、一心桥片区、红星路片区等高端产业项目,夯实高能级新载体储备潜力。

(五)全面推进载体产业集聚度转向"特别高"

着力打造5个"高集聚度"特色街区,依托群光百货、茂业百货、王府井、伊势丹、伊藤洋华堂等大型商场和高端楼宇,结合春熙路的历史文化和地理优势,大力发展现代商贸,建设"中西部一流的购物天堂",打造"百年春熙"特色街区。依托IFS、中环广场、正熙国际、时代广场、香槟广场、太古里、大慈寺综合体等楼宇,打造"红星路-大慈寺"时尚购物和高端商务特色街区。依托尼依格罗、泰合索菲特酒店、万达七星级酒店等高端酒店和高端商务楼宇,大力发展商务休闲服务,打造滨江路商务休闲服务特色街区。依托摩根中心、喜年广场、东方广场、明宇金融广场、成都商会大厦等楼宇,以"金融市场+金融总部"为主题大力引进区域性、外资金融机构,发展金融中介服务等金融衍生产业,加快金融机构集聚,打造中国西部"金融第一街"特色街区。依托明宇金融广场、汇融国际、西部化工贸易结算中心等楼宇,加快引进各类电子商务总部型、平台型企业,积极培育国家级电子商务示范产业园。

(六)全面推进载体微生态转向"特别活"

实施"楼宇微生态"建设工程,在太古里、仁恒置地、IFS等楼宇试点"楼宇微生态"建设工程,以"高端楼宇+孵化机构+优质环境",营造良好的楼宇微生态,促进产业载体内生式增长、外延式拓展。提升"楼宇社区"服务品质,在前期"楼宇社区"试点的基础上,进一步提升服务品质,丰富楼宇社区活动,促进楼宇"微社会"和谐共生。

(七)全面推进中央商务区(CBD)向中央活动区(CAZ)优化

采用国际先进CAZ(中央活动区)理念,按照产业先导、职住平衡、完善配套、塑造城市美学的原则，进一步完善中央商务区城市规划，对区域城市功能布局、交通基础设施、地标建筑、绿化布置、业态搭配、室外空间设置、新型材料使用、节能环保等方面进行国际化、前瞻性规划设计和优化改造，促进春熙路-盐市口、红星路-大慈寺、天府广场-红照壁、合江亭-水井坊连片一体化发展，打造千亿级"全国第一、国际领先"知名商圈。

B.12
宁波鄞州区推动经济高质量发展

杨培华*

摘　要： 宁波鄞州区在改革开放40年来，把握历史机遇，砥砺奋进，取得巨大发展成果。鄞州区首创统一规划、单体自建、公基统建的商务区建设模式，不断优化营商环境，凭借民营经济综合实力强劲的优势，吸引众多企业入驻，南部商务区产业集聚优势已经显现，在推动鄞州区产业转型上发挥重要作用。本报告从鄞州区发展概况入手，突出鄞州区及宁波市在推动经济高质量发展上取得的成果和发展中的特色，同时对鄞州区面临的机遇与挑战、产业发展路径进行分析，体现鄞州区建设高品质强区的成果。

关键词： 鄞州区　南部商务区　民营经济　产业转型

一　宁波鄞州区发展概况

鄞州区具有悠久的历史渊源，"鄞"约在原始社会末期至迟在夏初已成为确定的地名。2016年9月，经国务院批准调整行政区划，奉化江以西9个镇乡（街道）划归海曙区管辖，奉化江以东区域与原江东区合并，成立新的鄞州区。

---

* 杨培华，硕士，北京市哲学社会科学CBD发展研究基地研究助理，主要研究领域为国际金融。

鄞州地处中国长江三角洲南翼，浙江省东部沿海，是计划单列市宁波市的核心城区。东北面紧邻北仑、镇海，东南面与象山、奉化连接，西面与海曙、江北隔江对望，区内资源禀赋丰富、空间形态多样，既有繁华城区，又有美丽乡村；既有江河湖海，又有山林田园。鄞州新城区位于宁波市区南端，区位优势明显，海陆空交通便捷。

（一）创新发展理念，注重城市规划

1. 发展思路深化细化

鄞州区十分注重整体谋划，完善"名城强区"建设指标体系，修编"十三五"规划纲要，制定空间布局、经济发展、社会事业等13个专项规划，调整完善土地利用总体规划，明确了未来发展方向。发挥城市优势，召开城市发展大会，出台推进新一轮城市发展的五年行动计划，梳理确定总投资约2500亿元的456个重大项目。推进双轮驱动，大力发展五大生产性服务业和三大生活性服务业，出台"中国制造2025"鄞州行动方案，努力打造服务经济大区、智能经济强区。

2. 规划南部商务区，赋予其"中提升"引擎的内涵

宁波南部商务区位于鄞州区行政中心南面，紧邻鄞州公园，区块北至日丽中路，南至鄞州大道，西至宁南南路，东至前河南路，占地1平方公里，总建筑面积约330万平方米。宁波南部商务区是新城区发展总部经济、有效集聚资金和人气的重大项目，被宁波市列入"中提升"战略发展区块之一。"中提升"即要提升中心城区的城市功能，通过创新城市发展模式、优化城市空间布局、完善城市服务功能等，来提高城市综合竞争力。鄞州区政府还专门成立南部商务区管理委员会，园区管委会积极开展商务区入驻企业的相关活动，为园区内大中型企业营造健康和谐的商务环境。

2010年11月16日，南部商务区正式开园，产业发展上以总部经济、国际贸易、科技创意、服务外包为主，目标是成为浙江省乃至长三角最具活力的高端商务经济集聚区之一。截至2017年6月，园区共有3413家企业入

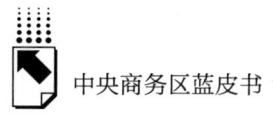

驻,平均入驻率88%,其中二期为68%,南部商务区在推进产业集聚上起到重要作用。

(二)经济发展稳中向好,产业协调发展

1. 经济运行平稳有序

鄞州区有力推进经济高质量发展。连续四年居全国综合实力百强区第四位,获评中国知识产权领域最具影响力县域第一位、全国绿色发展百强区第二位、科技创新百强区第三位、投资潜力百强区第八位。2018年全年实现地区生产总值1780亿元,同比增长5%,总量稳居宁波市首位、浙江省第三;完成财政总收入435.9亿元,同比增长6.1%,地方一般预算收入253亿元,同比增长4.7%;城镇和农村居民人均可支配收入达到6.4万元和3.5万元,同比增长8.4%和8.6%;金融机构本外币存贷款余额达到6259.3亿元和7651亿元,增长7.6%和22.5%。

2. 产业优化升级,结构效益向好

鄞州区向来坚持政策、资金、服务多措并举,推动传统产业提升、新兴产业扩容。首先,现代农业加快发展,鄞州区坚持产村联动,编制实施农业重点项目三年滚动计划。2018年鄞州区启动改造提升11个现代农业园区,已成为省级农业"机器换人"示范区。

其次,规上工业增加值达到280亿元,装备制造业、高新技术产业增加值占规上工业增加值比重达到63%和60%,战略性新兴产业增加值增长45%;新增市级以上制造业单项(隐形)冠军16家、上"云"企业3770家;整治提升"低散乱"企业219家,盘活低效厂房40.5万平方米。建筑业总产值达到844.5亿元,增长10.4%,总量位居全市第二。

最后,服务业影响力不断扩大,位列浙江省服务业强县(市、区)综合评价Ⅱ类第二。实现社会消费品零售总额810亿元,增长9%;批发和零售业销售额4300亿元,增长19%;网络零售额460亿元,增长30%。商品房销售面积达到339万平方米。航运物流企业数量新增142家;金融业实现增加值172亿元,新增新三板挂牌企业2家、甬股交挂牌企业96

家。软件和信息服务业收入达到200亿元；旅游总收入达到258亿元，增长15%；会展、广告设计、人力资源、法律服务等产业规模保持宁波市首位。

3. 载体提档升级，特色平台影响扩大

一是小镇建设成效明显。四明金融小镇年度考核位列浙江省第三，进入省级示范评选名单，获评国家3A级旅游景区；现代电车小镇列入第四批省级特色小镇创建名单。

二是新载体持续落户，产业集聚趋势明显。宁波保险科技产业园顺利开园，武汉大学宁波国家保险发展研究院落户，鄞州区已拥有各类电子商务园区11个。2018年，鄞州工业园区智能空调、汽车零部件等重大项目竣工投产，鄞州投创中心获省级军民融合产业基地考核优良，鄞州经济开发区二期建设拉开框架，中车产业基地集聚浙江中车新能源等企业16家，宁波微电子创新产业园获评省级产业创新服务综合体创建单位，鄞州成功创建省级集成电路产业基地。

三是楼宇经济集聚效应加速显现。2018年，鄞州区商务楼宇面积达到488.3万平方米，入驻率78.8%，实现税收76亿元；新增税收超亿元楼宇2座，总数达到20座；完成楼宇企业整规679家。

4. 民营和外向优势得到巩固

鄞州区为优化营商环境，召开民营经济发展大会，设立中小企业融资担保公司，出台降本减负促进实体经济稳增长15条政策，为企业减负超过50亿元。推行商事登记简易注销、跨部门双随机抽查等惠企制度，营业执照办理承诺时间压缩到2个工作日，新增小微企业1万余家，实有市场主体达到13.8万户。

强化一把手招商、小分队招商，招商引资成效明显。总投资80亿元的高世代氧化物TFT电子纸项目成功签约，盛吉盛半导体、泰康医养综合体、亚马逊宁波跨境产业园、多牛传媒等一批有影响力的产业项目顺利落户，实到外资7.9亿美元、内资142亿元、浙商回归资金156亿元。

积极应对中美贸易摩擦，进出口总额达到1590亿元，其中出口1200亿

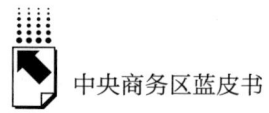

元,增长15%;实现服务外包执行总额91亿元,跨境B2B出口额25.9亿美元,获评省外贸十强县(市、区)第二位。新批境外投资企业23家,对外投资额达到3.3亿美元。

5. 优质资源持续集聚

一是积极打造人才生态最优区。2018年鄞州区引进各类人才2.3万名,新增国家级"百千万人才工程"人选1名、国家万人计划3名、国千省千和市"3315"人才9名,评出"鄞州金匠""鄞州银匠"各30名。

二是深入实施创新驱动战略,研究与试验发展经费占地区生产总值比重达到2.45%;高新技术企业达到251家,新增全国示范院士专家工作站1家、省级企业研究院1家、高新技术研究开发中心8家、市级创新型初创企业167家;中车新能源(超级电容器项目)获得鄞州史上首个中国专利金奖。

三是培育壮大本土企业,新增市场主体23585户,增长10.9%;入选宁波市千亿级工业龙头企业培育名单2家、骨干企业和高成长企业培育名单29家,新增上市企业5家、新三板挂牌企业7家、省级农业龙头企业1家。成功举办中国集成电路产业资本峰会、中国私募投资基金峰会、中国B2B电子商务大会等活动。

(三)鄞州区及宁波市经济发展特色

1. 政府牵头规划商务区,注重整体谋划

宁波南部商务区是由政府牵头的重大项目,规划为四期。一期占地406亩,地上总建筑面积130万平方米;二期位于一期东南侧,占地206亩,地上建筑面积50万平方米;三期位于一期西侧,占地131亩,地上建筑面积45万平方米;四期为门户区,位于一期南侧,占地265亩,地上建筑面积35万平方米。截至2018年,一期二期已投入使用,三期建设扎实推进,四期将开展土地出让工作。商务区内用地性质以商务办公、文化交流、商业服务、公寓及酒店等功能为主。提前做好土地规划可以防止后期出现由于土地规划不合理造成的发展空间不足、发展结构失调等比较难以解决的问题,因此，政府在规划过程中，结合地块自身的因素以及商务活动的需要，十分重视不同功能的适配。

宁波南部商务区国内首创统一规划、单体自建、公基统建的开发建设模式，由政府确定区块规划设计的总体方案，业主单位在同一时间内完成单体建筑方案设计，公共设施由区城投公司统一建设，实行共用共享。南部商务区楼宇建设伊始就采用科学的设计理念，在建筑用材的选用上注重环保高质、配套设施上注重智能化设备的应用。同时在招商引资上，得益于宁波民营经济基础雄厚的优势，更多的吸引民间资本，将当地有实力的民营企业集聚起来发展总部经济，内源性和针对性更强。

2. 支持政策针对性强，民营经济是最大亮点

宁波市民营企业无论在规模上，还是在经营的范围上、拓展的层次上，不断涌现创新成果。2018年前三季度，宁波市外贸进出口总额达6376.7亿元，同比增长14.5%。其中，民营企业的进出口额占比达65.1%。民营企业贡献了宁波市80%的税收、约65%的GDP和出口、85%的就业岗位、95%以上的上市公司与高新技术企业。

民营经济已成为宁波深入推进产业转型升级的重要力量。宁波市已经形成一批特色鲜明的民营经济产业集群，在区域品牌建设上成效明显，红帮裁缝技艺肇始地、世界船王故乡、"中国模具之都"、"中国文具之都"、"中国塑机之都"、"中国品牌之都"等都代表了宁波在产业集群和品牌建设上的成果；民营经济已经成为宁波全面促进内外开放合作的重要力量。广大民营企业坚持"引进来"与"走出去"相结合，大力拓展国内外市场，积极开展境外并购和境外经贸合作。

这与宁波更加细化且目标性更强的民营经济政策息息相关。比如2018年11月14日，宁波市发布了《关于促进民营经济高质量发展的实施意见》，从民营企业面临的难点、痛点，到引导民营企业创新改造，几乎涵盖了民营企业发展过程中的方方面面。例如，就民营企业融资难问题出台多项举措，成立甬商发展基金会，为民营上市公司化解股票质押风险提供支持；就民营企业智能化改造明确根据企业投入给予不超过20%、最高3000万元

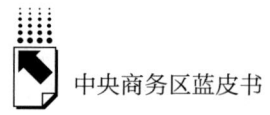

的补助；在引导民营企业科技创新上，明确根据民营企业项目的实际发生资金给予不超过20%、最高500万元的补助。由于宁波产业的最大优势是制造业，对民营经济的支持也更加注重对制造业转型升级的引导。

3.海洋经济综合实力强，努力建设海洋强市

宁波具有得天独厚的区位优势，地处我国东部沿海，位于中国大陆海岸线中段，拥有港口区位、海岛岸线、海洋生物资源、油气资源和海洋旅游等优势，也是连接陆上丝路与海上丝路的重要节点城市。宁波依靠丰富的海洋资源，坚持依海而兴、以港兴市，取得巨大成果。

依海而兴，努力建设海洋强市。宁波已形成以临港工业、港口物流业、海洋渔业为主导，以滨海旅游、海洋化工、海洋生物制药、海洋油气等新兴高新技术产业为引领，以港口贸易、金融为配套的现代海洋经济产业体系。2017年，宁波成功入选"十三五"海洋经济创新发展示范城市，同时宁波海洋经济总产值达到4704.56亿元，占宁波市GDP总量的14.44%，实现海洋经济增加值1422.27亿元，其海洋经济总量在浙江省各地市中居于领先水平。

以港兴市，打造"港口经济圈"。港口是宁波的优势所在，改革开放以来，宁波港口发展实现了从内河港、河口港向深水枢纽港的历史性跨越。宁波市同时也在积极加快推进国际强港建设，主动对接"一带一路"，加强与沿海国家和地区港口的沟通交流，促进宁波舟山港的创新转型发展。2016年12月，宁波舟山港集疏运体系、镇海城市物流功能区、海上丝路指数建设合作等10个重大项目在杭州集中签约，总投资超过560亿元。

二　宁波鄞州区发展过程中面临的机遇与挑战

（一）发展中面临的机遇

1.新时代下改革深化带来新机遇

党的十九大以来，国家将全面深化改革确立为坚持和发展中国特色社

主义基本方略的重要内容。我国改革开放进程已达40多年,经济增长已经由高速增长转变为高质量增长,"一带一路"建设进入全面实施的新阶段。鄞州人民在改革开放后的40年中凭借"敢为、求实、争先"的精神,抓住乡镇企业改革、撤县设区、行政区划调整的历史机遇,创造出了鄞州经验,鄞州也从农业大县到经济强区、从有县无城到都市核心;在改革开放的新时期,鄞州人民将继续新征程,再出发,积极应对发展中出现的新情况、新问题,推进高质量发展,建设高品质强区。积极对接"一带一路",争取既为国家发展方针做贡献,也为鄞州区自身建设谋发展。

2. 行政区划调整带来新机遇

2016年9月,经国务院批准调整行政区划,新的鄞州区成立。调整后的新鄞州区,无论是在地区生产总值、财政收入上,还是在创新能力上,综合实力都大大提升,重大平台快速集聚,产业结构更加优化。对于鄞州来说,这是一个新的起点和新的机遇。新鄞州融合了东部新城与南部新城,实现了强强联合,集聚了金融、商务、航运、会展等资源,为提升城市发展能级奠定了基础。东部新城商务楼宇建设成为鄞州进一步发展的引擎,国际贸易展览中心、国际航运服务中心、国际金融服务中心功能成熟,商务楼宇设施完善,吸引众多企业入驻;南部商务区楼宇建设也日趋完善,文创企业集聚,国际贸易产业占据半壁江山。两座新城在鄞州融合,为鄞州的核心功能建设锦上添花,新鄞州需顺势而为,积极明确发展方向,更新城市建设理念,变机遇为发展动能,提升区域发展能力。

3. 产业转型给鄞州区带来新动力

从整个宁波来看,制造业占据重要地位。随着鄞州行政区划的调整,第三产业所占比重已逐渐超过第二产业。鄞州区"十三五"规划指出,坚持先进制造业、现代服务业双轮驱动,推动产业层次从中低端向中高端拓展,着力构建以"智造"经济为引领、服务经济为支撑、现代农业为基础的产业新体系。不可否认的是,第二产业仍是拉动宁波经济增长的重要力量。宁波在发展传统的工业经济中不具有天然优势,如矿产资源、土地资源、廉价劳动力资源等并不丰富。但是宁波教育水平高,有较高素质的劳动力,并且

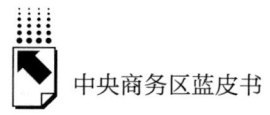

居住环境宜人，能吸引高技能人才。这些都是产业升级可以发挥的优势，给宁波带来新机遇，克服资源给工业发展带来的限制，使得传统制造业转型升级，提升传统制造业的附加价值，从而进一步提升鄞州区的竞争力。

（二）发展中面临的挑战

1. 区域竞争激烈

宁波地处我国海岸线中段、长三角南翼。宁波与上海、江苏的9个城市，浙江的7个城市，安徽的8个城市等26个城市组成了长江三角洲城市群，长三角城市群是"一带一路"与长江经济带的重要交汇地带，这在给宁波经济带来新机遇的同时，也使得宁波与上海、杭州、苏州、南京等城市在招商引资、企业入驻上面临激烈的竞争；同时，鄞州区与其他先进地区、宁波市其他区县之间也存在激烈的竞争关系，鄞州处于综合优势的重塑阶段，在创新能力、产业层次、发展质量上与先进地区相比还是存在一定差距，并且相关地区也都加大对招商引资、人才引进方面的支持力度，使鄞州面临着"标兵在前、追兵紧逼"的双重压力。

2. 转型期面临的转换和刚性约束带来的压力

产业转型升级需要巨大的科研投入以及人才支持。首先，宁波由于高等院校办学起步较晚，还不能形成有效的科研力量，新引进的科研院所与宁波的产业发展还未很好的融合，科技发展的基础相对来说较为薄弱；同时近几年通过对人才的本地培养和外地引进，宁波人才优势开始显现，但是就适应目前高质量经济增长与产业转型升级来说相对还是比较缺乏。另外，宁波是港口城市，目前海洋生态保护依然面临一些问题，在高质量发展过程中，宁波应更加注重海洋生态文明建设，处理好海洋生态文明建设和城市发展、经济增长之间的关系，做好海洋生态环境保护，城市才能更加美丽。

3. 国际经济形势变动带来的风险

宁波凭借丰富的港口资源，建立了较为完善的海洋工业体系，对外贸易发达，宁波经济发展也受益于此。但与此同时，较高的对外依存度使得宁波更加容易受到国际经济形势变动的影响。2018年以来，美国加息缩表，与我国在贸易问题上有较多摩擦,这些外部因素都给宁波经济发展带来较大风险:一方面是出口的不确定性因素较多,导致区域国内生产总值的波动;另一方面是民营企业在应对风险时没有资金和实力优势,容易受到冲击。民营经济是宁波经济发展的中坚力量,因此,政府与民营企业都必须提前做好充分的准备,才能在风险防范上掌握更多主动性。

三 鄞州区推动经济高质量发展的路径

(一)稳步推进南部商务区建设

建设 CBD 是一项宏伟的系统工程,需要巨额的资金投入、详细的规划设计、一定的时间才能逐步建设完善,不是一蹴而就的。应该认识到 CBD 的建设与当地的经济发展水平息息相关,用地情况、基础设施建设、投资力度、制度、政府支持力度以及腹地经济活跃度等都是影响 CBD 建设的重要因素。

首先,在南部商务区的建设过程中,应结合鄞州区以及宁波市自身的经济发展状况,稳步推进南部商务区建设。南部商务区 2010 年开园,一期、二期已建设完成,三期正在建设中,引进的曼哈顿资源集团拟建设高度为 260 米的中国区域总部,四期已与美国富顿集团签订协议,共同开发宁波世贸中心项目,下一步将开展门户区土地挂牌出让工作。在三期、四期的建设和招商引资过程中,应结合园区的发展理念与产业集聚重点稳步推进。

其次,应继续加强基础设施建设。城市基础设施条件直接影响城市市场体系、产业体系的建设。宁波基础设施基本完备,已形成以水路为特色,铁路、高速公路、航空相配套的立体大交通网络。但是,随着 CBD 发展水平的提高,要提高竞争力,对基础设施会有更高的要求,为了将南部商务区建设为综合水平高的 CBD,必须继续加强基础设施建设,在市政道路、轨道交通、环境绿化等基础设施和会展中心、文化建筑等公共设施方面加大投入力度。

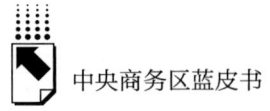

最后，应发挥政府的引导作用，创建区域品牌。政府管理效率和模式影响着城市吸引力，因此，为推进高水平CBD建设，政府应提供一个公平、宽松及高效的投资环境。另外，来自其他省份和区县的竞争日益激烈，在建设CBD的过程中如果没有形成特色，很难在激烈的竞争中脱颖而出，因此，政府可以充分运用城市的历史文化资源，创造城市品牌形象，城市品牌形象的树立可能会影响到城市主导产业的选择、经济结构及发展定位。宁波产业集群大部分是由中小民营企业构成，集群内的企业受资金、技术及人才限制，综合实力有限，品牌树立存在一定难度。因此，可以建立区域品牌来树立区域形象，增强区域吸引力和竞争力。宁波政府在树立区域品牌上已取得较大成效，在南部商务区的后续建设和推广过程中，应总结先进经验，更加注重区域品牌的建设。

（二）做强做优实体经济，构建现代产业体系

首先要大力发展主导产业。在产业提升上，做大做强数字经济、平台经济、总部经济、美丽经济、鄞州人经济"五大经济"，提升发展数字信息、智能制造、金融服务、现代商贸、对外贸易"五大千亿产业"，培育壮大新材料、智能家电、高端汽配、航运物流、旅游休闲"五大五百亿优势产业"。具体来说，要实施数字经济三年行动计划，重点布局集成电路产业，积极打造智能家电、智能汽车零部件、软件和信息服务等产业集群；坚持优化存量、做大增量两手抓，改造提升时尚服装、五金工具等传统优势产业，大力发展医药健康等高成长性产业，促进制造业高质量发展；推进互联网、大数据、人工智能与实体经济深度融合，增强云制造、云服务平台带动功能；依托国际金融服务中心、四明金融小镇、宁波保险科技产业园、金融硅谷等平台，加快壮大金融产业集群；提升航运信息、航运交易、航运服务平台的影响力。

其次是推进贸易强区建设。政府应不断优化外贸环境，引导企业发展跨境电商、设立海外基地、开展跨国并购，推动国际贸易向高附加值领域、新兴市场拓展；支持企业拓展国内市场，在同等条件下加大本地产品政府采购

力度；打响"购在鄞州"品牌，提升发展万达广场、东部银泰城等十大重点商圈，错位打造东裕里、集盒等十大特色街区，着力引进培育商贸连锁业态、新兴业态；扩大服务型消费供给，积极发展会展、广告设计、影视传媒、法律服务、审计咨询等服务业。

再次是加快科技成果转化。围绕科技创新"十百千万计划"目标，实施动能大转换行动。推进中物院宁波军转民科技园、清华长三角研究院宁波分院等科创平台建设，支持龙头骨干企业创建国家级企业技术中心、省级企业研究院等，促进研究与试验发展经费和高新技术产业产值的合理增长；开展"人才科技智创周""百名院士专家进鄞州"等活动，提升产业创新服务综合体、众创空间能级；加快科技大市场"难题库、技术库、人才库、服务库"建设；建立知识产权质押融资平台，健全知识产权综合管理服务体系和保护协作机制。

最后是保障产业发展空间。一是做强双创示范基地、广告产业园等国家级平台，提升软件和信息服务产业示范基地、人力资源产业园等省级平台能级，谋划打造软件产业园、跨境电商园、数字经济创新核心区、国家自主创新示范区园中园、国家保险创新综合试验区核心区等平台。二是调整优化全区土地利用布局，狠抓存量土地消化利用，盘活各类土地。启动规上服务业企业亩均效益评价，实现"亩均论英雄"工业企业评价全覆盖，整治提升亩均税收万元以下低效企业。

（三）打造一流营商环境，支持民营企业发展

首先是壮大市场主体。坚持引进、培育、扶持并举，支持行业龙头骨干企业加快发展，力争未来三年，形成一批营收200亿元级的"百亿领军企业"、100家专精特新的"百强单打冠军"、100家"上市及梯队企业"，累计集聚100名省级以上重点计划人才。深入实施新一轮小微企业三年成长计划，建立创新型初创企业、高新技术苗子企业、高新技术企业"雁阵"发展梯队。推进"凤凰行动"鄞州计划，鼓励企业开展增发融资、兼并重组、股改上市。实施"外智柔引"三年行动，积极争抢海内外高端人才，大力

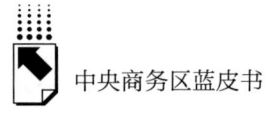

培养本土骨干人才。

其次是减轻企业负担。积极践行"亲""清"新型政商关系,加快兑现各类扶持举措,尽力帮助企业解决难题。全面落实企业帮扶"白名单"、降本减负、市场准入等一揽子政策,实施涉企行政事业性收费和政府性基金清单外"零收费",进一步加大小微企业财产保险力度。依法保障企业经营权、财产权,开展民营企业"法治体检"活动,严格保护经营管理者个人合法财产不受侵犯。全面推动执法监管"一次到位",着力构建全面监管体系。

(四)聚焦资源整合融合,增强辐射带动功能

首先是在空间上对城市进行拓展。需要政府开展国土空间规划研究,推进"多规合一"。按照大区块、组团化、成片区协同推进思路,加大与高新区、东钱湖旅游度假区和东部新城建设指挥部、市轨道交通集团、市开投集团的联动力度。建立"指挥部+实体化"的开发模式,高标准建设"一带、一廊、一滩、一城、一区、一圈"六大新空间。"一带"是高起点打造城区中部"科产城"融合带。"一廊"是加快建设城南智创大走廊,推进东部新城中央商务区、中央公园等建设;加快南部商务区三期、四期地块开发建设,实施区域景观提升工程。"一滩"是提升甬江时尚东外滩功能形象,抓好江南等地块拆迁。"一城"是抢抓轨道交通建设机遇,推进姜山卫星城市发展三年行动计划,打造田园城市。提升瞻岐微旅小镇、咸祥蓝色海湾小镇、塘溪旅游风情小镇特色档次,努力打造滨海"山海产城"融合示范区。"一区"及"一圈"则是高水平开发东钱湖区域,推动东吴、五乡、云龙、横溪、下应等镇(街道)合力建设环东钱湖绿色创新圈。

其次是依托项目建设实现发展。聚焦高新产业、城市功能、基础设施、生态环保和社会资本等重点领域,加快推进博威特殊合金、维汇智能电商物流、宁波中心、城市之光等项目建设,基本建成宏泰广场南区、华侨城欢乐海岸等项目,固定资产投资确保达到605亿元,力争突破650亿元,未来三年累计达到2000亿元。除此之外,应深化投融资改革,做大做强四大国资

集团，积极争取地方政府专项债券额度，规范实施PPP、"XOD + PPP"等模式。

参考文献

［1］朱军备：《鄞州：奋楫扬帆打造"两高四好"示范区》，《宁波日报》2019年1月16日。

［2］徐刚、梁伟：《基于内需动力的城市中心区综合开发——以宁波市鄞州新城中心商务区为例》，《和谐城市规划——2007中国城市规划年会论文集》，2007。

［3］赵鹏：《新城规划设计的实施策略——"宁波南部商务区"全局跟踪体会》，《城市建筑》2013年第2期。

［4］任意、郁进冬：《宁波：港桥海联动建设海洋经济强市》，《经济日报》2010年3月26日。

［5］王瑞：《宁波培育集群式大产业的重点及路径选择》，《宁波经济（三江论坛）》2011年第6期。

B.13
高水平推动南昌红谷滩金融商务区开放式发展

吴超群　段俊强*

摘　要： 红谷滩新区是一个既有南昌市特色又有新时代特点的金融商务区。本文围绕高水平推动南昌红谷滩新区开放式发展这一主题，首先分析红谷滩新区如何在江西省、南昌市和红谷滩新区三方的规划与设计下发展成为"南昌样板"；其次分析和总结了红谷滩新区独特的智慧城市建设经验与成就；最后从顶层设计、平台建设和科技创新等多个方面提出关于推动红谷滩新区开放式发展的建议。

关键词： 金融商务区　楼宇经济　智慧红谷滩　VR（虚拟现实）产业

南昌故郡，抽沙造地，卧龙腾空跃；洪都新府，荒滩筑城，鸿鹄展翅飞。2012年以来，江西南昌红谷滩新区以打造富裕美丽幸福现代化江西"南昌样板"的排头兵为目标，积极谋篇布局，聚焦省市行政中心、金融中心、商务中心、文化中心、创新中心"五个中心"建设，产融结合实现跨越迈进。红谷滩新区面积从建区之初的不足5平方公里扩展到如今的175平方公里，人口从3万增加到60余万。十余年来，财政总收入年均增速达40%以上，2017年财政总收入首次突破百亿元大关，创造了南昌加快发展

---

* 吴超群，南昌市红谷滩新区管理委员会干部；段俊强，首都经济贸易大学硕士，北京市哲学社会科学CBD发展研究基地研究助理，主要研究领域为金融理论与政策。

的"红谷滩速度"。2018年,全区地区生产总值同比增长9.8%,增速在南昌市领先;财政总收入稳中有进,达到106.1亿元,地方一般预算收入完成36.7亿元,分别位列江西省第四和第三;社会消费品零售总额、500万元以上固定资产投资等其他主要经济指标保持两位数以上的增长。红谷滩新区已成为展示江西省现代都市风采的标志性城区,成为展示省市经济建设和改革发展成果的重要窗口。

一 红谷滩新区已是万众瞩目的"南昌样板"

(一)上下联动形成合力,招商服务细致入微

江西省、南昌市及红谷滩新区高度重视红谷滩CBD招商引资,立足整体,高瞻远瞩,着力打造政策最优、成本最低、服务最好、办事最快的"四最"发展环境,带动江西红谷滩金融商务区高水平建设、高质量发展。建设之初,金融商务区建立了省市区高效调度机制。省政府分管领导亲自部署,省政府金融主管部门全力协调调度,一行两局通力合作与支持,三级政府部门上下联动、协同推进,及时高效做好重大事项决策和工作协调部署,形成合力,共建全省金融商务区。市、区分别成立了由主要领导任组长的全省金融商务区建设推进领导小组,负责金融商务区建设规划、政策制定和实施及项目协调调度和推进等有关工作。

一方面,江西省政府金融主管部门大力支持红谷滩CBD的发展,下放"金融""投资"审批权限,使得红谷滩新区具备了金融审批先行先试权的优势。南昌市政府出台了《关于加快推进全省金融商务区建设的优惠政策》,以此为导向,红谷滩新区在2017年出台了《关于促进全省金融商务区建设的若干政策》。从省到区出台了促进金融机构快速集聚政策25条,支持新金融、类金融企业发展政策28条和金融人才扶持政策,一系列配套专属政策的支持为红谷滩CBD金融的发展营造了稳定良好的政策环境。

另一方面,不断创新招商模式,稳健提升服务效能。术业有专攻,南昌

市和红谷滩新区领导小组指挥组建专业团队。针对重大重点金融机构和项目开辟"绿色通道"让企业少跑腿，让机构入驻更顺畅，为企业提供"无事不扰、有求必应"的"店小二"服务。对金融项目和公司在选址、选楼、注册、配套等方面提供贴心服务，营造良好投资环境。2018年，为了进一步简政便民，红谷滩新区管委会创造性地提出了"一网通办""一次不跑""只跑一次"工作实施方案，进一步提高了政务服务水平。同时，对金融机构入驻、相关财政补贴与税收、企业项目审批与建设、高水平人才和管理人员待遇等各个方面加大优惠力度，累计兑现各类优惠资金超2亿元。召开多次协调会议，累计为近百家企业解决建设和入驻问题，办理各类调度事项。

（二）金融资源"聚沙成塔"，乘势而上持续发力

红谷滩新区全力打造省级金融集聚区——红谷滩CBD。红谷滩CBD积极实施区域、产业、政策和资源四大聚焦战略，着力抓好金融服务实体经济、防控金融系统风险和深化金融改革创新，促进经济和金融良性循环、健康发展。

经过七年的高起点规划、高品质建设和高效率推进，截至2018年，红谷滩新区入驻的金融机构总数已达到1007家，较上年增长了39%。目前，江西省80%以上的省级金融机构集聚在金融商务区内，填补了多项金融空白，集聚度居全国前列。全省金融牌照最齐全的金融控股公司——江西省金控集团、全省首家区域性股权交易市场——江西联合股权交易中心、全省首家省级法人银行——江西银行、全省首家法人保险机构——恒邦财产保险、全省注册资本最多的金融机构——省高速集团财务公司以及全国第一家为企业提供自有账户结算的江西金融登记结算中心等纷纷抢滩入驻。

2018年，金融商务区内金融机构积极应对复杂多变的宏观经济环境，努力保持经济总量合理适度增长，推动金融综合实力不断增强，金融商务区辐射带动力不断提升。根据各金融总部汇总统计，红谷滩金融商务区内金融机构本外币存款余额2.97万亿元，较上年增长了2.4%，占全省总份额的84.2%；贷款余额2.48万亿元，较上年增长了8%，占全省总份额的

81.2%；保费收入398.4亿元，占江西省的52.9%；以南昌2%的土地，贡献了全省65%以上的金融业增加值，区域性现代金融中心建设规模效应再显成效。

（三）顶层设计不断强化，重大项目稳步提升

面对更加复杂严峻的国内外环境，2018年红谷滩CBD经济建设保持稳中有进、稳中提质的良好势头，主要原因在于省市区三方坚持"项目为王"的理念，全力以赴地引进重大项目，实事求是地推进项目落实与建设，充分发挥投资驱动增长的重要作用。

红谷滩CBD注重强化顶层设计，在"一院两园三平台"（江西金融发展研究院；江西互联网金融产业园、江西基金产业园；江西红谷滩金融控股有限公司、金融商务区运营服务公司和金融资产交易中心）的架构下，全方位制定并运用三个"招商牌"，不遗余力地招商引资。首先，红谷滩CBD充分用好政策招商牌。实施"招大引强"工程，研究制定和优化相关优惠政策，积极参与赣深（港）会、广州金交会、北京金博会等有影响力的招商推介活动，使得红谷滩金融商务区的影响力和知名度得到进一步提升。其次，红谷滩新区管委会主动抓好精准招商牌。依托"两园三平台"这一独特的金融基础设施，积极争取监管机构、省市政府和社会各界的支持，对未入驻机构分别建库，精准锁定招商目标，推动形成协作联动、资源共享的招商合力。最后，红谷滩CBD妥善运用资本招商牌，充分利用并发挥财政资金的杠杆作用，设立了产业引导基金和信贷风险补偿基金，以股权投资和其他优惠政策综合发力，吸引国内外优质企业入驻。

2018年红谷滩CBD引进重大重点项目共计140个，项目总投资金额多达2100亿元。其中投资金额在10亿元以上的项目共有28个，投资金额在50亿~100亿元的项目包括：绿地国际健康示范城、江西国际贸易金融港、九龙湖城市体验式购物中心、红角洲综合家居广场项目等；投资金额在100亿元以上的项目包括：梦江南文化旅游小镇、启迪科技城、平安国际金融中心项目等。这些签约引进的重大重点项目，涵盖了大数据、新零售、人工智

能等科技新兴领域和现代金融、文化旅游、健康医养、总部经济等现代服务业。红谷滩CBD坚持"今天的项目就是明天的产出"这一正确理念，始终大抓项目、抓大项目，千方百计引进项目，真心实意服务项目，全力以赴争取项目。通过充分发挥项目巨大的带动作用使得产业得到发展，经济质量和水平得以提高，民生保障得以实现，为打造富裕美丽幸福现代化江西"南昌样板"注入新活力、增添新动能。

（四）企业上市勇立潮头，资本市场更加完善

目前，江西省上市公司数量偏少，按2017年数据计算，仅为广东的6.65%、安徽的37.25%、湖北的39.58%。金融商务区积极推进"映山红行动"，重点围绕"2+6+N"产业，挖掘、培育、包装一批优质企业上市项目。截至目前，有上市企业1家，新三板挂牌1家，11家企业被列入省重点辅导备案企业或区上市后备企业资源库；江西联合股权交易中心挂牌展示企业达5168家，股权融资累计达459.11亿元。此外，积极与国内顶级团队合作，筹建全省首家Pre-IPO产业园区，大力引进有实力的拟上市企业入驻，打造全方位、多层次上市服务体系，努力培育出一批在技术、人才、模式上具有竞争力，同时具备资本价值的优秀企业，形成强大的集聚效应和辐射带动效应。

2018年江西银行已在港交所成功上市，首发融资85.97亿元，成为全省首家上市的银行金融股。2018年4月时刻互动在新三板挂牌，标志着红谷滩新区企业在主板和新三板上市方面均实现了"零"的突破。红谷滩CBD大力推动金融服务业态向多元化方向发展，使得各类企业的融资渠道得到有效拓宽，显著提高了直接融资比重。

（五）实力组建楼宇党群，楼宇经济借势发力

楼宇经济具有强大的集聚效应和高水平的经济效益，培育和发展楼宇经济是红谷滩CBD建设的重要举措。红谷滩CBD在大力发展楼宇经济的过程中，一方面积极提供政策环境和资金支持，为了提高楼宇经济发展的质量制

定并出台了《红谷滩新区关于促进楼宇经济发展若干政策》。另一方面，为了科学充分发挥党的领导作用，红谷滩CBD创新性地提出并组建了具有南昌特色的楼宇党群服务中心。2017年3月，南昌市红谷滩新区依托辖区楼宇核心区域绿地中心双子塔建立了南昌市首个楼宇党群服务中心。红谷滩新区楼宇党群服务中心实质上是围绕党委、企业和社会三方的交流平台，旨在推动红谷滩CBD楼宇经济的发展。

在优惠政策、充足资金和便捷高效的楼宇党群服务的助推下，南昌市红谷滩新区的楼宇经济发挥了强大的集聚效应，逐渐吸引了众多的优质企业、高素质人才等资源，释放出巨大的经济活力。2018年上半年，红谷滩CBD内楼宇企业注册资金近60亿元，同比增长112.73%；税收亿元楼已达19座，楼宇经济税收贡献额占红谷滩新区税收总额的比重超过70%；红谷滩全区楼宇入驻企业6200余家，平均入驻率达75%以上，从业人员近7万人。

二 智慧红谷滩建设方兴未艾

在继承传统CBD发展方式优点的基础上，红谷滩CBD也借鉴了智慧城市这一新型城市发展模式。为了推动新区的建设和发展升级，早日实现居住之城、生活之城和工作之城的功能定位，红谷滩新区管委会积极响应国家住建部开展智慧城市建设的政策号召，迅速制定了建设智慧红谷滩的总体规划和具体实施方案，积极主动申报了国家智慧城市建设试点。2013年，红谷滩新区顺利成为国家住建部首批公布的90个智慧城市建设试点之一。智慧红谷滩建设工程由此正式开启。

（一）立足全局，设计智慧建设框架

智慧红谷滩建设是在智慧南昌的总体规划下进行的。在红谷滩CBD成为鲜明的"南昌样板"的同时，着力将红谷滩新区打造成高水平的智慧城市试点，然后发挥智慧红谷滩的辐射带动作用，推动整个南昌智慧城市的建设。智慧红谷滩具体的建设框架（见图1）可以总结为"一心两台十应用"。

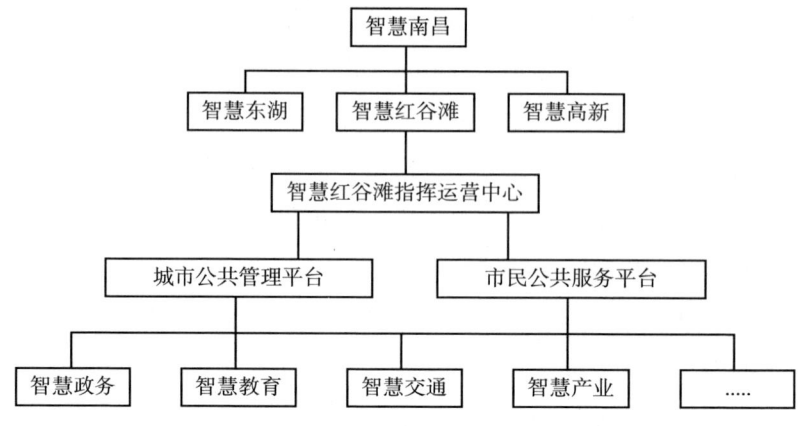

图1　智慧红谷滩建设框架

"一心"即智慧红谷滩指挥运营中心。该运营中心于2015年正式成立，总体上负责组织研究、制定智慧红谷滩建设中长期发展规划和年度计划，具体负责智慧红谷滩的建设与管理、指挥与运营、品牌推广与维护以及安全监督与考核等工作，是智慧红谷滩的核心、主体。所以，整个智慧红谷滩建成水平的高低与智慧红谷滩运营中心的日益完善有着莫大的关系。目前该运营中心建设尚处于初级阶段，人员多为劳务派遣人员，2017年部门预算收入为586.97万元。

"两台"即城市公共管理平台和市民公共服务平台。智慧红谷滩城市公共管理平台分为城市运行系统和基层管理系统两大部分。城市运行系统的主要服务对象是城市管理者，其功能是汇集各个智慧应用和公共信息资源。红谷滩城市管理者通过城市运行系统获取并整合关于红谷滩的信息，进而能够准确便捷地指挥和管理红谷滩。基层管理系统依照网格分割理念，采取划细分工、设岗定责等措施，实现红谷滩多级网格上下联动的精细化管理，致力于形成覆盖范围广、跟踪时效强、联动共享、功能齐全的信息系统。智慧红谷滩管理者通过基层管理系统做到实时发现、实时预警、实时处理、实时监督，社会管理和服务能力得到进一步提高。智慧红谷滩市民公共服务平台侧重于搜集和整合红谷滩新区政府和社会的丰富资源，以为人民群众服务为宗旨，向市民提供一站式的行政服务、民生服务和便民服务等。

"十应用"即对接红谷滩城市公共管理平台和市民公共服务平台的十个系统，主要包括智慧政务、智慧管网、智慧社区、智慧城管、智慧环保、智慧卫生、智慧教育、智慧平安、智慧交通和智慧产业。2014年部分应用上线试运行，标志着智慧红谷滩从建设向运营应用正式迈进。如今，红谷滩CBD坚持智慧应用推动智慧产业发展理念，在调整升级传统产业的同时，大力发展智慧产业，实现智慧化建设与传统产业升级、新兴产业培育相互促进，推动城市经济优化发展。

（二）独具匠心，引领未来VR产业

红谷滩CBD要成为真正的智慧城市，绝对离不开高水平的科技支持。而虚拟现实（VR）技术正是当今引领时代潮流的前沿科技之一。2016年南昌市红谷滩新区以建设成全国"城市级VR产业基地"为目标，主动对接《中国制造2025》和《互联网+行动计划》，积极响应国家创新驱动发展战略，立足江西，以绿色崛起与转型升级为出发点，率先抢占VR产业制高点，大力培育智慧经济发展新动能，实现跨越式发展，为全区产业转型升级、经济社会加速跨越提供有力支撑。

2017年11月，红谷滩新区的小核桃科技有限公司、江西虚拟现实实业有限公司等五家企业先后获得了江西省"虚拟现实"单项支持项目审批。2018年10月，红谷滩新区成功举办了世界VR产业大会，进一步扩大了智慧红谷滩的品牌效应。红谷滩CBD正在全力建设中国（南昌）虚拟现实VR产业基地，这将是全国首个城市级VR产业基地。智慧红谷滩VR产业将着力建设"四大中心"（VR创新中心、VR云中心、VR体验中心和VR展示中心）和"四大平台"（VR资本平台、VR交易平台、VR教育平台和VR标准平台），逐步形成学、研、产、用一体化的VR产业链。同时，红谷滩CBD设立了10亿级的VR创投天使基金，引进了中国网库、ODG等科技企业和研究机构，已落户VR企业40余家，其中，世界500强、行业龙头

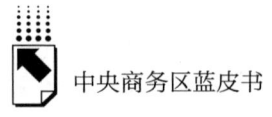

企业项目4个、国家级重点实验室项目1个。预计智慧红谷滩在未来5年内将初步形成千亿VR产业链和国内领先的VR产业集群。

（三）整合资源，智慧应用齐头并进

红谷滩CBD借助大数据、移动互联网、云计算、物联网等新一代信息技术，合理安排和利用既有的经济资源、信息资源等，最大限度减少浪费，充分发挥智慧应用的最大效益。智慧政务方面，多部门联动打破数据壁垒，整合共享跨部门的政务信息资源，营造更加高效便捷的政务环境。2018年，智慧红谷滩积极推进"互联网+政务服务"，共办理各类审批服务事项13969件。智慧交通方面，主动对接大都市区综合交通，编制了《红谷滩新区综合交通规划》，实现交通管理系统一体化，启动建设总投资近100亿元长达60余公里的九龙湖综合智慧管廊工程建设，已建成1.5公里，累计完成投资3.5亿元。智慧环保方面，坚持精细管理，提高生态品质，利用四个月时间完成了英雄大桥周边87万平方米环境综合整治工作，城市管理多年"顽疾"得到治理。

三 推动红谷滩新区高水平开放的方向

面对未来，红谷滩CBD要着力推进改革创新，完善市场业态与功能，提升内涵与外延，扩大对外开放水平，推进全省金融商务区高质量、跨越式发展。总体建设思路是：全面对标一流，强化问题导向，认真查找影响和制约金融业发展的瓶颈问题，围绕"六个维度"（即金融机构集聚、金融业态完整、金融市场完善、金融创新活跃、金融辐射强劲、金融生态优良）建设目标，挂图作战，精准发力，推动江西省金融商务区做大做强做优，将江西省金融商务区从"机构集聚区"提升为省市"产融结合示范区、金融改革先行区"。

（一）突出规划政策引领，增强区域品牌影响力

首先，进一步编制和优化金融商务区规划和行动计划，不断修正和

改进金融商务区发展路径，推动江西省金融商务区逐步向区域性现代金融中心转变。其次，创新政策支持体系，放大政策引领作用，出台促进金融机构快速集聚政策，使红谷滩成为全省金融业集聚发展的政策高地，金融机构、金融人才和资本的集聚洼地。再次，建立专业化的金融服务团队，提供优质高效服务，把金融商务区金融服务中心打造成"全方位一窗口受理，全流程一站式服务"的绿色金融服务平台，夯实企业和资本对接基础，直接融资与间接融资并重发展，引导金融机构下沉金融服务，全面提升服务地方经济精准度，为入驻企业提供便捷的政务服务和专业的金融服务。同时创新发展"持续发力"，着力塑造和推动提升金融商务区品牌形象。通过开展"红谷看金融"、金融沙龙和金融峰会等重大活动，充分发挥好江西红谷滩金融商务区展示中心对外展示功能，并组织参加国内外重要的金融高峰论坛交流活动，进一步完善和提升金融商务区内城市景观形象和标识标牌等基础设施，不断提升金融商务区的品牌形象和知名度。

（二）重视科技创新能力，保质保量建设智慧新城

建设智慧城市是当代城市建设的新方向，其重要举措就是要提高城市创新水平。当前，红谷滩新区作为南昌市的智慧城市特区，总体建设虽然取得了初步的成果，但是发展水平仍然不高，离理想建设目标存在一定的差距。因此，红谷滩CBD一方面要精益求精进行规划，与全市数据窗口对接，将各种资源、各种力量整合起来，实现城市建设管理的精细化、信息化、智能化；另一方面，要重视科技的力量，加大研究力度，扎实推进各项工作，依靠团队和合作力量，提高科技创新水平，早日把智慧红谷滩建设成为达到国家住建部"三星"水平的中国智慧城市建设先进示范区。

（三）加快智库和平台建设，推进产融结合发展

始终抓住服务实体经济这个"根本"，进一步完善和发展"一院两园三平台"运营体系，通过政府引导、企业主导、市场化运作模式，创新支撑

运营平台，使金融商务区转型成为支持企业发展的智库、基地和运营平台。一是要继续推进江西金融发展研究院市场化和专业化建设，力争将其建设成为国内领先的区域金融发展研究机构。二是加快江西基金产业园建设。积极引进公募基金、大型私募基金企业和各类中介服务机构，将江西基金产业园建设成为领跑全国、全省一流的新兴金融发展高地。同时将江西互联网金融产业园逐步转型为江西科技金融产业园，推动科技研发、数字经济与金融资本融合发展。三是依托并做大做强红谷滩金融控股有限公司和南昌市工控产业担保有限公司，弥补新区担保体系不健全、国有融资担保公司空白的不足，进一步提升新区中小微企业与创新创业型企业的融资服务效能。加大对重点产业项目、双创项目、科技创新、数字经济等领域的资金支持，进一步提升金融服务实体经济效能。支持设立1~2只产业引导基金，通过子基金参股方式投入新区战略新兴产业、现代服务业等企业，进一步优化产业结构。另外，继续加快推进红谷滩金融商务区运营服务公司、红谷滩金融资产交易中心平台落地并运营，搭建优质对接平台。

（四）加大招商引资力度，重塑金融产业生态链

牢固招大引强这一理念，运用制度创新和服务升级等方法，实现区域金融影响力显著增强这一目标。一是要做到精准招商，进一步建立和完善企业回访制度。红谷滩CBD要组织小分队密集招商，对前期有投资意愿的企业进行持续回访，积极争取引进浙商银行、渤海银行、华资银行、恒天纺织品交易中心等大型金融机构。二是创新服务模式升级，提供高效服务。加大放管服力度，创新政务服务模式，针对重大重点金融机构和项目开辟"绿色通道"。同时，创新管理服务模式，建立和运行"楼宇经济信息管理平台"，利用技术创新构建综合服务体系。三是紧紧围绕金融为实体经济服务这一核心，重塑金融产业生态链。红谷滩CBD在招大引强的同时，也要重视中小微企业的发展潜力，积极解决中小微企业融资问题，提升中小微企业对红谷滩新区经济建设的贡献，完善新区的金融产业生态链。

参考文献

［1］毛顺茂：《创新驱动推动金融商务区建设》，《学习时报》2019年1月11日。
［2］曲倩影：《厚植优势聚实力 拓展内涵助腾飞》，《南昌日报》2018年1月8日。
［3］朱丽丹：《红谷滩指挥城市建设研究》，硕士学位论文，南昌大学，2018。
［4］周亮：《四个"牢牢把握"开创红谷滩新作为》，《国家治理》2018年第2期。

B.14 后记

《中央商务区产业发展报告（2019）：以高水平开放推动区域发展》虽然是年度报告，但它是我们多年积累和思考的成果。在报告写作过程中，我们力避资料的堆积和理论的漫谈。为完成报告工作，我们多次赴北京、成都、合肥、昆明、南京、武汉等地中央商务区调研交流，对当地经济发展有了实际了解，取得了诸多有效资料，使报告更贴近实践、更接地气。

本报告由本人主持完成，本人还参加了部分章节的撰写。除已标注作者外，王曼怡、王晓红、张弘、逄金玉、吴勤学等参加了调研数据搜集、提供资料、重要建议及撰写等工作，常英伟、段俊强、王志等做了很多行政事务，解永秋负责报告的英文翻译工作。

我们非常感谢合肥市庐阳区商务局、成都市锦江区商务局、南昌市红谷滩中央商务区管委会等单位对本皮书的大力支持。

在本报告写作过程中，我们参考并吸取了同行、同业的研究成果和工作报告，已尽量在参考文献中——列出，如有遗漏之处，请谅解。我们在此表示衷心的感谢。

本报告是北京市社会科学基金研究基地重点项目"中央商务区产业蓝皮书（2019）——以高水平开放推动区域发展"（项目编号：18JDYJA024）的研究成果。非常感谢北京市哲学社会科学规划办公室、北京市社会科学界联合会、北京市教育委员会对我们长期的支持和指导。本报告得到北京市教育委员会和首都经济贸易大学特大城市经济社会发展研究院（高端智库）的资助。

由于我们能力有限，同时对数据很难完全掌握，书中难免存在不足和偏颇之处，敬请专家和读者批评指正。

蒋三庚
于首都经济贸易大学博纳楼
2019 年 6 月 30 日

Abstract

As an agglomerating area of modern service industry, CBD works as an economic growth pole of the city where it is located. Generally, the industrial development in CBD tends to be an economic barometer of the city even of the city's locating area. The high-level opening of CBD plays an important role in the following aspects, such as promoting regional development, accelerating the formation of new patterns of opening and development, facilitating economic transition and upgrading and increasing effective consumption demand.

Taking the phrase of high-level opening promoting regional development as the theme, this general report has constructed an analysis framework which consists of a series of indexes, including CBD comprehensive development index, regional radiation index, building economy index and business environment index. The general report includes four parts: general report, index assessment, special topics and regional development. The general report makes a systematic analysis, focusing on the CBDs of China's thirteen first-tier-cities and the new first-tier-cities. The research indicates that the first-tier cities, Beijing, Shanghai and Guangzhou are apparently taking the lead and the new-first-tier cities are developing steadily. In view of the overall level, the industrial development of China's major CBDs remains sustainable, the local GDP, the total sales of consumer goods and the general fiscal revenue are all enjoying an increase over those quotas of the year before. *Tax revenue of* 100 *million Yuan building* has been increasing steadily. The agglomerative effect of Headquarter Economy is remarkable and business environment optimized further. In 2019 the major paths to stimulate regional development by opening CBD are as follows. The first one is to improve the internalization level of China's CBD. By cooperating with other countries, introducing international resources and actively merging into international value chain division system, which not only improves the technological level of industries

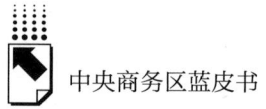

in CBD, but also enables the cities observe and learn advanced technology and absorb management experience from abroad. The second practice is to develop sophisticated industries. Through introducing and developing sophisticated industry and industry with new business model, the cities will found new dynamic energy and new economic increasing points. Thirdly, CBD will inject vitality into headquarter economy. The major CBDs can fully utilize their location advantages to improve the quality of headquarter economy so as to provide energetic power for opening wider to the outside world. Fourthly, in order to advance the high-level development of CBD, the cities need to take more active action to create a soft environment to serve the industrial development. This report analyzed the problems that CBD is facing in developing their industries, such problems as quality resource competition between CBD in new areas and those in the old ones, impact of on-line-shopping on the physical stores in CBD commercial circles, and the increasing challenges to investment invitation by enterprise headquarters, etc. Based on such an analysis, the report proposed the following countermeasures and suggestions, including improving CBD radiation and communication ability, upgrading CBD's business environment by referring to international standard and improving regional competence by urban renewal and commercial circle upgrading.

The major research achievements of this report are as follows:

The first is having perfected comprehensive development index further. In the report of last year the comprehensive index regarding CBD was firstly constructed. And on such a basis, much more data is added, which gives more scientific features to the comments on CBD industries and their overall development. This result has become an important approach to observe and predict CBD development tendency. Of the index, the weighting is determined by adopting entropy measure, with the aid of which, the author analyzes the comprehensive development of the above-mentioned thirteen CBD locating cities. Considering the resulted measurements, he concludes that CBD has become an engine to propel the high-level-opening of major cities of China. The success gives duty on relevant governmental agencies to advance regional economy cross *pass* (to overcome difficulties for fulfilling strategic tasks). That offers profits to surrounding areas in their development.

Second, the building economy index of CBD is more authoritative. In this report a group of quotas have been selected, including *revenue contribution*, *number of headquarter enterprise*, *number of Fortune 500 companies*, *number of Tax revenue of 100 million Yuan buildings*, *number of business towers*, *number of Major Project*, *Building vacancy rate*, *amount of building rent and number of surviving companies*. These data and indexes can exactly reflect the economic situation of CBD buildings. Another approach is to make data analysis on a series of businesses within CBD, which involves finance and banking, wholesale and retail, renting and business service, information transmission and soft ware & IT service. These achievements help the researcher measure the dynamic situation of the industrial agglomeration of building economy within CBD and make it easy for him to explore the way of how to keep the growth of building economy remain superior and in high-level.

Thirdly, the report has made profound analysis on the key issues referring to CBD development. It interprets some questions in CBD management, such as the internationalized development of high-end industries in CBD, CBD industrial integration, industrial structure upgrading of high-end service agglomeration districts and the coordinated CBD development between new districts and the old ones. All the analysis and exposition on each subject is refined on the achievements of Beijing Social Science Foundation Projects. Therefore, the analysis on each topic is more *gold-contented*. (is of more academic value)

Fourthly, for the first time, the report has made profound analysis on the business transformation and upgrading of CBD commercial circle. A great many CBDs enables the cities become more identifiable and accelerate their developing and opening, thus, has promoted the business transformation and upgrading of CBD commercial circle. As a result, the high-end-service becomes more attractive. The infra-structure renovation, reconstruction and upgrading of the Commercial circle has already become an important measure to push forward the high-level development and opening of CBD. In this regard, the comment and analysis is conducted on topics, such as CBD function transformation from simple business service to multi-functional commercial service, to improve the uniqueness of the commercial streets, to boost the economy of commercial blocks, and to

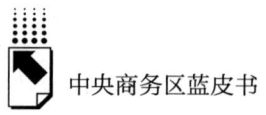

transform the traditional commerce retailing into the model of New Retailing (a combination of the best in physical and online retail). That is very helpful for predicting the tendency of CBD development.

This report reflects the exploration achievements accumulated by Beijing Philosophy and Social Sciences CBD Development Research Base and the writing team of the blue book, also, the result achieved with the support from a big number of governmental agencies. Besides, it adopts parts of written materials and documents provided by CBD Administrative Commission. Therefore, the report is rich in content and practical-oriented. So, it is a very good referential enlightenment for us to know about how the local governments have developed CBD industries.

Keywords: CBD; First – Tier City; New First – Tier City; High – Level – Opening

Contents

I General Report

B. 1 Report on CBD's Promoting Regional Development
by High-level Opening

Zhang jie, Jiang Sangeng / 001

Abstract: The high-level opening of CBD will promote regional development and play an important role in stimulating China's economy to develop in high-quality. So does in keeping the economy of first-tier and new first-tier cities growing sustainably. Based on theme of high-level-opening and development, this report makes a series of index-supporting analysis On CBD's opening and development. The analysis involves four aspects, such as comprehensive development, regional radiation, building economy and business environment. The analysis shows that industries in major CBDs of China are developing steadily. *Gross economy, tax revenue contribution, general fiscal budget income* are all increased in contrast to the data of the year before. Total Retail Sales of Consumer Goods shows a significant growth trend. Obviously, it is taking the lead in the CBD development in the first-tier cities of Beijing, Shanghai and Guangzhou. Beijing ranks top in the list of CBD comprehensive index. The building economy of Futian CBD of Shenzhen is of best quality and its total amount of tax revenue is ranked first. So the area becomes the highest-gold-content district in China. Pudong new district of Shanghai, Futian district of Shenzhen are mostly competitive in attracting headquarters of multi-national corporations.

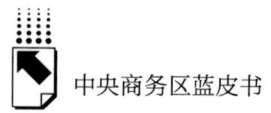

Among the new first-tier cities, Binhai New District of Tianjin enjoys the highest integrative radiation index. This report makes analysis on a lot of issues, regarding CBD industrial development in the thirteen metropolises of Beijing, Shanghai and Guangzhou, etc, the confronting problems and paths for CBD to push forward regional development. Accordingly, it proposes countermeasures and suggestions on the following issues, including, building a multi-layer opening CBD network, improving CBD radiation ability and carrying out the coordinated development of new and old CBDs.

Keywords: CBD; High – Level – Opening; Industrial Development; Regional Development; First – Tier – City

Ⅱ Evaluation Indexes

B. 2 Analysis on Integrative Development Index of CBD

Wang Lina / 030

Abstract: In defining the weight determination, the present author of this report adopts an entropy evaluation method to measure the integrative development of thirteen urban areas in each of which a CBD is located. The conclusion indicates that from 2013 to 2017, the development of CBD in cities of China is steady, but the development is unbalanced between the first-tier cities and the new first-tier cities. The overall score of the first-tier cities is higher than that of the new first-tier cities. By analyzing the sub-indexes of economic growth, economic driving, technological innovation, social development and regional radiation, we can find obvious differences exist between the CBDs of the first-tier cities and those of the new first-tier cities. Generally speaking, CBD development of the first-tier cities is better than that of the new first-tier cities, showing different development trends in the two types of cities. On the basis of measurement result, the author combines the development stages, the characteristics of China's CBD and the background of its further opening. She believes that CBD should become an engine of the high-level opening of China's economy and take the responsibility to push the regional economy *cross the pass*. CBD development will give a development profit to surrounding areas and help to promote the infra-structure construction and build *broad channels* for opening trade business to the outside world. Meanwhile, the development will improve the opening capability of related cities by offering high-level internationalized talents.

Keywords: High – Level – Opening; Integrative Index of CBD Development; Entropy Evaluation Method

B. 3　Analysis on CBD Regional Radiation Index　　*Li Xiaoyan* / 061

Abstract: CBD is super strong in economic radiation and capable of driving economic growth. This report has chosen the first-tier-cities (Beijing, Shanghai, Guangzhou and Shenzhen) and new-tier-cities (Tianjin, Hangzhou, Nanjing, Chongqing, Xian, Wuhan, Chengdu, Changsha, Shenyang) in total of thirteen, where CBD is located, as the research object. On such a basis, the present author has constructed a reasonable index system, including radiation index, CBD radiating ability and radiation performance and made her analysis and evaluation in three respects. Research indicates, from 2015 to 2017 in the thirteen cities of CBD location, the integrative radiation index had been changing in an unbalancing way. In the first-tier cities, the integrative radiation index is obviously higher than that of the new-first-tier-cities, except Binhai new district of Tianjin. Besides, in regard to the integrative CBD radiation index, a gap exists between first-tier cities and the new ones. Meanwhile, the research has found that, from 2017 to 2017, in Tianhe District of Guangzhou, Futian District of Shenzhen, Jinjiang District of Chengdu, Yuzhong District of Chongqing, CBD had enjoyed a high-quality development and the integrative radiation index had been growing continuously for three years. In 2017, *the sub-index of radiation ability* of Pudong New District of Shanghai is the highest one among the first-tier-cities. But among the new first-tier-cities, Binhai New District of Tianjin ranks top; Regarding *the sub-index of radiation action*, Tianhe District of Guangzhou comes out first among

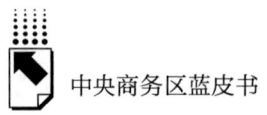

the first-tier-cities, but in new-first-tier cities, the figure of Binhai New District is matchless; Concerning the *sub-index of radiation performance*, the figures of Chaoyang District, Beijing and Yuzhong District of Chongqing are second to none respectively.

In accordance with the need to propel regional development with high-level-opening of CBD and the measured dada in the report, the author proposed corresponding measures to strengthen and improve the radiation ability of CBD.

Keywords: Radiation Index; Radiation Ability; Radiation Action; Radiation Performance

B. 4 Analysis on CBD Building Economy Index   *Cheng Sisi / 091*

Abstract: Building economy is a highlighting mark of a city's economic strength and it reflects the wealth accumulation of the city. Its high-level development and high-quality growth are of prominent importance. Through an analysis on data, this report has measured a series of indexes of CBD development. As for CBD development of thirteen first-tier-cities and new first-tier cities, the measurement is made in terms of various numbers, concerning *enterprise above designated size, headquarter enterprises,* tax revenue of 100 million Yuan *buildings, business buildings and significant projects.* In the report a contrastive analysis is made on the economic data of CBDs in a number of districts, including Chaoyang District, Beijing, Pudong New District of Shanghai, Tianhe District of Guangzhou, Futian District of Shenzhen and Binhai New District of Tianjin, etc. The data is regarding the following aspects, such as building economy, wholesale and retail businesses, renting and business service industry, information transmission, software and IT tech service industry and finance and banking industry. By observing and measuring the economic growth of each CBD building and its industrial agglomeration, the author has explored the way about how to make the development of building economy remain the trend of high-quality and high-level. Accordingly, she proposes countermeasures and suggestions on how to expand functions of business building, actively develop smart building and make appropriate efforts to develop building economy, etc.

Keywords: Building Economy High – Level Development; Headquarter Economy; Building Economy; Building Vacancy Rate

B. 5 Analysis on Index of CBD Commercial Environment
Wang Xueqi / 136

Abstract: CBD needs a steady, fair, transparent and expectable commercial environment. It works as a significant quota that reflects whether the commercial environment in a certain district is good or bad for business operation. Hence, it influences the local economic growth to a large degree. Taking the environment as the research object, this report has constructed an index system of CBD economic and industrial structure, population and living environment and commercial operation environment. Through accurate calculation, the present author has deduced a contrastive conclusion on the commercial environment of thirteen CBDs in China. The analysis shows that the commercial environmental administration of each of the thirteen CBDs is generally performing well. The majority of them have made remarkable performance in GDP per capita, per capita disposable income, percentage of greenery coverage, loan balance of financial institutions and fiscal revenue supporting capability, etc. all these gives better support to CBD development. Besides, the report gives suggestions on how to improve the quality of commercial environment, how to strengthen legalization and facilitation and how to prevent and control financial risks according to international standards.

Keywords: Commercial Environment; CBD; Legalization

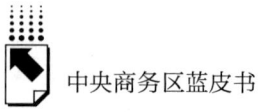
中央商务区蓝皮书

Ⅲ Special Topics

B.6 Analysis on Beijing CBD Industrial Convergence Development under the Background of Beijing－Tianjin－Hebei Integration

Zhang Hong / 170

Abstract: As IT is being developed and put into application, the traditional industrial boundary within Beijing CBD has gradually become indistinctive and the convergence development between different industries is increasingly apparent. Under the back ground of Beijing－Tianjin－Hebei integration, an exploration on the industrial convergence development within Beijing CBD is of great importance. Similarly, the exploration is significant for overall planning various demands of development and linking different developing directions between Tianjin and Hebei. As a result, a coordinated development will be realized in the three areas.

By calculation, this dissertation has explored the effect of industrial convergence in Beijing CBD under the background of Beijing－Tianjin－Hebei integration. Three types of industrial convergence degree are figured out, which includes *cultural creation plus finance & banking*, *cultural creation plus modern service industry*, and *finance plus modern service industry*. Based on these achievements, the author uses *grey correlation analytical method* to work out two kinds of co-relation degree, which is the degree of co-relation between Beijing CBD industrial convergence and the industrial structure upgrading of the three regions and the co-relation degree between Beijing CBD industrial convergence and the regions' respective local industrial structure performance.

The result shows that the three types of industrial convergence in Beijing CBD is obviously strong enough to promote local industrial upgrading in Beijing and Hebei, but it is weaker in producing radiation effect in Beijing. The tertiary industry in Tianjin and Hebei is just in the stage of rapid growth so that a large potential to develop the industry does exists in both areas. While in Beijing, the tertiary industry has already undergone a full development, thus the driving effect of industrial convergence is apparently powerful enough. Lastly, the author put forward consideration and countermeasures to the existing problems about CBD development in Beijing. The suggestions are as follows: Beijing CDB should construct a Multilayer Open CBD Network to remove regional barriers. That will facilitate coordination of quality resources and promote industrial cooperation. Correspondingly, production elements could be put into movement in Beijing – Tianjin – Hebei coordinated collaboration and the effect of industrial development improved.

Keywords: Beijing – Tianjin – Hebei Integration Beijing CBD; Industrial Convergence; Beijing – Tianjin – Hebei Coordinated Development

B. 7 Coordinated CBD Development in New and Old Districts

Jiang Sangeng, Liu Jianxin / 192

Abstract: In recent years, more and more cities put forward their plan for CBD development. Parts of them constructed their CBD in new districts with the comprehensive consideration about geographical location, development potential and population intensity; while CBD of other cities is naturally formed in the original areas without specific design. Consequently, a sort of development imbalance arises due to resources competition between new and old districts, similar development positioning and industrial separation. Considering different development situation between old and new districts, this report makes a detailed analysis on their respective advantages and disadvantages, different models of layout structure and the problems in development, etc. Other suggestions are concerning reasonable CBD positioning, highlighting its uniqueness, preventing the new district from becoming a *deserted city* and the way to construct an urban-functional district with integrative production and other city functions.

Keywords: CBD Of New District; CBD Of Old Town; Regional Development Theory; City – Industry – Convergence

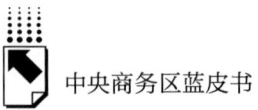中央商务区蓝皮书

B.8 Analysis on Effect of High-End Service Industry Agglomeration to Upgrade Regional Industrial Structure
—taking Beijing, Tianjin and Hebe as the example

He Xiaodan / 211

Abstract: It has been pointed out in the Report to the 19th National Congress of the Communist Party of China: China's economy has entered a new phase of pursuing high – quality development, facing an important task to transform kinetic energy and optimize the economic structure. At this moment, it is greatly significant to focus our attention to how to promote the optimizing and upgrading of regional economic structure. With the technological revolution of intellectualization and digitization, high-end service industries have achieved a rapid development. The development is highly knowledge-intensive, industry co-related and integrative. Also, the high-end service industry is playing a key role in promoting regional industrial upgrading and leading regional industrial synergy. The report based its research on defining the connotation of high-end service industry and the meaning of industrial structure upgrading. By establishing mathematical measurement models and taking Beijing, Tianjin and Hebei Province as the example, the author has conducted an empirical test on the role of high-end service industry in promoting industrial structure optimization. Additionally, she gives other more professional suggestions, such as fully exercising the adjusting function of market mechanism, accelerating the penetration of high-end service industry into traditional industry and how to enhance the radiating and driving effect of high-end service industry agglomerating center on the region of Beijing, Tianjin and Hebei province.

Keywords: High – End Service Industry; Regional Industry Structure Upgrading; Industrial Structure Rationalization; Industry Structure Optimization

Contents

B.9 Report on High-tech Industrial Innovation Development in Municipalities Directly under China's Central Government

Gao Jieying, Ye Tao / 227

Abstract: Based on the relevant data, from 2002 to 2016, of four state-administered- municipalities, Beijing, Shanghai, Tianjin and Chongqing, this report makes a comparative analysis on the present situation of high-tech industrial innovation in the four cities. The analysis is made in four aspects, specifically, input of research and development, innovation output, credit support and innovation efficiency. Besides, the present authors have made an empirical analysis on the influence of input of research and development and credit support on the technical innovation of high-tech industry. In addition, the research analyzed how pollution-treating investment influences different technical innovation in the four cities. The conclusion shows that the development driven by technical innovation should be synchronized with green ecological protection so that the level and quality of development will be improved simultaneously. Lastly, they give some suggestions to the four municipalities on how to improve their innovation level and ability. At present, as more and more technological institutions move into and locate themselves in CBD, the report gives referential assistance to CBD for it to keep abreast of the latest developments of new-high-tech innovation. It also proposes suggestions on how to provide finance and banking service to high-tech industry and offers solutions to imbalance of technological innovation. The relevant policy is to increase input to high-new-tech and attach more importance to cultivating new-type modernized talents.

Keywords: Innovation Efficiency; Credit Support; High – Tech Industry

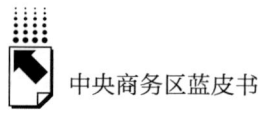
中央商务区蓝皮书

Ⅳ Regional Reports

B. 10 Luyang District of Hefei Municipality Actively Promotes High-quality Development of CBD　　*Zhang Hui* / 246

Abstract: The present author of this report has based her analysis on the development bottleneck of land space layout and business types of Luyang District, a central urban area of Hefei Municipality. On such a basis, the author makes great efforts to find the solution to the difficulties in developing central urban areas and explores the important path to improve the regional competency. The dissertation has sorted out and elaborated the experience exploration and some basic practices in the following subjects, such as optimization of industrial distribution, development of high-end business types, focuses on building economy, shaping new pattern of retail business and how to promote the convergence of business, tourism and cultural industries. The practice of Luyng district CBD proves that aiming at high-end industry will speed up industrial innovation development. Block reconstruction can promote the upgrading and transformation of CBD commercial circle. The report proposes that the super location advantage of finance and banking headquarter agglomerating area needs to be put into full play and a multi-layer commercial circle constructed. The plan to revitalize the old town will be carried out so that the integrative development of business service, commercial business and tourism industry will be further advanced.

Keywords: Central Business District; Economic Transformation; Business Circle Development; Convergence Of Business and Tourism and Cultural Industries

B. 11　Report on the Opening and High-End Development
　　　　of CBD of Chengdu　　　　　　　　　　　　Yang Rui / 253

Abstract: Chengdu CBD, as a municipal-level Core Commercial Circle, has a long history. Enjoying a distinctive location advantage, it leads the trend of development of trade and business industries in Chengdu municipality. For this reason, it has established an image of high-end internationalized development in business and trade industries. In this report the author has conducted some discussions and researches on the general situation and existing stage of industrial development and CBD in Chengdu Area. She proposed some key tasks of constructing industrial ecological system and those of focusing on industrial upgrading. As a result, an overall development of business and trade industries and business service industry will be implemented and a high-level regional opening comprehensively pushed forward.

Keywords: Chengdu Central District of Business Industry and Business Service; Industrial Ecological System; Industrial Upgrading

B. 12　High-quality Economic Development Driven by
　　　　Yingzhou District, Ningbo Municipality　　　Yang Peihua / 266

Abstract: For forty years since the beginning of reform and opening to the outside world, Yingzhou District of Ningbo has made great achievements of development by seizing historical opportunities. Yingzhou District has created a unique CBD construction model with unified planning, self-construction of singular building and public construction of infra-structure. Thus, the commercial environment has ever been optimized. By taking advantage of the strong comprehensive strength of private economy, Yingzhou CBD has attracted a large number of business organizations move into and locate themselves in this district, which is playing a significant role in advancing industrial transition in the region.

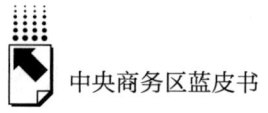

Starting with the study of the general situation of development of Yingzhou district, this report highlighted the achievements and uniqueness of high-quality economic development promoted by Yingzhou district and Ningbo municipality. Accordingly, it analyzed the chances and challenges faced by Yingzhou and the paths to develop its local industries. Additionally, the report reflected the achievements made by Yingzhou in its construction of a strong high-quality district.

Keywords: Yingzhou District; South CBD; Private Economy; Industrial Transition

B. 13 High-level Promotion of Opening Development of Finance and Banking CBD in Honggutan, Nanchang

Wu Chaoqun, Duan Junqiang / 280

Abstract: Honggutan New District is a CBD with Nanchang local uniqueness and special features of the new era. This dissertation is based on the theme of *promoting high-level opening development of Honggutan CBD, Nanchan*. Firstly, the authors analyzed how Honhgutan new district has been developed into the Model of Nanchang under tripartite planning and design of Honggutan new district, Nanchang municipality and Jiangxi province; Secondly, they analyzed and summarized the experience and achievements made by Honggutan new district in the construction of a *smart city*. Lastly, they proposed suggestions on how to promote the opening and development in the district. The advice involves many aspects, specifically speaking, top-level design, platform construction and technological innovation.

Keywords: Finance and Banking CBD; Building Economy; Smart Honggutan; VR (Virtual Reality) Industry

社会科学文献出版社　　　**皮书系列**

❖ 皮书起源 ❖

"皮书"起源于十七、十八世纪的英国，主要指官方或社会组织正式发表的重要文件或报告，多以"白皮书"命名。在中国，"皮书"这一概念被社会广泛接受，并被成功运作、发展成为一种全新的出版形态，则源于中国社会科学院社会科学文献出版社。

❖ 皮书定义 ❖

皮书是对中国与世界发展状况和热点问题进行年度监测，以专业的角度、专家的视野和实证研究方法，针对某一领域或区域现状与发展态势展开分析和预测，具备原创性、实证性、专业性、连续性、前沿性、时效性等特点的公开出版物，由一系列权威研究报告组成。

❖ 皮书作者 ❖

皮书系列的作者以中国社会科学院、著名高校、地方社会科学院的研究人员为主，多为国内一流研究机构的权威专家学者，他们的看法和观点代表了学界对中国与世界的现实和未来最高水平的解读与分析。

❖ 皮书荣誉 ❖

皮书系列已成为社会科学文献出版社的著名图书品牌和中国社会科学院的知名学术品牌。2016年，皮书系列正式列入"十三五"国家重点出版规划项目；2013~2019年，重点皮书列入中国社会科学院承担的国家哲学社会科学创新工程项目；2019年，64种院外皮书使用"中国社会科学院创新工程学术出版项目"标识。

中国皮书网

（网址：www.pishu.cn）

发布皮书研创资讯，传播皮书精彩内容
引领皮书出版潮流，打造皮书服务平台

栏目设置

关于皮书：何谓皮书、皮书分类、皮书大事记、皮书荣誉、
皮书出版第一人、皮书编辑部

最新资讯：通知公告、新闻动态、媒体聚焦、网站专题、视频直播、下载专区

皮书研创：皮书规范、皮书选题、皮书出版、皮书研究、研创团队

皮书评奖评价：指标体系、皮书评价、皮书评奖

互动专区：皮书说、社科数托邦、皮书微博、留言板

所获荣誉

2008年、2011年，中国皮书网均在全国新闻出版业网站荣誉评选中获得"最具商业价值网站"称号；

2012年，获得"出版业网站百强"称号。

网库合一

2014年，中国皮书网与皮书数据库端口合一，实现资源共享。

权威报告·一手数据·特色资源

皮书数据库
ANNUAL REPORT(YEARBOOK) DATABASE

当代中国经济与社会发展高端智库平台

所获荣誉

- 2016年,入选"'十三五'国家重点电子出版物出版规划骨干工程"
- 2015年,荣获"搜索中国正能量 点赞2015""创新中国科技创新奖"
- 2013年,荣获"中国出版政府奖·网络出版物奖"提名奖
- 连续多年荣获中国数字出版博览会"数字出版·优秀品牌"奖

成为会员

通过网址www.pishu.com.cn访问皮书数据库网站或下载皮书数据库APP,进行手机号码验证或邮箱验证即可成为皮书数据库会员。

会员福利

- 已注册用户购书后可免费获赠100元皮书数据库充值卡。刮开充值卡涂层获取充值密码,登录并进入"会员中心"—"在线充值"—"充值卡充值",充值成功即可购买和查看数据库内容。
- 会员福利最终解释权归社会科学文献出版社所有。

数据库服务热线: 400-008-6695
数据库服务QQ: 2475522410
数据库服务邮箱: database@ssap.cn
图书销售热线: 010-59367070/7028
图书服务QQ: 1265056568
图书服务邮箱: duzhe@ssap.cn

社会科学文献出版社 皮书系列
卡号: 677439818236
密码:

基本子库 SUB DATABASE

中国社会发展数据库（下设12个子库）

全面整合国内外中国社会发展研究成果，汇聚独家统计数据、深度分析报告，涉及社会、人口、政治、教育、法律等12个领域，为了解中国社会发展动态、跟踪社会核心热点、分析社会发展趋势提供一站式资源搜索和数据分析与挖掘服务。

中国经济发展数据库（下设12个子库）

基于"皮书系列"中涉及中国经济发展的研究资料构建，内容涵盖宏观经济、农业经济、工业经济、产业经济等12个重点经济领域，为实时掌控经济运行态势、把握经济发展规律、洞察经济形势、进行经济决策提供参考和依据。

中国行业发展数据库（下设17个子库）

以中国国民经济行业分类为依据，覆盖金融业、旅游、医疗卫生、交通运输、能源矿产等100多个行业，跟踪分析国民经济相关行业市场运行状况和政策导向，汇集行业发展前沿资讯，为投资、从业及各种经济决策提供理论基础和实践指导。

中国区域发展数据库（下设6个子库）

对中国特定区域内的经济、社会、文化等领域现状与发展情况进行深度分析和预测，研究层级至县及县以下行政区，涉及地区、区域经济体、城市、农村等不同维度。为地方经济社会宏观态势研究、发展经验研究、案例分析提供数据服务。

中国文化传媒数据库（下设18个子库）

汇聚文化传媒领域专家观点、热点资讯，梳理国内外中国文化发展相关学术研究成果、一手统计数据，涵盖文化产业、新闻传播、电影娱乐、文学艺术、群众文化等18个重点研究领域。为文化传媒研究提供相关数据、研究报告和综合分析服务。

世界经济与国际关系数据库（下设6个子库）

立足"皮书系列"世界经济、国际关系相关学术资源，整合世界经济、国际政治、世界文化与科技、全球性问题、国际组织与国际法、区域研究6大领域研究成果，为世界经济与国际关系研究提供全方位数据分析，为决策和形势研判提供参考。

法律声明

"皮书系列"(含蓝皮书、绿皮书、黄皮书)之品牌由社会科学文献出版社最早使用并持续至今,现已被中国图书市场所熟知。"皮书系列"的相关商标已在中华人民共和国国家工商行政管理总局商标局注册,如 LOGO( )、皮书、Pishu、经济蓝皮书、社会蓝皮书等。"皮书系列"图书的注册商标专用权及封面设计、版式设计的著作权均为社会科学文献出版社所有。未经社会科学文献出版社书面授权许可,任何使用与"皮书系列"图书注册商标、封面设计、版式设计相同或者近似的文字、图形或其组合的行为均系侵权行为。

经作者授权,本书的专有出版权及信息网络传播权等为社会科学文献出版社享有。未经社会科学文献出版社书面授权许可,任何就本书内容的复制、发行或以数字形式进行网络传播的行为均系侵权行为。

社会科学文献出版社将通过法律途径追究上述侵权行为的法律责任,维护自身合法权益。

欢迎社会各界人士对侵犯社会科学文献出版社上述权利的侵权行为进行举报。电话:010-59367121,电子邮箱:fawubu@ssap.cn。

社会科学文献出版社